LES ZOUAVES

Cet ouvrage a été publié grâce à une subvention de la Fédé-
ration canadienne des sciences sociales, dont les fonds pro-
viennent du Conseil de recherches en sciences humaines du
Canada.

© LES ÉDITIONS DU BORÉAL EXPRESS
Tous droits réservés
ISBN 2-89052-014-5
Dépôt légal: 2e trimestre 1980
Bibliothèque nationale du Québec

René Hardy

LES ZOUAVES

Une stratégie du clergé québécois au XIXe siècle

Boréal Express
Montréal

À mes parents
À Nicole

Avant-propos

Cet ouvrage s'inscrit dans la foulée des recherches récentes sur les idéologies qui ont défini la société québécoise au 19e siècle. Oeuvre du clergé et d'un nombre restreint de laïcs qui lui sont entièrement dévoués, le mouvement zouave se présente en effet d'abord comme une stratégie de diffusion de l'ultramontanisme. En d'autres termes, l'organisation d'une expédition destinée à secourir le pape fournit au clergé une belle occasion de promouvoir ses propres intérêts en consolidant son pouvoir non seulement sur la structure villageoise et paroissiale, mais sur l'ensemble de la société.

À cette époque, le clergé peut commander les manifestations publiques, en orienter le déroulement, obtenir la collaboration des notables locaux et susciter la participation populaire. À ces fins, il dispose d'une batterie considérable de moyens: discours, prônes, chants et processions, sans compter la littérature et l'institution scolaire. On ne s'étonnera donc pas qu'aucune opposition, ou presque, ne soit venue contredire les organisateurs du mouvement zouave entre 1868 et 1870. Constatation révélatrice en effet, quand on connaît la virulence des antagonismes entre le clergé et la fraction libérale de la petite bourgeoisie canadienne-française! On peut dès lors penser que cette petite bourgeoisie, consciente de l'influence du clergé et du prestige des zouaves, n'avait d'autre choix que de collaborer à l'oeuvre du clergé ou d'observer un silence stratégique. Ainsi acquise, la collaboration des élites devenait un atout non négligeable.

L'ensemble de cette étude, des premières recherches à la rédaction finale doit beaucoup à la collaboration de monsieur Philippe Sylvain, qui a assumé la responsabilité de la direction de ce qui fut à l'origine une thèse de doctorat présentée à l'Université Laval. D'autres m'ont communiqué de précieuses informations, m'ont ouvert leurs archives familiales ou m'ont guidé dans les archives privées et publiques. Mes collègues et amis Gérald Kamp, Serge Gagnon et Nive Voisine ont soigneusement relu le manuscrit. Le Conseil des Arts et l'Université du Québec à Trois-Rivières m'ont octroyé des bourses substantielles. Qu'ils en soient tous remerciés.

René Hardy
Avril 1980

Introduction

Étrange équipée que celle des zouaves pontificaux québécois[1] qui servirent à Rome du 11 mars 1868 au 20 septembre 1870. Dès le départ, elle fut présentée comme un élan spontané de la jeunesse se portant à la défense du pape, menacé par les libéraux européens et les partisans de l'unité italienne. Peu contestée à l'époque, cette version des événements paraît pour le moins suspecte lorsqu'on connaît la longue polémique qui opposait, depuis la révolution romaine de 1848, les journaux dévoués aux intérêts du clergé et les rares représentants de la presse libérale au Québec. N'est-il pas évident qu'on cherchait à présenter tous les catholiques comme naturellement hostiles aux thèses libérales soutenues par les membres de la petite bourgeoisie regroupés autour de l'Institut canadien de Montréal?

Loin d'être un élan spontané, l'expédition militaire de 1868 apparaît plutôt comme l'aboutissement d'une longue démarche préparée depuis 1848. Elle s'inscrivait au coeur des antagonismes entre le clergé et les éléments radicaux de la petite bourgeoisie canadienne-française.

Ainsi, la question romaine et les guerres qui ont jalonné l'unification de l'Italie ont eu d'étonnantes répercussions au Québec. Et lorsqu'on cerne les enjeux que ces événements en apparence si lointains représentaient pour nos élites, le mouvement zouave[2] acquiert une dimension qui dépasse largement l'aspect anecdotique qu'on lui

confère volontiers. À vrai dire, l'étude de ce mouvement se confond
en grande partie avec celle des luttes qui ont modelé la société québécoise au siècle dernier. Mais, avant d'entrer dans le vif du sujet, il
convient de rappeler le contexte de l'unification italienne[3].

L'unification de l'Italie

À la veille de la Révolution française, la péninsule italienne était
morcelée en de multiples principautés et villes autonomes, héritage
de la chute de l'empire romain et de l'époque féodale. Les intellectuels applaudirent alors à la révolution en souhaitant que les principes de 1789 vinssent là aussi moderniser les structures politiques.
Les nombreuses révoltes paysannes et les menées des loges maçonni-
ques aggravèrent l'état de crise et préparèrent la voie au renverse-
ment des régimes monarchiques. Sous le Directoire, en 1796, la
détérioration des relations diplomatiques avec la France amena
Napoléon, commandant de l'armée d'Italie, à occuper une partie du
territoire. La France laissait ainsi le champ libre aux forces révolutionnaires qui, en près de trois ans, de 1796 à 1799, parvinrent à subs-
tituer aux États d'Ancien Régime quatre républiques. Pour la
première fois des représentants de la bourgeoisie italienne accédaient
au pouvoir. Le mouvement d'unification était alors amorcé.

À la suite des déboires militaires du Directoire, les troupes
russes et autrichiennes occupèrent l'Italie, mais Bonaparte reconquit
la péninsule en 1800 et il la découpa en trois ensembles: un premier
fut annexé à la France, un deuxième constitua la République, puis le
Royaume d'Italie, enfin la troisième partie du territoire fut divisée en
États « familiaux », dont le plus important fut le Royaume de Naples
confié à son beau-frère Joachim Murat.

Au Congrès de Vienne, en 1815, l'Italie redevint suivant l'expression dédaigneuse de Metternich «une expression géographique». Désireuse d'effacer toute trace de l'époque révolutionnaire,
l'Autriche imposa la constitution de plusieurs États dans la
péninsule — dont les États pontificaux — et y imposa sa tutelle.

Mais l'idée d'une Italie moderne, unifiée et indépendante était si
bien ancrée au sein d'une partie de la bourgeoisie qu'elle ne pouvait
être anéantie. La brève période des républiques-soeurs et la domination française de 1800 à 1814 avaient fait prendre conscience aux Ita-

liens qu'ils appartenaient à une même nation. La réaction contre la politique de francisation et les prélèvements fiscaux avaient fortement cimenté ces liens; l'abolition des vestiges du féodalisme et la modernisation des structures politiques et économiques avaient aussi accentué le sentiment de fierté nationale que la restauration de l'ordre ancien ne pouvait effacer.

À défaut de pouvoir agir à l'intérieur des structures politiques, des intellectuels et les éléments les plus radicaux de la bourgeoisie se tournèrent du côté des sociétés secrètes, plus particulièrement de la charbonnerie, dont l'action révolutionnaire amorcera le Risorgimento, c'est-à-dire la résurrection de l'Italie moderne. Périodiquement de 1815 à 1860, au rythme des crises révolutionnaires européennes, la péninsule connaîtra les mêmes secousses qui d'étape en étape feront progresser la réalisation de l'unité.

La révolution espagnole de 1820 eut ses échos dans les Marches, le royaume de Naples et le Piémont. La révolution française de 1830 provoqua à son tour un mouvement semblable qui embrasa l'Italie centrale et entraîna dans les États pontificaux la déchéance du pape et la création des Provinces unies italiennes (1831). Mais la même année, l'Autriche rétablit le pouvoir absolu et antilibéral de Grégoire XVI. À la veille des révolutions de 1848, l'Italie était elle aussi en pleine effervescence révolutionnaire. Mazzini, qui avait quitté la charbonnerie à la suite de l'échec de 1831, fonda en exil une autre société secrète, la Jeune Italie, dans le but d'entretenir l'agitation et de gagner les masses populaires au mouvement unitaire qui jusque-là était surtout le fait d'une élite. Les insurrections fomentées par cette société secrète incitèrent ceux qui souhaitaient la stabilité à rechercher dans la réalisation de l'unité une solution définitive à ces crises. Les milieux d'affaires eux-mêmes, réalisant que la multiplication des barrières douanières était un frein au progrès économique, adhérèrent au mouvement d'unification. En somme, de plus en plus d'Italiens aspiraient à l'unité.

Contre la solution révolutionnaire de Mazzini, les partisans les plus modérés de l'unification recherchèrent une solution dans la modernisation des États et l'entente entre les princes. L'abbé Gioberti, dans un ouvrage publié en 1843 et qui connut une grande popularité, proposa une confédération des États italiens dont la présidence serait confiée au pape. Or le nouveau pape élu en 1846, Pie IX, avait la réputation d'être un libéral. Son élection souleva de grands espoirs. Acclamé par les masses populaires, Pie IX consentit à des réformes mineures telles l'amnistie des condamnés politiques, la formation d'une *Consulta* chargée de lui transmettre les doléances populaires, l'introduction des voies ferrées dans ses États et l'éclairage au gaz à Rome. Ces mesures suscitèrent un grand enthousiasme en Italie; elles firent croire que Pie IX acquiesçait au projet de Gioberti. Sa popularité, sa réputation de libéral et son exemple déclenchèrent alors dans la péninsule un vaste mouvement de libéralisation. La liberté de la presse fut introduite au Piémont et en Toscane et des régimes constitutionnels furent consentis aux sujets de quelques royaumes. Le pape lui-même abdiqua une part de son pouvoir personnel en accordant une constitution à ses sujets en mars 1848. Mais ces réformes s'avérèrent insuffisantes ou trop tardives.

Les journées parisiennes de février et la révolution viennoise de mars 1848 entraînèrent le soulèvement des patriotes de Milan contre les occupants autrichiens. Venise en fit autant; et le roi du Piémont, Charles-Albert, se décida à prendre la tête du mouvement destiné à libérer la péninsule de la tutelle autrichienne. Que fera Pie IX? Secondera-t-il les efforts du Piémont? Sans qu'il y eût consenti, ses troupes combattaient déjà au côté de celles de Charles-Albert. Malgré les acclamations et les encouragements qu'il reçut de la bourgeoisie romaine et des patriotes italiens, il se refusa à déclarer la guerre pour des raisons morales et par crainte de provoquer un schisme en Autriche. Le projet de l'abbé Gioberti venait de s'effondrer. Après Pie IX, ce fut au tour du grand-duc de Toscane et du roi de Naples de rappeler leurs troupes, de telle sorte que l'armée piémontaise dut capituler. L'Autriche récupéra les territoires perdus. Après avoir suscité tant d'espoir, Pie IX, par son refus, laissait la voie libre à la solution radicale. Les partisans de Mazzini provoquèrent à Rome une révolution qui contraignit le pape à s'exiler à Gaëte le 25 novembre 1848. De retour à Rome, en 1850, grâce à l'intervention de l'armée française, Pie IX renonça à toute mesure libérale. La réaction sévissait alors partout en Italie, à l'exception du Piémont où subsistait le seul régime constitutionnel.

C'était désormais autour du Piémont qu'allait se faire la marche vers l'unité. Le nouveau roi Victor-Emmanuel II et plus particulièrement Cavour, le président du Conseil, entreprirent une politique qui sur deux plans devait conduire au ralliement de tous les Italiens. En construisant un État moderne, libéral et économiquement puissant, ils créèrent dans le royaume un sentiment de fierté qui fit l'envie des habitants des autres États italiens. Du reste, le Piémont accueillit un grand nombre de réfugiés politiques de 1848-1849 et les conspirateurs traqués dans les autres États, ce qui contribua à rallier l'opinion des patriotes autour de la monarchie constitutionnelle de Turin. En instaurant une politique étrangère dynamique qui visait à poser au reste de l'Europe la question italienne, le Piémont obtint l'appui de l'Angleterre libérale et de la France. Mais l'empereur Napoléon III ne pouvait manoeuvrer à sa guise, forcé qu'il était de ménager l'opinion catholique sensible au maintien du pouvoir temporel du pape. L'attentat d'Orsini auquel échappa l'empereur, en 1858, le convainquit d'entrer en action. Il rencontra Cavour à Plombières la même année et se déclara prêt à combattre l'Autriche à la condition de pouvoir justifier une guerre défensive.

Sentant la guerre inéluctable, l'Autriche déclencha les hostilités en 1859. L'armée française intervint au côté de l'armée sarde pour remporter une victoire partielle. En même temps, la révolution éclata dans les duchés du centre qui votèrent tour à tour leur rattachement au Piémont. Ce fut aussi le cas de la Romagne et des Légations, où le départ des garnisons autrichiennes entraîna la chute du pouvoir pontifical. L'annexion de ces territoires au Piémont se fera par plébiscite en 1860 avec l'accord tacite de Napoléon III, qui sous le pseudonyme de La Guéronnière avait signé en décembre 1859 une brochure, *Le Pape et le Congrès*, dans laquelle il incitait Pie IX à accepter de limiter son pouvoir temporel à la ville de Rome.

Durant la deuxième moitié de l'année 1860, le Parti d'Action, une force politique d'inspiration mazzinienne, donna une nouvelle impulsion au mouvement d'unification. Un de ses leaders, Garibaldi, figure déjà légendaire du Risorgimento, qui s'était surtout illustré en 1848-1849, prit la tête d'une expédition de mille volontaires recrutés au sein de la bourgeoisie piémontaise et des patriotes réfugiés à Turin, pour conquérir le royaume des Deux-Siciles. Désavoué officiellement par le gouvernement de Turin, Garibaldi obtint l'accord secret de Victor-Emmanuel II et sans doute aussi celui de Cavour. Mais après avoir réalisé sans trop de difficultés son objectif, quand il menaça de poursuivre ses conquêtes jusqu'à Rome, la monarchie constitutionnelle de Turin s'inquiéta des desseins républicains et démocratiques de Garibaldi. C'est alors que, sous prétexte de pacifier la péninsule, elle ordonna aux troupes régulières de traverser le

territoire pontifical pour barrer la route à Garibaldi et conserver à
l'entreprise unificatrice l'empreinte qu'elle lui avait donnée. Les
troupes pontificales, tentant d'empêcher l'invasion du territoire par
l'armée piémontaise, furent défaites à Castelfidardo en septembre
1860, et Garibaldi remit le territoire conquis à Victor-Emmanuel II,
qui fut proclamé Roi d'Italie en 1861.

L'État pontifical était désormais réduit à une mince bande de
terre d'environ 100 kilomètres de long sur dix de large autour de la
ville de Rome, qui constituait l'ultime objectif de l'unification. Protégé par une garnison française, ce qui restait du pouvoir temporel de
Pie IX fut à nouveau assailli en 1867 par les troupes garibaldiennes.
Celles-ci subirent la défaite à Mentana. Mais en 1870, au moment de
la guerre entre la Prusse et la France, l'Italie en profita pour achever
l'unification de son territoire et installer la capitale à Rome.

La question romaine
et le Québec

Si les relations entre le clergé et les éléments libéraux de la petite
bourgeoisie canadienne-française avaient commencé à s'envenimer
avant la fuite du pape à Gaëte en novembre 1848, aucun débat n'avait
encore atteint la gravité de celui qui allait naître autour du pouvoir
temporel du pape[4]. De même, à l'intérieur de la presse, l'opposition
idéologique entre l'*Avenir*, organe des libéraux, et les *Mélanges religieux* fondés à la fin de 1840 pour représenter les intérêts du clergé,
n'apparut avec clarté qu'au lendemain de 1848. Avant cette date, les
Mélanges religieux n'étaient pas bien éloignés, au sujet de la question
romaine, des thèses libérales et démocratiques de l'*Avenir*. Ils accla-
maient sans réserve toutes les réformes du nouveau pape dans le gouvernement de ses États et se prononçaient en faveur de l'indépendance et de l'unité italienne que semblait encourager Pie IX sans y
mettre le prix de sa souveraineté temporelle. Mais lorsque le pape
refusa de déclarer la guerre à l'Autriche pour libérer la péninsule et
que les patriotes et les républicains romains remirent en question son
pouvoir temporel, les *Mélanges* renoncèrent aux thèses libérales
qu'ils venaient d'énoncer. Ils se rangèrent plutôt derrière Pie IX qui
ne voyait dans la révolution romaine qu'un mouvement anarchique

destiné à spolier l'Église d'un droit séculaire et dont le but ultime était, après avoir ôté à la papauté son pouvoir temporel, d'abattre la religion catholique[5].

Les rédacteurs de l'*Avenir*, malgré la réaction du pape, restèrent fidèles à leurs positions. Ils continuèrent de ne ménager leurs sympathies politiques qu'au seul principe libéral et démocratique: le droit des peuples à l'émancipation. À l'annonce de la proclamation de la république romaine, ils exultaient en apprenant à leurs lecteurs, le 14 mars 1849, « la déchéance du pape comme roi ». Cet article était sans doute la réponse à la circulaire de l'évêque de Montréal, datée du 18 janvier, qui ordonnait des prières pour le pape en exil et déplorait qu'un journal de Montréal cherche à répandre des principes révolutionnaires. Dès lors, les liens étaient irrémédiablement rompus entre, d'un côté, la presse catholique et le clergé et, de l'autre, les tenants de la thèse libérale représentée par l'*Avenir* et, à partir de 1851, par l'Institut canadien[6].

C'est ainsi que débutèrent au Québec avec la question romaine, qui s'y trouvait et à l'origine et au centre, les luttes politico-religieuses appelées à semer plus tard la division au sein même de l'épiscopat. Il y eut peu de mises en garde, d'interdictions ou de condamnations de la presse libérale, qualifiée de révolutionnaire et d'impie, qui ne mentionnèrent son opposition au pouvoir temporel du pape. D'autre part, les libéraux, dans leurs examens des problèmes internationaux, privilégièrent invariablement les nouvelles en provenance d'Italie et ne manquèrent pas une occasion de tirer des leçons applicables à la situation canadienne. À travers ce débat, deux conceptions politiques et sociales s'affrontaient. Celle des libéraux, pour qui la liberté d'écrire, de penser, d'agir devait être garantie à chaque individu et, par extension, à tous les peuples comme un droit fondamental, et celle des partisans de l'autoritarisme, appelés les ultramontains, qui niaient à la raison individuelle sa souveraineté pour la placer sous la dépendance des traditions séculaires et de la Révélation, qu'ils disaient retrouver intactes à travers les enseignements de l'Église. Du reste, pour les ultramontains, toute opinion politique et sociale avait des aspects moraux qui ressortissaient en conséquence à la religion, à l'Église et à son clergé[7]. Au désir libéral de constituer une société laïque et démocratique, les ultramontains opposaient donc une société de type autoritaire dans laquelle l'Église, protégée par l'État, influencerait le législateur et poursuivrait son oeuvre de moralisation qui seule pourrait garantir une stabilité et un ordre de plus en plus incertains. Les ultramontains intransigeants voulaient même soumettre la législation civile à la législation religieuse, prétextant l'opinion fort répandue dans les milieux catholiques sous le pontificat de Pie IX, que le 19e siècle était une époque de déchéance morale, religieuse, politique et sociale. La publication de l'encyclique *Quanta cura* en 1864 et du lexique des erreurs modernes qu'était le *Syllabus* allait renforcer cette opinion. Mais au fond du débat, la question qui se posait à travers les controverses politico-religieuses suscitées par le Risorgimento n'était-elle pas de savoir lequel des deux groupes exercerait une influence prépondérante sur la société québécoise?

L'enjeu social du conflit

La question de la primauté de l'Église s'était d'abord posée au lendemain du bouleversement insurrectionnel de 1837-1838 et n'avait pas encore trouvé de réponse définitive. Le clergé, dont l'influence avait diminué avec la rébellion, était doublement conscient du nouveau partage des pouvoirs qui allait en résulter. Dès la fin de 1837, Mgr Bourget exprimait l'avis que le clergé regagnerait bientôt la confiance du peuple, alors « abandonné à la merci du pouvoir britannique[8] ». Au même moment, des anglophones de Montréal profitaient de ce déclin du prestige des prêtres pour tenter de convertir les Canadiens français au credo protestant, gage d'harmonie, à leurs yeux, entre les deux groupes culturels. Ils encouragèrent à cette fin la venue d'évangélistes suisses de langue française. Mais, ironie du sort, les résultats les plus importants furent de stimuler davantage, s'il était possible, la vigilance du clergé et de l'inciter à accroître ses activités pour reconquérir à force de bienfaits, suivant les termes de Mgr Bourget, la confiance perdue. De nombreuses communautés de prêtres et de religieux furent recrutées en Europe; d'autres furent fondées au Québec[9]. L'effectif ecclésiastique et religieux marquait un accroissement sans précédent. L'Église sut en tirer profit. Elle s'implanta alors solidement dans l'éducation élémentaire et secondaire, dans le domaine des hôpitaux et des asiles d'hébergement, et réussit du même coup à mieux encadrer les populations des territoires de colonisation et de coupe forestière. C'est ainsi que jusqu'en 1848, l'Église assura son emprise sur la population, de concert avec les dirigeants britanniques, qui appréciaient sa fidélité au régime, et avec la majorité des membres de la petite bourgeoisie canadienne-française, formés par le clergé dans les collèges classiques et disposés à la conciliation depuis l'échec de la stratégie radicale.

Mais la conjoncture révolutionnaire de 1848 relançait le conflit latent entre le clergé et une partie de cette petite bourgeoisie qui revendiquait au Canada l'application du principe des nationalités. Ces libéraux radicaux, excités par la réaction cléricale, en vinrent à vouloir soustraire la population du Bas-Canada à l'influence du clergé. Ils réclamaient l'abolition des dîmes, la sécularisation de l'enseignement et, en fin de compte, la séparation de l'Église et de l'État. Au plan politique, ils formaient une fraction minoritaire du parti réformiste de LaFontaine et Baldwin. À mesure que leurs positions vis-à-vis de l'Église se durcissaient, leurs relations s'envenimaient avec la fraction majoritaire du parti. La rupture se produisit quand ils réclamèrent la fin de l'Union des Canadas et l'annexion aux États-Unis. Le parti réformiste, qui allait bientôt s'appeler libéral-conservateur, fit donc alliance avec le clergé contre l'ennemi commun, les radicaux, surnommés les Rouges. Les liens entre la politique et la religion, qui existaient déjà dans l'esprit des ultramontains se réalisèrent alors concrètement. L'influence du clergé était ainsi appelée à progresser avec l'appui déclaré d'un parti politique; et, réciproquement, les succès électoraux du parti allaient reposer sur cette alliance.

La question romaine était un thème tout désigné pour alimenter ces conflits politico-religieux. Les rédacteurs de l'*Avenir*, puis du *Pays*[10] voyaient dans le mouvement libéral la lutte de la souveraineté populaire contre l'absolutisme; s'en prendre à ce mouvement, c'était s'attaquer aux principes démocratiques. Les ultramontains, eux, identifiaient les libéraux aux partisans de Mazzini et aux ennemis du catholicisme; on leur prêtait le dessein de vouloir reproduire ici les « ruines et désastres » causés en Italie. C'était surtout l'opinion de Mgr Bourget, qui multiplia mandements et lettres circulaires en ce sens. Il ne ménageait aucun argument pour démontrer que, si on avait pu « séduire le peuple des Romagnes, on pourrait bien aussi séduire celui du Canada[11] ». Quiconque, affirmait-il péremptoirement, favorisait la circulation des livres et journaux libéraux, s'associait à ce projet « des forces du mal qui semblait devoir faire le tour du monde », ne menaçant la papauté « que pour bouleverser ensuite sans obstacle le reste de l'univers[12] ». Le pape était présenté comme le gardien de l'ordre et de la sécurité dans tous les pays; le clergé voyait donc une raison supplémentaire de travailler à en accroître au Québec le prestige sinon le culte. Plusieurs textes officiels de Mgr Bourget exprimaient ce point de vue; l'un d'eux est très explicite sur le véritable enjeu des débats autour de la question romaine: « Tâchons de faire comprendre aux Juges, aux Magistrats, aux pères et aux mères, à tous ceux enfin qui sont constitués en autorité que si, par malheur, il arrive que le Pape ne soit plus respecté dans ce pays, comme il l'a toujours été jusqu'ici, tous tant que nous sommes nous ne serons plus rien. Aussi nous travaillons pour nous en travaillant à réhabiliter dans tous coeurs catholiques l'autorité même de Jésus-Christ, personnifiée par son Vicaire[13] ».

En d'autres termes, le pouvoir temporel du pape, nécessaire aux yeux des ultramontains à l'indépendance du gouvernement de l'Église, était aussi le principe d'un ordre social, d'une autorité de nature providentielle que la révolution voulait renverser pour en appliquer les conséquences ailleurs et à tous les niveaux de la hiérarchie sociale. Il en résultait, comme écrivait le rédacteur du *Journal des Trois-Rivières*, que le plus grand danger, ce n'était pas Garibaldi et ses hommes marchant sur Rome, mais ceux qui l'appuyaient et colportaient des principes nouveaux, des idées fausses et absurdes, bref, les partisans de la révolution dans tous les pays. Mais quel ordre, quelle autorité Mgr Bourget cherchait-il à maintenir? L'exhortation citée précédemment est assez explicite. La révolution appréhendée soustrairait la société québécoise à l'influence directe de l'Église; elle discréditerait le catholicisme et reléguerait son influence moralisatrice au seul niveau des consciences; au nom de la raison individuelle, contre la Révélation, elle renverserait l'ordre providentiel sur lequel repose la prééminence de l'autorité religieuse sur les autorités civiles et familiales. En somme, l'Église craignait de perdre son influence politique et sociale car, s'il est bien entendu que Mgr Bourget ne défendait que l'avenir de la vie catholique, il n'en entretenait pas moins, à l'instar du clergé de l'époque, une confusion permanente entre l'institution ecclésiale et la religion catholique, de telle sorte que la promotion de la vie catholique passait nécessairement par la suprématie sociale de l'Église. La réaction anti-libérale visait à défendre un ordre social qui favorisait les intérêts confondus de la religion, de l'Église et de son clergé au Québec.

Voilà qui explique l'importance accordée à la question romaine. Situés dans le contexte d'une restructuration du pouvoir dans la société québécoise entre 1840 et 1870, les débats publics et les luttes qu'elle a engendrés entre la fraction libérale de la petite bourgeoisie et le clergé revêtent le caractère d'un affrontement entre groupes sociaux pour la prise du pouvoir. Par rapport à cette perspective, les incitations du clergé à prendre parti pour le pouvoir temporel du pape apparaissent comme un volet de la stratégie destinée à contrer la progression de la conception libérale de l'organisation sociale. La levée d'un contingent de zouaves en 1868 s'inscrit dans la poursuite des mêmes objectifs.

Mgr Bourget, principal instigateur de cette expédition militaire, a multiplié les déclarations publiques sur la nécessité de grossir les effectifs de l'armée du pape pour assurer sa défense. Mais dans sa volumineuse correspondance privée, et de façon moins explicite dans quelques lettres publiées dans les journaux, il ne cachait pas que le mouvement zouave était surtout destiné à faire contrepoids à l'influence de l'Institut canadien et des journaux libéraux. Il y voyait l'occasion recherchée depuis longtemps de refaire l'image du gouvernement pontifical, « le plus sage et le plus juste qu'il y ait dans le monde[14] », mais décrié par la presse libérale et même par « d'assez bons catholiques ». Aussi était-il persuadé que ces volontaires, originaires de toutes les régions du Québec, feraient plus pour la cause pontificale que les encycliques, les prières et les mandements réunis. Chaque paroisse, en envoyant un soldat au Saint-Siège, serait incitée à s'informer fréquemment de la situation en Italie. L'inquiétude des parents se répercuterait sur les amis; et la correspondance des zouaves, reproduite dans la presse, entretiendrait continuellement l'émulation pour cette « cause sacrée ». Enfin quelle influence pourraient avoir l'Institut canadien et la presse adverse, quand les idées libérales seraient combattues « les armes à la main » par les représentants de chaque paroisse?

Pensant aussi à l'avenir, Mgr Bourget envisageait de constituer une élite ultramontaine, « abreuv(ée) aux sources même de la vérité » et qui, après s'être battue pour le pape, s'élèverait avec force contre les idées subversives et révolutionnaires.

C'est donc comme une stratégie anti-libérale qu'est envisagée ici l'histoire des zouaves pontificaux québécois. La description des premières tentatives pour envoyer les volontaires à Rome, de l'organisation de sept détachements, des oppositions et d'autres difficultés fera ressortir les divers aspects de la stratégie mise au point par les organisateurs. Elle permettra aussi de mettre en lumière les formes de la collaboration qui s'est instaurée entre le clergé et une partie des membres de la petite bourgeoisie pour combattre les radicaux. La deuxième partie de l'ouvrage est consacrée plus spécifiquement au rôle du mouvement zouave dans la diffusion de l'idéologie ultramontaine au Québec.

Première partie

Le mouvement zouave

Chapitre 1
La formation de l'opinion publique

L'implantation et la progression de l'ultramontanisme au Québec ont puissamment concouru à sensibiliser l'opinion à la question romaine. Entre 1820 et 1870, cette doctrine emprunta des voies diverses pour pénétrer la conscience du clergé, des étudiants des collèges classiques et des institutions d'enseignement primaire, des lecteurs de journaux, bref des fidèles et de ceux qui avaient la charge de leur éducation religieuse. Pour expliquer les succès de l'ultramontanisme, il faudrait analyser l'influence du Lamennais d'avant 1830, dont la pensée traditionaliste et autoritaire avait conquis une partie du clergé. Il faudrait plus qu'évoquer l'influence de deux autres théoriciens du traditionalisme, Bonald et en particulier Joseph de Maistre, dont les oeuvres figuraient dans presque toutes les bibliothèques des séminaires et des collèges classiques et dont l'un des principaux ouvrages, *Du Pape*, fut reproduit en partie dans plusieurs journaux[1]. Un exemple révélateur: celui de ce jeune étudiant qui pour se faire admettre dans les classes de belles-lettres au séminaire de Nicolet étale devant le directeur ses connaissances de Joseph de Maistre[2]. L'influence de Dom Guéranger, entre autres sur l'introduction de la liturgie romaine, mériterait aussi une attention spéciale, car on fit de la réforme liturgique le symbole de l'adhésion à l'ultramontanisme contre la spécificité des Églises nationales. Mgr Bourget fut le premier à entreprendre cette réforme; elle s'étendit par la suite, non sans résistance[3], à l'ensemble des diocèses. La *Théologie morale à l'usage des curés et des confesseurs*, du cardinal Gousset, le *Ver rongeur des sociétés modernes*, et le *Catéchisme de persévérance*, de Mgr Gaume[4], l'*Histoire universelle de l'Église catholique*, de l'abbé René-François Rohrbacher, dans laquelle Mgr Laflèche, au dire de ses ennemis, avait puisé toute sa théologie[5], sont d'autres ouvrages ultramontains dont il faudrait étudier les répercussions sur la pensée catholique canadienne-française. Il faudrait aussi examiner la formation des ecclésiastiques et évaluer l'apport de nombreux prêtres émigrés depuis la Révolution, plus particulièrement depuis 1840.

Ces influences diverses qui affectaient tant la théologie, la morale, la liturgie que l'ecclésiologie se concentrèrent dans celle de Louis Veuillot, le plus ardent propagandiste de l'ultramontanisme, de qui Philippe Sylvain écrit: « Nul écrivain français n'a davantage façonné la mentalité canadienne-française[6] ». En 1962 encore, un sondage auprès de vingt-cinq intellectuels canadiens-français révélait que cinq d'entre eux le classaient parmi les cinq écrivains qui les avaient le plus influencés[7]. Veuillot a joué le rôle du héraut qui célèbre le pouvoir personnel de Pie IX. Il utilisait parfois des moyens qui répugnent à la charité catholique pour atteindre ses fins; et ce qui eût valu à d'autres l'interdiction ou l'ordre de rétractation ne lui méritait de la part de Rome qu'encouragements ou, au pire, conseils de modération, car « son dévouement au Saint-Siège touchait au plus intime de lui-même l'homme essentiellement émotif qu'était le pape[8] ». Du reste, Pie IX lui-même n'était pas avare de moyens pour faire triompher le courant ultramontain dans lequel il voyait « la condition de la restauration et de l'épanouissement de la vie catholique », et le meilleur moyen de grouper les catholiques pour réagir contre le libéralisme[9]. Le père Congar, qui étend aussi cette volonté d'intervention à Grégoire XVI, écrit à ce sujet: « Il y aurait toute une étude à faire sur les moyens nombreux et variés mis en oeuvre par ces deux papes pour procurer l'orientation qu'ils souhaitaient: pressions directes ou indirectes, désapprobations suivant toute une gamme d'expressions ou de nuances, brefs d'approbation, collation ou, au contraire, remises dilatoires des dignités et honneurs. Nous pensons, pour notre part, qu'il y a eu, de la part des papes, une politique très réfléchie, très cohérente, et qui a joué un rôle efficace[10] ».

Enfin, l'ultramontanisme a progressé grâce à la personnalité de Pie IX et surtout, depuis « l'exil » à Gaëte, par le récit de ses souffrances que rapportaient avec zèle et émotion les disciples canadiens de Louis Veuillot[11]. Ceux-ci puisaient souvent dans l'*Univers* les anecdotes ou articles de fond propres à gagner la sympathie du clergé et des fidèles à l'endroit du Vatican. Mais dans ce cas, ce furent les développements de la question romaine qui servirent au triomphe de l'ultramontanisme. D'ailleurs question romaine et ultramontanisme étaient indissociables dans l'esprit de la grande majorité des catholiques depuis que Grégoire XVI et Pie IX avaient engagé l'adhésion ultramontaine dans la voie de la lutte contre les principes de 1789 et que les guerres pour unifier la péninsule, par-delà leurs caractères politiques volontairement ignorés, étaient considérées comme des exemples de l'impiété révolutionnaire. Ainsi toutes ces influences, énumérées ici sans plus d'explications car elles débordent le cadre de notre étude, concoururent directement et par le biais des motivations psychologiques ou sentimentales à former une opinion favorable à la défense du pouvoir temporel du pape et constituèrent en quelque sorte la toile de fond de l'action menée en ce sens par l'épiscopat et les journalistes catholiques.

Le journalisme catholique

Dès les années 1820, le clergé avait senti le besoin de posséder son propre journal. Après quelques tentatives infructueuses[12], il réussit en 1840 à fonder les *Mélanges religieux* auxquels il assigna comme un des objectifs « d'enseigner et de diriger l'action du peuple[13] ». Par la suite, chaque diocèse ou presque eut son journal, organe officieux ou officiel de l'évêché. À Montréal, l'*Ordre* (nov. 1858) succéda aux *Mélanges*, puis l'*Écho du cabinet de lecture paroissiale* (1859), un bimensuel propriété des sulpiciens et le *Nouveau-Monde* (1867) représentèrent tour à tour ou simultanément, suivant le cas, l'opinion du clergé diocésain. À Québec, ce fut le *Courrier du Canada* qui joua ce rôle à partir de 1857[14].

Cette éclosion d'une presse de combat au service des intérêts du clergé trouvait une partie de sa justification dans la prise de conscience que l'opinion publique était désormais appelée à trancher les différends entre l'Église et l'État. Placée au coeur de ce débat, la question romaine allait donc occuper une place importante dans ces journaux et dans la presse en général. Mgr Bourget en particulier fit tout son possible pour encourager ou obliger les journaux à publier tout ce qui était favorable au maintien du pouvoir temporel du pape. Par exemple, en 1862, il demandait au secrétaire de Pie IX de louanger, à titre privé, chacun des journalistes qui « publient tout ce qui éclaire le peuple sur ces graves questions[15] ». L'année suivante, il menaçait le propriétaire de l'*Ordre*, J.-A. Plinguet, de lui retirer les abonnements de son clergé, si le journal continuait à ne plus publier les articles des journaux européens qui contribuaient « à faire triompher » les principes ultramontains. Pour ne pas avoir à préciser de quels articles il s'agissait, le secrétaire chargé de transmettre cette menace, terminait sa note confidentielle en citant en exemple le *Courrier du Canada*[16]. Dans le cas de l'*Ordre*, l'évêque de Montréal trouvait une raison de plus d'intervenir dans le fait que ce journal avait été l'organe officieux de l'évêché depuis 1858 et que ses rédacteurs, Joseph Royal, Cyrille Boucher, Édouard Lefebvre de Bellefeuille et L.-J. Beaubien, ultramontains militants qui considéraient leur métier comme « une espèce de sacerdoce[17] », avaient été contraints de démissionner en juin 1861 à cause de l'orientation politique libérale que le nouveau propriétaire, Plinguet, désirait donner à son journal. Mgr Bourget le déplorait d'autant plus que l'*Ordre* et le *Courrier du Canada* avaient été les deux journaux les plus dévoués aux intérêts du Saint-Siège au moment des guerres qui permirent la réalisation de l'unité italienne en 1859 et 1860.

Durant cette période, l'influence de l'*Ordre* ne se limitait pas seulement à diffuser les principes ultramontains; son rôle consistait surtout à susciter et à animer les nombreuses manifestations de solidarité au pape, car c'est au début de 1860 que furent organisés l'armée pontificale et le Denier de Saint-Pierre et que circulèrent à travers l'univers catholique les pétitions de solidarité envoyées à Pie IX. Voyons ici l'influence de l'*Ordre* sur le déroulement des manifestations publiques du début de 1860.

L'encyclique *Nullus certi* parue le 19 janvier 1860 et publiée au Québec à la fin de février, se présentait comme la réponse de Pie IX à tous ceux qui lui demandaient d'accepter de limiter son pouvoir temporel à la seule ville de Rome. Sa réponse était ferme: il fallait lui rendre la Romagne qui venait de voter son annexion au Piémont. Et pour sensibiliser tous les catholiques à cette question, Pie IX écrivait aux évêques: « Continuez de défendre cette (...) cause avec plus de zèle et de coeur encore; enflammez chaque jour davantage les fidèles confiés

Le pape Pie IX (ACAM)

à vos soins, afin que, sous votre conduite, ils ne cessent d'employer tous les efforts, leur zèle et leurs pensées à la défense de l'Église et du Saint-Siège et au maintien du pouvoir temporel[18] ».

Les catholiques du monde entier n'avaient pas attendu cette exhortation pour agir: de nombreuses adresses étaient déjà parvenues au Vatican depuis que la guerre d'Italie mettait en danger les États pontificaux. Au Québec, l'*Ordre* proposa une première fois, le 31 janvier 1860, qu'à l'exemple du reste du monde, les Canadiens français votent une adresse à « l'immortel Pie IX ». « Nous soumettons la chose au public », écrivait Cyrille Boucher, ajoutant que « Montréal devrait se mettre à la tête du mouvement qui se répandrait dans les autres villes et campagnes ». Joseph Royal, le 10 février, profita du compte rendu de la description d'un concert de la société Sainte-Cécile auquel assistaient 1 200 personnes pour reformuler la question: « L'hymne à Pie IX a suscité une véritable explosion d'enthousiasme dans cette vaste multitude: l'assemblée s'est levée spontanément et comme un seul homme. Il semble que l'ombre angélique du Souverain Pontife Pie IX persécuté planait au-dessus de la salle et était doucement consolée par ce premier pas d'une manifestation catholique en Canada, qui aura lieu sous peu, nous en avons l'espoir ». Quatre jours plus tard, les préparatifs étaient déjà amorcés; Royal espérait à nouveau que la manifestation de Montréal serve d'exemple aux autres villes.

La Société Saint-Jean-Baptiste et quelques autres associations de bénévoles s'occupèrent d'organiser les manifestations montréalaises, qui étaient fixées au 19 février pour les Irlandais et au 26 pour les Canadiens français. Celles de Québec étaient prévues pour le 9 mars. Pendant ce temps, Mgr Bourget reçut le texte de l'encyclique *Nullus certi* qu'il fit imprimer pour ses curés; un mandement l'accompagnait, qui fut reproduit dans *L'Ordre* deux jours avant les cérémonies du 26. Cela était bien propre à en assurer le succès, d'autant plus que ce même journal venait d'annoncer l'envoi à Rome, le 21 janvier par les évêques du Canada, d'une lettre commune de protestation, et que les curés s'apprêtaient à en faire autant. Bref, à la suite de leurs chefs religieux, les fidèles montréalais étaient appelés à démontrer leur attachement au pouvoir temporel du pape. Si l'on se fie au compte rendu de *L'Ordre*, le succès fut retentissant. Cela peut être mis en doute, mais il importe surtout de retenir l'interprétation qu'en fit le rédacteur, Cyrille Boucher « Jamais (...) mouvement reli-

gieux ne fut plus spontané ni plus enthousiaste »; vingt mille personnes « de toutes conditions » sont venues protester « comme un
seul homme et comme d'une seule voix contre l'élément révolutionnaire[19] ». C'est bien ainsi que *L'Ordre* définissait sa mission: susciter
l'enthousiasme pour la cause pontificale.

Pourtant, le désir de Joseph Royal de voir le mouvement s'étendre à l'ensemble des paroisses ne semblait pas devoir se réaliser. Le
journal avait bien annoncé que le texte de l'adresse des manifestants
de Montréal serait envoyé dans les campagnes pour être paraphé,
mais nulle part il n'était fait mention de préparatifs quelconques.
Mgr Bourget, qui était certainement l'instigateur des suggestions
faites par les rédacteurs de *L'Ordre*, allait donc se charger de provoquer l'enthousiasme des fidèles du reste de son diocèse. Il écrivit à ses
curés pour les avertir que la copie des résolutions adoptées à Montréal ne leur serait pas adressée, mais serait plutôt envoyée aux marguilliers afin de s'assurer que la manifestation de la paroisse soit
« particulièrement laïque ». Il poursuivait: « Mais il est bien entendu
qu'il vous faudra intervenir pour que le mouvement qui aura lieu
chez-vous comme ailleurs soit tout-à-fait catholique (...). Vous
annoncerez au prône qu'il y aura après la grand-messe une assemblée
de tous les habitants de la Paroisse (...). Autant que possible vous
ferez parler des laïques pour expliquer aux assistants l'état de la question[20] ».

Mgr Bourget prenait ainsi des dispositions pour que les manifestations se poursuivent. Mais pourquoi tant d'insistance à vouloir
remettre l'initiative aux laïcs? En plus de son désir que cela sensibi-
lise davantage ses fidèles, il appréhendait sans doute déjà les
reproches de la presse adverse tels qu'il les énonça deux semaines
plus tard: « Ces beaux discours sortis de la bouche des laïques feront
taire ceux qui voudront faire croire que ce n'est là qu'une affaire de
prêtres[21] ». De fait, les discours à Montréal avaient été prononcés par
des citoyens éminents, dont Côme-Séraphin Cherrier, Pierre-
Joseph-Olivier Chauveau, Jean-Jacques-Thomas Loranger, Jean-
Baptiste Meilleur et Gédéon Ouimet; dans les campagnes, les maires,
conseillers municipaux, shérifs et autres notables, médecins ou avocats, souvent accompagnés d'étudiants des séminaires, furent appelés à la tribune: Wilfrid Laurier à l'Assomption, Félix-Gabriel
Marchand à Saint-Léon et Magloire Lanctôt à Laprairie[22].

Du 16 mars au 2 mai, une quarantaine de paroisses rurales firent publier un compte rendu de leurs manifestations dans *L'Ordre*. Après les directives de Mgr Bourget, il était tout naturel qu'il y eût aussi de la part de quelques correspondants de la campagne une volonté marquée de mettre l'accent sur l'organisation laïque des manifestations: ainsi, de Saint-Clément de Beauharnois, deux comptes rendus parvinrent au journal; le deuxième contredisait le premier qui attribuait au curé la convocation de l'assemblée. Il paraissait donc important de préciser que les habitants de la paroisse étaient venus en délégation auprès de leur curé pour faire convoquer une assemblée semblable à celle de Montréal[23].

Un mouvement laïque certes, mais commandé et animé par le clergé, telle était l'essence des manifestations du printemps de 1860 dans le diocèse de Montréal; elles n'avaient pas le caractère spontané que leur accordaient volontiers les rédacteurs de *L'Ordre*. Au contraire, elles étaient orchestrées de l'évêché pour des motifs maintes fois avoués. En fait, depuis 1849, et avec plus d'acharnement depuis 1858[24], Mgr Bourget consacrait une bonne part de ses énergies à combattre les idées libérales et démocratiques dont il craignait, nous l'avons vu, que l'application dans les États pontificaux ne provoque des bouleversements internationaux qui n'épargneraient pas le Québec. Les manifestations organisées dans le monde catholique à la fin de 1859 et au début de 1860 lui fournissaient donc une autre occasion d'oeuvrer contre l'introduction au Québec de ces principes jugés révolutionnaires.

Il s'agissait donc pour Mgr Bourget de susciter l'opposition des catholiques sympathiques à la cause pontificale contre tous ceux qui la dénigraient. La réussite de cette stratégie était d'autant plus impérieuse, en 1860, que les résolutions adoptées à Montréal parvenaient dans les paroisses rurales au moment où des opposants, que la presse ultramontaine qualifiait de membres de sociétés secrètes ou de suisses[25], répandaient la rumeur que la signature des pétitions allait constituer un engagement à s'enrôler dans l'armée du pape et à verser des impôts au Vatican[26]. Pour combattre ces rumeurs et assurer le succès des assemblées de paroisse, Mgr Bourget composa une lettre pastorale d'environ cinquante pages sur « l'indépendance et l'inviolabilité des États pontificaux » qu'il fit distribuer dans les campagnes en même temps que circulaient les pétitions[27]. Étonné que de pareilles rumeurs aient de l'emprise au sein de ses fidèles, il prit soin d'aviser ses curés: « Maintenant c'est à vous de lui [l'instruction pastorale] faire atteindre ce but en faisant en sorte qu'elle soit lue et bien comprise. Un bon moyen pour cela serait, ce me semble, de distribuer un certain nombre d'exemplaires dans la paroisse en chargeant ceux de vos paroissiens que vous savez être les plus intelligents et les mieux intentionnés, d'en faire la lecture dans les différents arrondissements, après que vous en aurez parlé en chaire. Puis, lorsque les esprits auront été préparés à en recevoir la doctrine avec foi et humilité, vous pourrez en donner plus de circulation par le moyen des enfants qui fréquentent les écoles et auxquels ce livre[28] pourrait être donné en récompense de leur application et de leur sagesse[29] ».

Il souhaita aussi que chaque famille en ait un exemplaire et conseilla que la souveraineté temporelle du pape soit le sujet de chants solennels pour les exercices publics et fasse l'objet de discussions académiques dans les écoles. « Enfin, conclua-t-il, prenons tous les moyens en notre pouvoir pour dissiper de notre horizon ce nuage si sombre (...) qui finirait, ici comme ailleurs, par éclater et laisser tomber la foudre, dont les ravages sont toujours incalculables[30].

Compte tenu des objectifs de Mgr Bourget, la répétition des manifestations de solidarité ne visait pas tant à réconforter le pape, comme l'affirmaient les organisateurs et les rédacteurs de *L'Ordre*, qu'à mieux faire craindre ses ennemis. Cela explique sans doute que les adresses signées au printemps de 1860 n'aient pas encore été envoyées à Rome sept mois plus tard[31].

Le Denier de Saint-Pierre

Il ne faut pas s'étonner que des Québécois aient interprété la signature des pétitions comme un engagement à s'enrôler dans les armées du pape et à verser des impôts au Vatican. Même si Mgr Bourget combattait leur naïveté et leur crédulité[32], d'aucuns se rendaient compte, à la lecture de *L'Ordre*, que les rédacteurs tentaient de faire accepter l'idée de s'enrôler dans l'armée pontificale et de se cotiser pour subvenir aux besoins financiers du Saint-Siège. Comment interpréter autrement les nombreuses nouvelles sur la « petite armée pontificale » et les appels que lançait à la jeunesse le comte Henri de Cathelineau? D'autre part, les nouvelles concernant l'organisation du Denier de Saint-Pierre en Europe pouvaient être perçues comme un invitation à verser des impôts. À ce sujet surtout, les demandes d'argent étaient de plus en plus pressantes.

La perte de la Romagne, apprenait-on dans les journaux, privait le Saint-Siège de revenus importants. Devrait-il recourir de nouveau à des emprunts? Plusieurs catholiques le craignaient, car l'administration financière des États pontificaux était passablement discréditée. En pareille circonstance, dix ans auparavant, Montalembert avait suggéré aux catholiques d'Europe de se cotiser[33]. L'idée avait été reprise en Belgique, en novembre 1859, sous le nom de Denier de Saint-Pierre[34], et depuis cette date un comité d'organisation s'occupait de faire les collectes. En France, les évêques, devancés par les laïcs, pour la plupart légitimistes, décidèrent de s'occuper activement du mouvement après la défaite de Castelfidardo, le 18 septembre 1860. Au Québec, *L'Ordre*, par l'intermédiaire de son correspondant romain, évoquait dès le 18 octobre 1859 les difficultés financières du Saint-Siège et les possibilités d'un emprunt. Cette idée était à nouveau abordée le 27 janvier 1860. À la fin de février, le journal mentionnait les dons envoyés à Rome par les dames françaises qui consacraient à cette fin la moitié de leurs revenus destinés au luxe[35]. S'il n'était toutefois pas directement question d'imiter ce geste, le ton des divers articles sur le sujet et les louanges adressées aux donatrices indiquaient éloquemment la manière de voir des rédacteurs de *L'Ordre*.

Il fallut attendre la fin de mars pour voir s'organiser au Québec la première quête; et chose étonnante, l'évêque de Montréal, toujours soucieux d'être le plus dévoué au Saint-Siège, n'y était pour rien; il avait été devancé par Mgr Baillargeon dont le mandement, ordonnant une quête dans le diocèse de Québec, venait d'être publié dans *L'Ordre*[36]. Ce geste ne fut imité à Montréal que le 21 novembre 1860. Il faut certes imputer le retard de Mgr Bourget à la crainte de l'opposition, beaucoup plus forte à Montréal qu'à Québec. Pour l'expliquer, il faut avoir à l'esprit les appréhensions de certains habitants à l'endroit de la signature de la pétition; ainsi la quête était prescrite dans le diocèse de Québec au moment même où Mgr Bourget tentait, à l'aide de son instruction pastorale, de dissuader les opposants et de désamorcer la rumeur concernant le paiement d'un impôt au Vatican. Il paraît dès lors normal qu'il ait préféré différer cette quête à l'automne, escomptant alors une conjoncture plus propice.

Tant dans le diocèse de Montréal que dans les autres diocèses, à

Le cardinal Antonelli, secrétaire d'État (ACAM)

l'exception de celui de Québec qui fit parvenir ses dons à la fin de 1860, les collectes se poursuivirent jusqu'à l'automne 1861. En 1862, le 26 février à Montréal, le 19 mars à Québec et le 24 septembre à Ottawa (Bytown), les évêques établirent officiellement l'oeuvre du Denier de Saint-Pierre et affilièrent les membres à l'archiconfrérie romaine dont l'adhésion méritait, sous respect de certaines conditions, une indulgence plénière et des indulgences partielles[37]. Les diocèses de Trois-Rivières et de Saint-Hyacinthe, pour des raisons financières, ne s'y affilièrent respectivement qu'en 1869 et 1882[38].

Il y avait dans le diocèse de Montréal quatre collectes par année et deux seulement dans celui de Québec. À chacune d'elle, Mgr Bourget conseillait à ses curés de rappeler aux paroissiens le montant qu'ils devaient fournir, car il avait personnellement établi la part du pauvre ou de l'enfant à 24 sous, celle de la « personne à l'aise » à quatre piastres et « une rente annuelle beaucoup plus élevée » pour les riches[39]. Le mandement d'établissement de l'oeuvre était « divisé et sous-divisé » afin que les curés, le lisant par tranches, s'en servent pour annoncer des collectes sans se répéter. À nouveau, il exhortait ses curés à en profiter pour donner des explications sur la papauté et pour la faire aimer du peuple[40].

Les livres, les brochures et les conférences

D'autres manifestations publiques en faveur du pouvoir temporel du pape furent organisées dans les diocèses du Québec à la fin de 1860. Cette fois, elles avaient pour but de célébrer un service funèbre pour le repos des âmes des « martyrs de Castelfidardo ». L'abbé Isaac Désaulniers, ancien supérieur du séminaire de Saint-Hyacinthe, répéta à Montréal les éloges funèbres antérieurement prononcés dans la cathédrale de son diocèse. À Trois-Rivières, le futur évêque Louis-François Laflèche, alors supérieur du séminaire de Nicolet, présenta un sermon d'une heure, le répétant par la suite dans plusieurs églises. Beaucoup de paroisses cependant n'eurent pas la chance d'entendre la prédication d'orateurs aussi prestigieux; dans de nombreux cas, seul un *libera* solennel fut chanté. Par ailleurs les textes des sermons furent publiés dans les journaux, puis reliés en brochure pour être distribués ou vendus aux fidèles[41]. Dans ce cas comme dans celui de la diffusion de nombreuses autres brochures sur le pouvoir temporel du pape, les curés et les prêtres des séminaires servirent d'agents de distribution. On a vu comment les curés, directement ou par l'intermédiaire des enseignants, avaient été incités par l'évêque de Montréal à diffuser son instruction pastorale; le mode de diffusion des autres brochures de ce genre semble identique. Par exemple, le chanoine Étienne Hicks, du chapitre de Montréal, écrivait à son évêque qu'il avait fait distribuer par les curés quatre cents exemplaires d'une brochure de Mgr de Ségur et que certains curés en avaient vendu 70 exemplaires à leurs paroissiens. Un mille supplémentaire, disait-il, ne l'embarrasserait pas; aussi souhaitait-il que les ouvrages du même auteur, *Le Pape*, *Le Denier de Saint-Pierre* et *L'Église*, soient reliés en un volume pour être vendus dans les paroisses[42]. Nombre d'autres livres de ce genre garnissaient les bibliothèques de paroisses et de séminaires telles les nombreuses histoires populaires et vies de Pie IX, les causeries et études sur le *Syllabus*, les polémiques contre les libéraux canadiens et européens, les oeuvres de Montalembert, Dupanloup, Veuillot. Parfois même, les auteurs étaient des membres prestigieux du monde politique tels C.-S. Cherrier et P.-J.-O. Chauveau[43].

S'il faut d'autre part prêter quelque influence aux instituts littéraires — cela est indéniable auprès des étudiants des collèges classiques de Montréal — un inventaire de leurs sujets de discussion pourrait paraître à cet égard révélateur. Nous savons peu de choses de leurs activités[44] si ce n'est qu'à l'Union catholique fondée par jésuites, une quinzaine de séances en dix ans, de 1860 à 1870, furent consacrées aux questions relatives aux événements d'Italie. C'est d'ailleurs cette association qui fournit à *L'Ordre* la plupart de ses rédacteurs et d'où provinrent les premières offres de Canadiens français pour servir dans les troupes pontificales.

Les prières
pour le pape

Enfin un autre moyen de sensibiliser l'opinion publique fut celui des fréquentes prières pour le Saint-Siège, le pape ou la paix dans les États pontificaux. Généralement commandées par le pape, ces prières se faisaient simultanément dans tous les pays du monde catholique. De l'accession de Pie IX au trône pontifical jusqu'à la réalisation de l'unité italienne en 1870, furent célébrés cinq jubilés et un triduum[45], en plus des prières coutumières demandées aux prêtres et fidèles durant les messes dominicales ou dans leurs foyers, des prières spéciales des diverses associations et confréries religieuses, des offices des Quarante Heures célébrés occasionnellement à la demande du pape[46] et très certainement de nombreuses autres prières sollicitées par certains curés et prêtres des séminaires, plus sensibles aux « malheurs » de l'Église.

La célébration des jubilés, auxquels était attachée une indulgence plénière, consistait à visiter deux églises ou chapelles désignées, y prier aux intentions prescrites par le pape, se confesser, communier, faire une aumône aux pauvres et jeûner les mercredi, vendredi et samedi d'une même semaine. Durant les trois mois alloués pour satisfaire à ces conditions, l'évêque du lieu désignait trois semaines spéciales, marquées à l'ouverture et à la clôture par une sonnerie de cloches d'un quart d'heure, pendant lesquelles le clergé paroissial procurait aux fidèles tous les exercices solennels du jubilé. Les intentions de cette forme de prières, qui se renouvelaient en moyenne tous les trois ans durant la période 1846-1870, amenaient invariablement les fidèles à méditer sur la situation politique en Italie et le progrès du libéralisme dans le monde, sujets sur lesquels le clergé paroissial, à l'aide de l'encyclique et du mandement qui ordonnaient ces manifestations, était amené à fournir d'autres explications et exhortations. Il nous semble donc que ces manifestations religieuses ont été le plus puissant des divers modes de motivation des fidèles à la question romaine, non seulement parce qu'elles se déroulaient périodiquement mais aussi parce que les indulgences accordées suscitaient l'intérêt du plus grand nombre[47] et obligeaient, de par leurs conditions d'obtention, à une réflexion particulière sur le sujet.

À cet égard, le triduum d'octobre 1867, survenant après la victoire précaire de Mentana et prescrit pour implorer Dieu, suivant les mots de Pie IX, qu'« il détourne de Nous son indignation et nous fasse échapper Nous et son Église à ce déluge de Maux[48] » était un exemple évocateur de ce phénomène, bien que la conjoncture en fasse de plus un cas spécial: deux Québécois, Alfred LaRocque et Hugh Murray, blessés à Mentana, fournissaient à Mgr Bourget l'occasion de lever le premier contingent de zouaves. Ainsi, pendant que le comité d'organisation travaillait au recrutement des futurs soldats, les curés demandaient à leurs paroissiens, durant toute l'année du triduum qui prit fin le 17 octobre 1868, de réciter quotidiennement « un Pater et un Ave pour le Saint-Père ». Les prêtres ajoutaient à leurs messes la récitation des litanies de la Sainte Vierge et chaque fidèle, au moment choisi par son curé, devait pendant trois jours assister à la grand-messe et se recueillir devant le saint sacrement, qui restait continuellement exposé. L'indulgence plénière était accordée à ces conditions à tous ceux qui se confessaient et communiaient. D'autres, dans l'impossibilité d'assister aux exercices, pouvaient y suppléer en récitant le chapelet à l'intention du pape. Déjà en décembre 1848, de semblables prières avaient été prescrites durant 16 mois, soit jusqu'au retour du pape dans ses États[49]. À nouveau en novembre 1859, l'évêque de Québec avait demandé à ses prêtres d'ajouter à la messe l'oraison *Pro Papa* et de faire réciter les litanies de la Sainte Vierge après la messe dominicale. Ces prières ne devaient pas s'interrompre avant l'année 1870. Le triduum de 1867-1868 apparaît donc comme un temps fort dans une décennie complète de prières pour le pape.

En somme, durant les dix années qui précédèrent la chute de Rome, il y eut peu de semaines, voire de jours, où les Québécois ne furent appelés à manifester leur attachement au pouvoir temporel du pape. Livres, journaux, brochures, mandements, manifestations laïques et religieuses, prières privées et publiques, quêtes, conférences, soirées académiques, concerts et cantiques, incitations de certains hommes politiques, autant de moyens de sensibiliser l'opinion à cette question, sans compter que l'évolution des partis politiques dans la province de Québec, au contact des luttes du clergé contre les rouges et le parti libéral, tendait à identifier les opposants politiques aux alliés et aux ennemis de la papauté. Dans ce contexte, nous comprenons mieux que périodiquement, de 1860 jusqu'à l'organisation du premier contingent de zouaves, de jeunes Québécois aient demandé à aller combattre en Italie.

Chapitre 2
L'origine du mouvement

Le projet de Mgr Guigues

Avant même que la nouvelle de la formation de l'armée pontificale ne soit connue, l'évêque d'Ottawa, Mgr Guigues, un Français d'origine, proposait au pape, le 2 janvier 1860, de former sa propre armée afin d'assurer l'ordre dans ses États et de garantir son indépendance vis-à-vis les souverains étrangers. Dans cette lettre, il exposait sa suggestion de faire participer tous les évêques du monde au financement de l'armée pontificale. Chaque évêque devrait être en mesure de payer les frais annuels d'entretien d'au moins un zouave, et il escomptait que les diocèses plus riches, ceux de Québec et de Montréal, par exemple, en fassent davantage. Il concluait: « Si toutes les Provinces du monde en faisaient autant, on lèverait une armée sans peine et une armée vraiment catholique, capable de réprimer les factions[1] ».

Sa lettre parvint à Rome à la fin de janvier; à sa grande surprise, le préfet de la Propagande, le cardinal Barnabo, lui répondit avec diligence le 14 février. La teneur de la lettre l'étonna davantage encore, car il n'avait pas prévu[2] toutes les conséquences de sa suggestion que le cardinal Barnabo qualifiait d'« aussi utile à l'Église que glorieuse » pour son auteur et « digne d'être étudiée sérieusement afin de déterminer de quelle façon on pourrait la mettre à exécution ». Enfin, le cardinal lui conseillait d'en discuter avec les autres évêques du Canada.

Effectivement, l'évêque d'Ottawa ne pouvait savoir à ce moment que sa proposition arrivait à Rome au moment opportun, puisque depuis quatre mois déjà, Pie IX s'était laissé convaincre par son camérier, Mgr de Mérode, de constituer une armée indépendante, recrutée dans le monde catholique[3]. Dès octobre 1859, Mgr de Mérode avait commencé à négocier secrètement ce projet avec le général Lamoricière, monarchiste français. Si rien de précis n'avait encore été déterminé au moment où le cardinal Barnabo répondait si favorablement à Mgr Guigues, il paraît certain que sa suggestion s'insérait dans ce projet romain de former une armée pontificale qui ne devait prendre définitivement forme qu'après l'entrevue secrète entre le père Victor Deschamps, Lamoricière et Mérode, à la fin de mars 1860[4].

Suivant le conseil du préfet de la Propagande, l'évêque d'Ottawa, dès le 19 mars, fit part de son projet et des réactions du pape aux évêques Bourget et Baillargeon et leur suggéra de réunir au plut tôt les évêques pour en discuter. Pour sa part, Mgr Bourget accueillit favorablement la suggestion; Mgr Baillargeon fut plus réticent; il se dit réjoui de cette généreuse pensée et de la réponse du pape dans laquelle il voyait une preuve de plus qu'il était « dans un grand besoin[5] ». Il n'était toutefois pas d'avis de réunir les évêques pour discuter de cette seule suggestion qui suscitait assurément l'unanimité, puisqu'il s'agissait d'une contribution volontaire. Mais sa principale objection était d'un autre ordre: il s'interrogeait sur l'efficacité d'un tel projet qui, en fin de compte, ne procurerait au pape, d'après ses calculs, que 800 à 900 hommes. À lui seul, le Canada, compte tenu des faibles moyens financiers de certains évêques, tels ceux de Hamilton et de Trois-Rivières, et du coût d'entretien annuel d'un soldat (environ £ 30), n'en fournirait que neuf. Contrairement à ce qu'en pensait Mgr Guigues, il concluait que la contribution des seuls évêques ne saurait être suffisante et qu'un appel aux laïcs devait être lancé[6]. Si chacun des catholiques du Canada, ajoutait-il, « consentait à donner un Denier (1 cent) ce serait une somme (...) égale à 12 000 ou 15 000 piastres, sans compter la part des Évêques et du clergé ». Pour sa part, il annonçait à son correspondant qu'il avait déjà ordonné une quête générale dans son diocèse.

Le mois de mai approchait et personne n'avait encore pris l'initiative de réunir les évêques. Pour cela, selon l'archevêque de Québec, il fallait qu'ils aient à discuter d'une autre proposition que celle de la contribution des évêques; or l'autre solution de mettre les laïcs à contribution était déjà en voie de réalisation à Québec. Quel autre projet pouvait-on discuter? Pourtant Mgr Guigues tenait à ce qu'une réunion ait lieu, car l'adoption par les évêques canadiens d'une ligne commune d'action concernant le financement de soldats pontificaux influencerait les évêques des États-Unis et permettrait de réaliser, à son dire, « quelque chose de stable, de manière que le S. Pontife pût y compter non pas seulement actuellement, mais encore pour l'avenir[7] ». Il revint donc à la charge le 5 mai, cette fois pour proposer à l'archevêque de Québec de placer au Canada le montant des quêtes, à supposer qu'elles se fassent dans tous les diocèses, et de faire servir les intérêts «pour soutenir un certain nombre de soldats à Rome[8] ». « Ce serait donc 25 ou 30 soldats qui pourraient représenter la province de Québec » ajoutait Mgr Guigues, qui voyait dans ce projet trois grands avantages: « 1° aider le S.P. d'une manière très efficace, 2° pouvoir, en communiquant ce plan aux archevêques des États-Unis, les encourager à en faire de même, 3° disposer chaque année la cour de Rome en notre faveur, toutes les fois que nous aurons quelque demande à lui adresser[9] ».

Cet autre projet n'enthousiasma pas davantage Mgr Baillargeon, qui lui conseilla de n'en rien dire à Rome, car il venait d'apprendre que le pape avait fait dernièrement un emprunt si élevé qu'un si faible montant d'intérêt annuel ne lui serait pas d'une grande utilité[10]. Ceci mit fin au projet de Mgr Guigues. Il s'en tint avec les autres évêques à la solution adoptée dans le diocèse de Québec d'organiser une quête générale. Notons toutefois que ce Denier de Saint-Pierre avant la lettre n'était pas destiné spécifiquement à entretenir l'armée pontificale; il n'en était du reste nullement question dans le mandement d'introduction de l'archevêque de Québec[11] de telle sorte qu'en mai 1860, peu de Canadiens français, laïcs ou religieux, étaient informés de ce projet de financer à Rome des soldats représentant la province de Québec.

Les rédacteurs de « L'Ordre »

Le général Henri de Cathelineau avait fondé une association militaire et religieuse pour la défense du Saint-Siège, l'Ordre de

Saint-Pierre. Les volontaires de cette association, qu'on appelait aussi les croisés de Cathelineau, se différenciaient des autres soldats pontificaux en arborant une large croix sur la poitrine et sur leur drapeau distinctif. Cathelineau recrutait surtout en France. En juillet 1860, L'Ordre publia un de ses appels lancé plus particulièrement à la jeunesse du Québec[12]. Y faisant écho, trois rédacteurs de L'Ordre, Cyrille Boucher, Édouard Lefebvre de Bellefeuille et L.-J.-B. Beaubien s'adressèrent à Mgr Bourget[13] pour qu'il se charge de l'organisation de ce mouvement dont ils avaient acquis la conviction, depuis la publication de la lettre dans L'Ordre, qu'il pourrait réunir au Québec et au Canada « un nombre assez considérable de volontaires ». « Tous les jeunes gens que nous avons vus sont pleins de courage et de bonne volonté, écrivaient-ils à Mgr Bourget; mais ils ne peuvent rien faire sans vous ». Cathelineau leur avait assuré qu'une fois rendus à Rome, les Canadiens ne manqueraient de rien. L'appui qu'ils sollicitaient de leur évêque avait donc pour but de leur faciliter les moyens de partir pour Rome. Ils ajoutaient que tous trois, ou quelques-uns d'entre eux se mettraient peut-être à la tête du groupe pour défendre « de leurs bras et de leur vie, les principes qu'ils avaient jusqu'ici défendus avec leur plume et leur feuille ».

Dès qu'il reçut la lettre, Mgr Bourget s'empressa de répondre en paraphrasant une de leurs formules que nous lirons souvent par la suite sous la plume des journalistes qui s'enrôleront dans les zouaves: « (...) je connais intimement quels sont vos sentiments pour la cause catholique (...) Aussi après lui avoir consacré votre plume et vos veilles, voudriez-vous lui offrir encore votre sang avec toute la noble ardeur de vos coeurs[14] ». Toutefois Mgr Bouret n'acquiesçait pas à leur demande. À son avis, le moment n'était pas encore venu; il fallait donc continuer de travailler à préparer l'opinion publique.

Par ailleurs, au mois d'août, le corps de Cathelineau avait été refusé par le ministre de la Guerre, Mgr Xavier de Mérode, qui lui reprochait d'embaucher les déserteurs du corps franco-belge, de favoriser ces désertions et ainsi de contribuer à désorganiser ce bataillon qui était l'élément principal de la petite armée pontificale[15]. Les rédacteurs de L'Ordre communiquèrent cette nouvelle à leurs lecteurs le 19 septembre, de telle sorte qu'on peut supposer que leur projet d'aller combattre à Rome s'en trouvait compromis, d'autant que, le 18 septembre, les troupes pontificales furent défaites à Castelfidardo. Est-ce ce qui explique que Mgr Bourget ne mentionna pas ce projet des journalistes de *L'Ordre* dans une lettre adressée au cardinal Barnabo le 21 octobre 1860?[16] En tout cas, il devait avoir de sérieuses raisons de ne pas le faire, car l'occasion s'y prêtait à merveille: ainsi après lui avoir exposé quelques problèmes d'administration diocésaine, il lui affirmait, sans « prétendre à cette trop grande faveur », que le « Canada serait heureux de recevoir le Souverain Pontife si la tourmente révolutionnaire l'obligeait encore de quitter Rome ».

Préparer l'opinion publique, c'est ce que faisait Mgr Bourget en consacrant une page et demie de son mandement (annonçant l'encyclique contre l'invasion de l'armée piémontaise) à entretenir les fidèles de la conduite héroïque des soldats de Castelfidardo[17]. Les services funèbres et les *libera* donnaient aux curés l'occasion d'en faire autant dans toutes les églises pendant les mois de novembre et de décembre.

Les deux premiers zouaves

La situation changea avec le début de 1861: *L'Ordre* du 13 février annonçait qu'un avocat de Montréal, Benjamin Testard de Montigny venait de s'engager dans les troupes pontificales. La nouvelle avait de quoi surprendre, car il ne semblait pas que ce jeune avocat, reçu au barreau en 1859, fût parti pour l'Europe avec cette intention. Du moins, Mgr Baillargeon qui le recommanda au secrétaire de la Propagande ne dit mot de cela. Il mentionna qu'il allait « faire un tour en Europe et (...) (avait) particulièrement à coeur de visiter la ville Éternelle[18] ». Montigny, le premier zouave québécois, s'enrôla donc le 15 janvier 1861.

Son exemple suffit pour relancer le mouvement. Mgr Bourget, le premier, profita de l'occasion pour soumettre à Rome les offres faites sept mois auparavant: « Nous avons ici un bon nombre de jeunes gens religieux qui sollicitent l'insigne faveur de pouvoir défendre le Chef Suprême de l'Église et ses droits inaliénables sur le Patrimoine de St. Pierre. Votre éminence voudra bien me dire si les services de ces jeunes Canadiens pourraient être de quelques secours au St. Siège dans ces temps de désolation et s'ils seraient agréables aux officiers militaires de sa Sainteté[19] ».

L'enrôlement de Montigny suscitait le zèle et l'admiration de plusieurs jeunes. Par exemple, quatre de ses co-paroissiens et plusieurs autres jeunes de la ville et de la campagne offrirent, à cette époque, leurs services à Mgr Bourget pour s'enrôler dans les troupes pontificales[20]. C'est aussi sous l'effet de l'enthousiasme consécutif aux manifestations de la fin de 1860 et à l'enrôlement de Montigny que le vicomte de Chalus, un Français émigré à Toronto, âgé de 70 ans, écrivit deux fois à Rome pour offrir ses services avec plusieurs autres[21]. Enfin, ce climat inspira Hugh Murray qui, conseillé par son oncle, Mgr Horan, évêque de Kingston, décida de quitter son poste d'attaché à la rédaction du *Journal of Education for Lower Canada* pour s'engager dans les zouaves, le 31 juillet 1861[22]. Le Québec comptait maintenant deux représentants dans l'armée du pape.

À la lettre que Mgr Bourget avait adressée à Rome pour offrir les services de plusieurs de ses fidèles, le cardinal Barnabo répondit qu'il ne jugeait pas encore urgent d'augmenter les effectifs de son armée de soldats recrutés dans les pays éloignés. Il laissait cependant quelques espoirs que les forces réunies de toutes les parties du monde catholique servent un jour « à venger les droits du Saint-Siège ». En attendant ce moment favorable, il exhortait l'évêque de Montréal à continuer de travailler à mobiliser la jeunesse pour que le jour venu, elle soit prête à intervenir: « il faudra que les évêques des lieux où se trouvent de tels jeunes, lui écrivait-il, aient soin qu'ils persévèrent dans leur attachement au siège apostolique afin que si besoin est, ils exécutent dans le temps ce qui est maintenant l'objet de leurs voeux[23] ».

C'est ce que fit Mgr Bourget lors de sa tournée pastorale de 1861[24]. Il informa ses fidèles des offres de services de plusieurs compatriotes et se servit de l'exemple de Montigny pour susciter l'enthousiasme pour la cause du Saint-Siège. Pour s'assurer que ses curés puissent en faire autant, il leur transmit sous forme de circulaire la réponse de Barnabo qui fut lue dans toutes les églises de son diocèse et il leur formula le souhait qu'un jour les services des Québécois soient acceptés à Rome[25]. Et déjà, pensant à l'image future du Québec, il leur exposa une autre justification de la publication de la réponse du préfet de la Propagande: « ce texte attestera du moins, à la postérité la plus reculée, que le Canada aurait, lui aussi, voulu entourer de ses bayonnettes le Trône Pontifical; mais ce n'est pas le bon coeur mais la bonne occasion qui lui a fait défaut ». Nous n'avons pu savoir si les mêmes encouragements furent donnés dans les autres diocèses. Au séminaire de Nicolet, toutefois, l'abbé Laflèche souhaitait que les étudiants

Benjamin Testard de Montigny (ACAM)

prennent les armes « si la révolution continuait de saper la pierre de l'Église[26] », ce qui nous permet de croire que plus d'un prêtre de collège et plus d'un curé contribuèrent avec Mgr Bourget, suivant le conseil de Barnabo, à entretenir cet espoir.

Le plan de Mgr Bourget

Mgr Bourget partit pour Rome au début de 1862, emportant avec lui, pour les faire examiner, les mandements contre l'Institut canadien[27]. Lui qui écrivait à la fin de mai 1860 que le mépris du *Pays* pour l'autorité pontificale le préoccupait nuit et jour[28], ne pouvait tolérer qu'on lui résistât plus longtemps. Une bonne part des raisons de son voyage telles qu'exposées dans un mémoire écrit de sa main[29], concerne donc son opposition à l'influence libérale. Il voulait à ce sujet établir des relations plus suivies avec les congrégations romaines et le gouvernement pontifical, obtenir des renseignements officiels sur l'administration temporelle des États pontificaux et s'informer des prisons, des établissements religieux et des autres institutions. Bref, un des objectifs importants de ce voyage, écrivait-il, était de se renseigner sur « tout ce qui (pouvait) mettre l'évêque en état de venger l'honneur du Saint-Siège » bafoué par *Le Pays* et l'Institut canadien. S'il ne mentionna nulle part son intention de réaliser son projet d'organiser un contingent de zouaves, il n'y travailla pas moins sérieusement. Du reste, il considérait que cette autre forme d'action s'insérait dans ses objectifs en tant qu'elle était — on le verra — l'antidote contre le poison libéral et révolutionnaire.

Aussitôt arrivé à Rome, il se rendit au bureau de Mgr de Mérode, qui lui confia sa satisfaction « du zèle des Canadiens pour (...) la cause du Pape[30] ». Il ne semble pas toutefois avoir obtenu de lui autre chose que l'expression de son avis « qu'il était bien à désirer que des jeunes de tous les pays se succédassent à Rome ». Cependant la permission lui fut accordée de faire venir de la garnison d'Albano les deux zouaves Murray et Montigny, qu'il invita à dîner une première fois le dimanche des Rameaux et revit à plusieurs reprises par la suite[31]. Au cours de ces discussions, ils élaborèrent un projet que Mgr Bourget ne dévoila qu'en partie au cardinal Barnabo: « (...) Votre Éminence me signifia (...) que je devais entretenir l'ardeur de ces bons jeunes gens en attendant l'événement providentiel qui mettra le Saint-Siège en état d'augmenter son armée. Je profite de ce dernier voyage à Rome pour entrer dans les vues du gouvernement pontifical, car j'ai vu à plusieurs reprises deux de nos Canadiens (...) et par leur moyen, car ils m'apparaissent bien disposés, je pourrai d'une manière indirecte exciter, si besoin est, le zèle de ceux qui ont fait instance(...) [32]. Serait-ce que l'évêque de Montréal avait décidé de frapper à une autre porte que celle de la Propagande pour faire accepter ses volontaires? Connaissant son habileté politique et sa ténacité, il est fort plausible que cette lettre n'ait eu d'autre but que de le rendre agréable au préfet de la Propagande, afin de lui arracher ensuite un consentement déjà obtenu des chefs militaires. En tout cas, c'est dans le bureau de Mgr de Mérode qu'il se rendit par la suite discuter de l'organisation du mouvement et qu'il réussit cette fois à obtenir la permission désirée. Tout de suite après cette démarche, il griffonna à la hâte une note à l'intention de Montigny: « (il) m'a dit qu'il vous donnerait volontiers un congé d'absence, et qu'il recevrait de grand coeur les Canadiens que vous pourriez recruter et amener avec vous (...) nous devons nous rejoindre au plus tard à Paris le 19 juillet si vous voulez venir avec nous [33] ».

Montigny projetait déjà, à l'automne de 1861, de revenir au pays. Il invoquait comme raison « les besoins à remplir envers (son) vieux père [34] ». Mais l'hiver passa sans qu'il pût partir, de sorte qu'à l'arrivée de Mgr Bourget, celui-ci trouva en lui la personne désignée pour mettre son plan à exécution [35]. Tous deux devaient partir à l'automne 1862; Montigny fut encore retardé pour des raisons que nous n'avons pu découvrir dans sa trop rare correspondance qui, du reste, laisse sans réponse l'autre question, celle-là très importante, des termes de l'entente avec Mgr de Mérode. Tout de même une de ses lettres à Mgr Bourget fournit à cet égard un éclairage intéressant: « Mgr de Mérode n'a voulu m'accorder rien de ce que je lui demandais; mais cela ne m'empêchera pas de faire ce que vous désirez relativement à l'envoi d'une compagnie en Italie. Je pense me rendre au Canada cet hiver et je me mettrai à l'oeuvre pour le recrutement [36] ».

Qu'est-il advenu de ses démarches? Les documents n'en disent mot. Et ce qui semblait être le point de départ de l'organisation du premier contingent de zouaves québécois n'aboutit à rien de concret. Comment expliquer cet échec? Encore là, seules des hypothèses peuvent être avancées. Mgr de Mérode aurait-il retiré son autorisation? L'a-t-il jamais accordée, contrairement à ce qu'en a écrit Mgr Bour-

get? Tout est ici possible, car l'évêque de Montréal aurait pu, à partir
d'un simple acquiescement conditionnel de la part de Mérode, signifier une réponse affirmative, afin de placer les autorités militaires
devant le fait accompli[37]; d'autre part, l'Italie entrait à ce moment dans
une phase de *statu quo*: le recrutement d'une armée pontificale plus
nombreuse pouvait donc paraître inutile après que Garibaldi, débar-
qué une deuxième fois en Sicile en juin 1862, puis passé en Calabre
avec ses chemises rouges, eut été arrêté le 27 août par les troupes italiennes et emprisonné. Quant à l'autre hypothèse, celle d'un échec
dans le recrutement de soldats au Québec, elle semble peu probable,
car les journaux ne mentionnent rien sur ce sujet, pas même une tentative en ce sens de la part de Montigny.

Les diplômés
de l'école militaire

Si, au Vatican, on avait déjà pensé faire reposer la défense du pouvoir temporel du pape sur la seule présence des troupes pontificales,
cette idée avait été jugée irréaliste après la défaite de Castelfidardo. De
plus en plus, on assignait à l'armée pontificale le rôle de gardienne de
l'ordre intérieur plutôt que la défense des frontières. Il s'agissait en
somme de sauvegarder l'honneur du Saint-Siège et de prouver à l'humanité que seule la force viendrait à bout du principe qu'il défendait[38].
En fait l'espoir de maintenir le pouvoir temporel s'évanouissait graduellement. Certains, tel le cardinal Antonelli, comptaient sur le jeu
diplomatique, particulièrement sur la présence des troupes françaises
ou autrichiennes pour assurer, pendant un temps du moins, l'intégrité
de ce qui restait des États pontificaux. Il fallait donc ménager les sus-
ceptibilités de la France. Mgr de Mérode ne le voyait pas ainsi. Il ne se
faisait pas davantage d'illusion sur la survie du pouvoir temporel, mais
en aucun cas il ne voulait marchander les principes contre une aide
militaire française qui, de toute manière, croyait-il, viendrait un jour à
faire défaut[39]. Or la Convention de septembre 1864 signée à l'insu de
Pie IX par Victor-Emmanuel II et Napoléon III chambardait les données de la question. Sur la foi d'une promesse que l'Italie n'attaquerait
pas le territoire actuel du Saint-Père et empêcherait même toute attaque venant de l'extérieur, la France s'engageait à évacuer ses troupes
dans les deux ans suivant la signature de l'entente, laissant au pape le
temps d'organiser une armée essentiellement défensive. L'Autriche,

d'autre part, avertissait Rome qu'elle ne prendrait pas la relève[10]. Cette situation modifiait considérablement le contexte diplomatique et incitait Pie IX, sur les conseils d'Antonelli, qui reprenait avec la nouvelle conjoncture l'ascendant sur Mgr de Mérode comme conseiller du pape, à mettre à l'écart les partisans de l'intransigeance, escomptant qu'une attitude modérée et les pressions de l'opinion catholique française convaincraient Napoléon III de ne pas respecter la Convention de septembre. Du reste « on espérait toujours la dissolution prochaine du royaume d'Italie[11] », ce qui donnait encore plus de poids à la politique temporisatrice d'Antonelli.

Mgr de Mérode, dont les colères et le manque de tact exaspéraient les diplomates, fut donc remplacé par le général Kanzler au ministère de la Guerre. Le nouveau ministre allait-il tout de suite se préparer à suppléer au départ de l'armée française? L'attitude diplomatique de Rome ne se prêtait certes pas à cela et, par ailleurs, le besoin de faire appel officiellement aux catholiques ne se faisait pas sentir, car les journaux fidèles à la cause pontificale, interprétant la nouvelle de la signature du traité franco-italien comme l'abandon par la France de son rôle de protectrice de la foi catholique[12], attiraient à nouveau l'attention sur les malheurs de l'Église. De partout, des volontaires accouraient.

Une douzaine de diplômés de l'école militaire de Québec furent sensibles à ce nouvel appel de solidarité du monde catholique. Leur projet d'offrir leurs services n'avait rien de précis et n'aura d'ailleurs pas de suite. Il mérite tout de même d'être reproduit ici, car il démontre à nouveau combien les Québécois étaient sensibles à la question romaine et il nous éclaire sur les motivations de ceux qui, par la suite, s'enrôleront[13]. À peine certaines nouvelles eurent elles paru dans les journaux du Québec que, le 14 octobre, l'abbé Edmond Langevin, secrétaire de l'archevêque de Québec, écrivit à Benjamin Paquet, étudiant en théologie à Rome: « On s'attend à la formation d'une armée pontificale régulière; et dans cette pensée plusieurs jeunes Canadiens, qui ont obtenu des diplômes de première classe à l'École militaire de cette ville, sont venus me trouver pour obtenir des informations. Je n'ai rien pu leur dire. Mais il s'agit de savoir si avec leur connaissance de l'art militaire et étant porteur d'un diplôme de première classe ces jeunes gens pourraient obtenir des commissions d'officiers. Ils sont au nombre d'une douzaine ou plus: et sont remplis d'ardeur. L'enthousiasme pour la cause du St. Père, le désir de s'avancer et de revenir ensuite au pays avec un prestige considérable sont les motifs qui poussent les aspirants[44] ».

Pendant les deux années qui suivirent la Convention de septembre, aucune démarche particulière pour s'enrôler à Rome ne vint du diocèse de Montréal. Les archives concernant le voyage de Mgr Bourget au Vatican, en 1865, n'y font même pas allusion. Les journaux reproduisaient à l'occasion des nouvelles sur les besoins en soldats, sans que cela ait eu une influence apparente. Par exemple, *Le Journal des Trois-Rivières* transcrivait l'article d'un journal européen qui en appelait à la générosité des catholiques pour doubler le nombre des 550 zouaves présents à Rome[45]. Le départ de Mgr de Mérode aurait-il compliqué ses possibilités de communications? Attendait-il que Rome manifeste officiellement ses besoins? Attendait-il plutôt que d'autres volontaires offrent leurs services? Nous ne saurions le dire avec certitude, quoique la dernière hypothèse semble confirmée par le cours des événements.

Alfred LaRocque

Le 12 février 1867, un troisième Québécois[46], Alfred LaRocque, s'enrôlait dans les zouaves. Il était le fils de l'ancien président de la Banque d'Épargne de Montréal[47] et petit-fils d'un des hommes d'affaires les plus riches du Canada français, Olivier Berthelet dont il était connu comme héritier légal[48]. LaRocque avait fait ses études classiques au collège Sainte-Marie, dirigé par les jésuites. Capitaine de la milice du collège, il sera sa vie durant attiré par la carrière militaire et participera à la campagne du Nord-Ouest en 1885. On ne pourrait dire cependant que cette attirance, à elle seule, explique sa présence à Rome. Il aimait aussi les voyages auxquels son père, Alfred, l'avait initié en profitant des vacances d'été pour le faire voyager au Canada et en Europe. Et LaRocque était par dessus tout un ultramontain convaincu. Membre actif de l'Union catholique de Montréal, il continua de correspondre avec le directeur de cet institut littéraire, alors qu'il poursuivait ses études chez les jésuites d'Angleterre, à Stonyhurst[49]. Il reçut alors cette appréciation d'un de ses professeurs: « pour la moralité et la religion, rien de blâmable n'a été remarqué en lui; (...) il est catholique ultramontain, et plein d'énergie pour repousser toutes

Alfred LaRocque (APC, C 24418)

propositions moins respectueuses concernant la question du Pape, les divisions romaines... etc...; il est un peu brusque et difficile... mais un commencement de gentleman anglais a percé...[50] » Ses confrères du Québec n'en pensaient pas moins de bien[51]. Lui-même a laissé dans son journal personnel un témoignage révélateur de son dévouement pour le pape. Appréhendant un refus de son père à sa demande de s'engager dans les zouaves pontificaux[52], il préparait ainsi ses arguments: « Plus tard (...) à côté des titres de richesse, je pourrai ajouter celui de défenseur du Pape et de l'Église. Non! Non! si on me refuse, je dirai qu'il y a une affaire d'argent là-dessous, et si cela est vrai, je dirai que c'est une honte de me refuser et de plus une faute car (l'abandon de) ce qui serait plus facile de faire avec de l'argent devient plus honorable lorsqu'on abandonne son avenir pour une si grande cause[53] ». La permission lui parvint le 19 janvier 1867.

Quelles étaient les relations entre Mgr Bourget et le zouave LaRocque? Des liens étroits et cordiaux basés sur l'estime et la confiance réciproque et aussi — disons-le sans arrière-pensée — d'une part une foi et une générosité sans limite et d'autre part les intérêts des oeuvres religieuses du diocèse de Montréal unissaient Mgr Bourget aux familles LaRocque et Berthelet. Alfred fils était l'objet d'une affection « toute paternelle » de la part de son évêque, qui fit des démarches spéciales pour le rencontrer en Belgique, lors de son retour de Rome en 1865[54]. Mgr Bourget avait intercédé auprès du lieutenant-colonel Charette[55] pour qu'il prenne LaRocque sous sa protection et qu'il l'aide de ses conseils. Il le présentait comme appartenant à une des « plus honorables familles de Montréal ». « Son grand-père, poursuivait-il, Mr Olivier Berthelet, fait parmi nous des oeuvres princières, et son père est tout dévoué aux intérêts de la charité et de la piété[56] ». Peu d'institutions religieuses du diocèse n'avaient pas profité de la générosité des deux familles. En 1862, Mgr Bourget, recommandant à Rome ses diocésains les plus dévoués, plaçait Olivier Berthelet et sa soeur Thérèse en tête de liste, parce qu'ils fournissaient annuellement « 20 000 écus romains » pour les oeuvres de charité[57]. À lui seul Berthelet fit construire, en 1867, l'hospice des frères de Saint-Vincent-de-Paul au coût de « 80 000 piastres[58] ». Quant à Alfred LaRocque père, sans doute moins riche[59], il se faisait davantage remarquer pas son dévouement pour les oeuvres de piété. Au cours de la seule année 1853, il occupa simultanément les postes suivants: président de l'Oeuvre de la Sainte-Enfance, trésorier de la Propagation de la

Foi, de la Congrégation de Marie-Immaculée de la paroisse Saint-Jacques et de la Société Saint-Vincent-de-Paul[60]. Très près de son évêque, il lui demandait souvent conseil, de telle sorte que Mgr Bourget influença beaucoup de décisions importantes concernant autant le père que le fils[61].

La présence à Rome du fils d'une famille influente et parmi les plus riches et dévouées de son diocèse était une chance inestimable pour Mgr Bourget qui songeait toujours à organiser un contingent de volontaires. Or au début d'octobre 1867, Édouard Barnard, un trifluvien, s'était rendu à l'évêché de Montréal pour proposer à l'évêque de recruter des zouaves. Le projet lui plut. Il s'empressa d'écrire à son vicaire général, alors à Rome[62]: « Monsieur Barnard (...) sort d'ici. Ayant vu dans les journaux les nouvelles d'Italie qui sont à la guerre parce que la France est pour le maintien de la convention du 15 septembre, il est venu dire qu'il serait prêt à partir avec plusieurs amis[63] ». Mgr Bourget lui demandait ainsi de s'enquérir des dispositions des autorités romaines à cet égard. En attendant la réponse de Rome, il voulut aussi s'assurer de la collaboration des collègues de l'épiscopat. Il chargea Barnard de cette consultation[64] en le recommandant aux évêques qu'il était appelé à visiter[65]. De toutes les réponses attendues, celle de Mgr Baillargeon, son métropolitain, était certainement la plus importante. Or celui-ci disait approuver le projet, mais suggérait avant de procéder d'attendre l'autorisation de l'administration pontificale[66]. Cela ne semblait pas être la préoccupation majeure de Mgr Bourget. Cherchait-il une occasion de présenter ce nouveau projet à ses fidèles que le hasard lui en procura une qu'il n'espérait certes pas: Alfred LaRocque venait d'être gravement blessé, le 3 novembre, à Mentana. Ce fut pour Mgr Bourget l'occasion de lancer l'organisation du mouvement zouave.

Pour des raisons diverses que nous examinerons succinctement dans le chapitre qui suit, l'historiographie officielle du mouvement zouave fit de LaRocque un martyr qui, par son héroïsme, déclencha un mouvement spontané d'enrôlement[67]. Cette interprétation, déjà considérablement affaiblie par la description des événements de la période antérieure, ne résiste pas à l'analyse de l'action menée par Mgr Bourget à partir de la fin de 1867.

Chapitre 3

Les premiers détachements

Le coup d'envoi
de Mgr Bourget

À la mi-novembre 1867, un télégramme[1] informait les La-
Rocque que leur fils Alfred avait été gravement blessé au cours des
combats de Mentana. Mgr Bourget profita de la messe dominicale du
17 pour le recommander aux prières, louant publiquement le courage
et le dévouement de celui qui avait préféré combattre pour la cause
catholique, au lieu de jouir paisiblement des plaisirs que pouvait lui
procurer sa fortune. S'il n'avait pas déjà été déterminé à organiser un
contingent de volontaires, l'évêque aurait pu s'en tenir à ces louanges,
et attendre, pour présenter son projet à ses fidèles, la réponse des autorités romaines à la demande qu'il avait faite le mois précédent. C'était
d'ailleurs ce qu'avait suggéré l'archevêque de Québec. Mais Mgr
Bourget en avait décidé autrement tel qu'il l'annonçait dans la suite de
son allocution: « Il y a, nous le savons, dans cette ville et dans toute
l'étendue du pays, beaucoup de jeunes gens qui brûlent du désir d'aller
eux aussi s'immoler pour la défense (...) de l'immortel Pie IX. Nous
devons prier pour qu'il plaise à la divine Providence de leur ménager
les ressources nécessaires, pour les frais d'une expédition si glorieuse.
Car il est à croire que, malgré le malheur des temps, il y a dans notre

jeune Canada, aussi bien que dans les vieux pays, assez de richesses pour équiper un bataillon canadien qui prouverait, en combattant sous le drapeau de la foi, que le courage que nous ont légué nos pères n'est point éteint dans le coeur de leurs enfants. Il se fait en France et ailleurs des recrues de soldats pontificaux et ce sont des villes et des campagnes qui se mettent à contribution (...) Bien plus, l'on fait des souscriptions pour les soulagements des zouaves blessés dans les derniers combats. Ce sont là des exemples mémorables qui trouveront, il n'y a pas à en douter, des imitateurs parmi nous[2] ».

Quatre jours plus tard, le *Nouveau-Monde*, qui avait déjà reproduit le prône de Mgr Bourget dans sa livraison précédente[3] offrait maintenant à la population « ses bureaux et les services de la rédaction » pour activer tout mouvement qui aurait pour but d'organiser une souscription. « La chose est-elle vraiment impossible, d'écrire le rédacteur? Les catholiques du Canada sont-ils réellement trop pauvres pour subvenir aux frais qu'entraîneraient l'équipement et l'envoi de quelques compagnies canadiennes? Nous ne le pensons pas; et ces quelques paroles, comme échappées par hasard de la bouche de notre bien aimé Évêque, nous enhardissent à exprimer l'idée (...) d'une souscription[4] ».

On ne s'étonnera pas de trouver une telle disponibilité chez les rédacteurs du *Nouveau-Monde*. On pourrait même dire que c'était là l'opinion de Mgr Bourget qui y était exprimée par personne interposée, tant la soumission des rédacteurs à ses idées était complète[5]. Du reste, il avait présidé, en septembre 1867, à la fondation de ce journal, dont la direction appartenait exclusivement aux ecclésiastiques de son diocèse. Les deux tiers des actionnaires et des membres du conseil d'administration faisaient partie du clergé. La constitution permettait même à un censeur ecclésiastique, nommé par le conseil d'administration avec l'assentiment de l'évêque, de forcer les rédacteurs à « modifier leur langage et leurs vues », le cas échéant. Le chanoine Godefroy Lamarche occupait le poste de censeur et, en cette première année, rédigeait presque seul le journal, même si Joseph Royal détenait officiellement le titre de rédacteur en chef. Il est donc improbable que le rédacteur de l'article mentionné plus haut se soit laissé prendre au jeu de Mgr Bourget, comme il le laisse croire en écrivant, faussement naïf: « ces quelques paroles (...) échappées par hasard ». Il participe ainsi avec Mgr Bourget au lancement de ce « ballon d'essai », comme l'écrira plus tard l'aumônier des zouaves québécois, « pour juger du vent de l'opinion publique[6] ». De plus, nous avons toutes les raisons de croire que deux des directeurs laïques du journal, Alfred LaRocque et Edmund Barnard, étaient parfaitement au courant des projets de leur évêque. Le premier avait dû être consulté, car son fils y était impliqué, le second était le frère et le conseiller d'Édouard Barnard[7], celui-là même qui était venu offrir ses services à Mgr Bourget en octobre.

Le mouvement était donc lancé sans que les autorités romaines y aient donné leur accord. Le 18 novembre, Mgr Bourget tentait à nouveau d'obtenir l'opinion des autorités militaires en s'adressant cette fois au supérieur du Séminaire français à Rome[8]. Mais déjà plusieurs jeunes Québécois semblaient ne pas se préoccuper de l'avis de Rome: les étudiants du collège Saint-Laurent, dès le 21 novembre, présentèrent à leur évêque le montant de la première souscription en même temps qu'un d'entre eux s'offrait à partir[9]. Quelques jours plus tard, les journaux annonçaient le départ de Gustave A. Drolet [10] pendant que plusieurs autres, dont Gédéon Désilets, Alfred Prendergast et Gaspard Hénault, se préparaient à faire de même[11] après avoir été fêtés triomphalement, les deux premiers par les autorités et les étudiants de leur *Alma Mater*, le séminaire de Nicolet, le dernier par les étudiants de l'université Laval, qui l'escortèrent jusqu'au port.

Si l'enthousiasme avait gagné les étudiants des collèges classiques, il n'avait pas encore atteint la population. Mgr Bourget jugea alors qu'il était temps de donner une nouvelle impulsion au mouvement. Il venait de recevoir l'encyclique du 17 octobre que Pie IX avait écrite au lendemain de la victoire des troupes pontificales à Mentana, pour implorer les fidèles de prier pour le maintien de son pouvoir temporel. Pie IX y avait décrit sa situation avec émotion. Le 8 décembre, Mgr Bourget profita de l'annonce du triduum prescrit par cette encyclique pour adresser un mandement à ses diocésains dans lequel il interprétait les propos du pape comme un appel à s'enrôler dans son armée. Il les encourageait à seconder les efforts des organisateurs du mouvement qui venait de prendre forme à Montréal; mais, fait surprenant, il se déclarait en même temps étranger à l'organisation de ce mouvement: « Quoi qu'il en soit, nous demeurons étranger à ce mouvement laïque; mais, Nous vous l'avouerons, Nous le bénissons de tout notre coeur et Nous lui souhaitons un plein succès. Car Nous le considérons comme une gloire pour notre religieux pays, et comme une bénédiction pour ses habitants (...) Mais encore une fois, Nous laissons à ceux qui ont conçu ce projet la noble tâche de l'exécuter[12] ».

Ces dernières paroles ne visaient qu'à laisser croire que l'initiative n'avait pas été prise par des clercs. Elles n'empêchèrent pas Mgr Bourget, malgré la formation, le 19 décembre, d'un comité d'organisation, d'envoyer une circulaire à ses curés pour qu'ils fassent une quête dans leur paroisse, leur recommandant tout particulièrement de puiser dans le *Nouveau-Monde* les renseignements propres à enthousiasmer les fidèles pour le mouvement zouave. Et d'ajouter: « il n'y a pas de temps à perdre, si nous voulons que le secours (...) arrive à temps[13] ». Pourtant l'autorisation romaine n'avait pas encore été donnée, ce qui avait amené l'évêque de Montréal, dans une lettre adressée au cardinal Barnabo, à laisser poliment percer son impatience[14]. Enfin, au début de janvier, une réponse de Mgr Desautels à la première lettre adressée à Rome, en octobre, vint soulager les organisateurs, car, comme on le disait, les opposants laïques et clercs cherchaient « à jeter de l'eau sur le feu ». La rumeur courait que le pape ne désirait pas tant des hommes que de l'argent. En fait, la réponse de Desautels ne tranchait pas le débat; on la fit quand même servir à cela: « J'aurais voulu pouvoir envoyer une réponse quasi officielle (à) la lettre (...) d'octobre dernier, écrivait-il, mais, n'ayant pas alors réussi dans mes démarches, j'ai cru devoir ne pas les renouveler, vu que l'on est bien aise au ministère des armes de déclarer, me dit-on, que l'armée doit être augmentée, mais l'on ne voudrait pas, par des déclarations officielles, donner prise à la diplomatie. Je sais que le Saint-Père disait à un Français qui lui offrait de l'argent: « Ce sont surtout des hommes qu'il faut m'envoyer[15] ». Le comité d'organisation s'empressa d'envoyer aux évêques un communiqué officiel sur lequel n'apparaissait que cette dernière phrase[16]. Ainsi, de toute manière, les volontaires québécois — plus de trois cents avaient déjà offert leurs services[17] — allaient partir, car on se doutait bien qu'ils ne seraient pas refusés une fois rendus à Rome. L'avis officiel d'acceptation du ministre de la Guerre n'arriva au pays que plusieurs semaines après le départ du premier détachement qui eut lieu le 19 février 1868[18].

Le comité d'organisation

Plusieurs membre influents de la bourgeoisie francophone de Montréal, des commerçants et financiers, des avocats, des médecins, des écrivains et journalistes, se réunirent le 19 décembre 1867 dans un local de l'Institut canadien-français pour organiser un contingent de volontaires. Il est probable que l'invitation vint directement de l'évêché ou du chanoine Godefroy Lamarche, censeur et rédacteur du *Nouveau-Monde*, qui depuis le premier appel public de son évêque ne cessait de favoriser par ses écrits la réalisation de ce projet. D'ailleurs, Lamarche, dont le nom n'apparaît pas officiellement sur la liste des membres du comité[19], assistera aux réunions les plus importantes. Quoi qu'il en soit, la sélection des participants manifestait le désir de réunir des gens ayant déjà collaboré avec Mgr Bourget, entièrement dévoués à la cause ultramontaine et de surcroît suffisamment connus du public pour inspirer confiance et fournir ainsi une garantie morale du succès de l'entreprise. À cet égard, ce n'était pas par hasard que de nombreuses circulaires, émanant de l'évêché et du comité, répétaient que les organisateurs avaient été choisis parmi « les principaux citoyens de Montréal ».

Au cours de cette première réunion, les membres formèrent un exécutif. Olivier Berthelet et Alfred LaRocque, élus respectivement président et trésorier, assuraient la sécurité financière de l'oeuvre; et en tant que grand-père et père du premier Québécois blessé au service du pape, celui dont on écrivait partout que le « sang avait engendré le mouvement », il était normal qu'ils soient placés à la tête de l'organisation. La vice-présidence était occupée par Louis Beaudry et le docteur William Hales Hingston. Ce dernier jouissait d'une réputation d'homme de science et enseignait à l'École de Médecine de Montréal. Il démissionna de la vice-présidence dès le début et fut remplacé par Raphaël Bellemarre, écrivain, journaliste à *La Minerve*[20]. Les secrétaires étaient Joseph Royal et Sévère-Dominique Rivard. Royal avait déjà une bonne expérience dans le journalisme. Il avait débuté à *La Minerve* en 1857, puis fondé *L'Ordre* l'année suivante. En 1861, il était appelé pour sauver *L'Écho du Cabinet de Lecture Paroissial* et en 1864 il participait à la fondation de *La Revue Canadienne*, en même temps qu'il était reçu au barreau[21]. Il partageait les convictions ultramontaines de Mgr Bourget et avait les mêmes inquiétudes concernant le progrès des idées libérales. Quelque temps avant la fondation du *Nouveau-Monde*, il exposait à son évêque son désir de doter le diocèse d'un quotidien qui refléterait les vues du clergé et les intérêts de la religion[22]. Il participa ainsi à la fondation de ce journal et en devint le rédacteur. Sorte de missionnaire laïc, il avouait à son ami Alfred LaRocque, en 1866, regretter de ne pas avoir été digne, selon son jugement formé chez les philosophes traditionalistes, des deux carrières les plus nobles: missionnaire et agriculteur[23]. Son dévouement pour le pape lui aurait inspiré le don de sa personne, écrivait-il, si sa famille n'avait pas constitué un empêchement. Il suppléait donc à son propre engagement en favorisant le départ de plusieurs volontaires et défendait dans le journalisme catholique son idéal traditionaliste[24]. L'autre secrétaire, Rivard, peu connu en 1867, pratiquait le droit avec le premier zouave, Benjamin Testard de Montigny. Il acquit la notoriété vers la fin des activités du comité en se faisant élire échevin de Montréal en 1870, puis en devenant maire de 1879 à 1881. Il accéda au Conseil législatif en 1886 après avoir fait fortune dans le commerce et la spéculation[25].

Parmi les autres personnes invitées à cette réunion, Jean-Louis Beaudry avait une solide réputation. Maire de Montréal de 1862 à 1866, il était devenu membre du Conseil législatif en 1867, et était considéré comme un riche homme d'affaires[26]. Édouard Lefebvre de Bellefeuille, avocat, pratiquait aussi le journalisme, d'abord à *L'Ordre*, puis à *La Revue Canadienne*. Tout comme Royal, ses maîtres à penser étaient Joseph de Maistre et Bonald. Il était donc presque normal qu'il fût le premier laïc à publier ses réflexions sur le *Syllabus* et Mgr Bourget, souhaitant qu'il serve d'exemple, le louangea publiquement[27]. Le docteur E.-H. Trudel était professeur d'obstétrique et président de l'École de Médecine. L'avocat Edmund Barnard était directeur du *Nouveau-Monde* et défendait Mgr Bourget dans l'affaire de la division de la paroisse Notre-Dame. François-Xavier-A. Trudel, l'ultramontain le plus tenace et intransigeant, était aussi avocat. Il avait été secrétaire-archiviste de l'Institut canadien-français après la scission de l'Institut canadien[28], et de fréquents articles dans les journaux l'avaient déjà fait connaître comme un ardent défenseur de la thèse ultramontaine[29]. Enfin, Narcisse Valois et F.-X. St-Charles, dont nous ignorons les antécédents, et quelques autres qui ne permirent pas que leurs noms apparaissent officiellement, étaient aussi présents à cette réunion[30].

À la réunion suivante, le 26 décembre, un comité exécutif élargi fut constitué, afin d'organiser le contingent de volontaires. Les membres de l'exécutif nommés la semaine précédente s'adjoignirent de Bellefeuille, F.-X.-A. Trudel et C.-A. Leblanc, alors président de la Société St-Jean-Baptiste, Édouard Barnard et le chanoine Godefroy Lamarche[31].

Entre la date de fondation, 19 décembre 1867, et le départ du premier contingent, 19 février 1868, les membres de ce comité se réunirent plus de quarante fois, soit presque une fois par jour, le plus souvent dans la maison du trésorier LaRocque[32]. Ils répondaient aux nombreuses offres de service, rédigeaient les circulaires, correspondaient avec New York et Paris pour planifier le voyage, ou tentaient de résoudre les difficultés imprévues. En somme, ils accomplirent un travail exigeant que seule une équipe pouvait réaliser.

Dans sa première circulaire adressée aux évêques du Canada, le comité définissait la raison de son existence: « protéger et aider ceux qui sont disposés à partir » en faisant « des arrangements pour diminuer considérablement les frais de voyage », en leur fournissant « un chef qui pourra utiliser leurs loisirs en les préparant aux devoirs de leur nouvelle carrière », en leur assurant « les services d'un prêtre aumônier qui les guidera et les encouragera à remplir leurs devoirs », enfin en veillant aux intérêts des volontaires et en assurant une « certaine protection » à tous ceux qui en seront trouvés dignes[33]. Le comité écrivait aussi vouloir « régulariser et protéger le mouvement des jeunes qui veulent aller à Rome ». Mais quelle que soit la formule, les objectifs que s'assignait le comité tendaient à calmer les inquiétudes qu'une telle entreprise ne finissait plus de soulever. Ceux qui pensaient à leur carrière au retour de Rome étaient aussi rassurés: dans une circulaire adressée au curés, les membres du comité soulignaient qu'eux et « tous les bons catholiques ne manqueront pas d'encourager de toutes manières, au retour, ceux qui s'en sont rendus dignes[34] ».

Un secrétariat avait été ouvert au début de janvier à Montréal. Deux recrues s'y tenaient en permanence pour informer la population de la ville. Elles assistaient les secrétaires, recevaient les candidats de la ville, car on les obligeait à se présenter, et accueillaient à l'occasion des volontaires de l'extérieur. Comme le *Nouveau-Monde* l'avait fait avant la formation du comité, des journaux tels *Le Courrier de St-Hyacinthe* et *Le Canada* tenaient dans leurs locaux des « listes ouvertes » et acceptaient aussi les dons[35]. Les organisateurs pouvaient ainsi compter sur un réseau de recrutement avant même d'avoir demandé la collaboration des évêques et des curés. Lorsque celle-ci leur fut assurée, les journaux continuèrent de jouer un rôle essentiel en diffusant gratuitement les communiqués officiels. Ainsi les avis officiels, d'abord publiés dans les journaux montréalais, étaient ordinairement suivis de cette notice: « Toute la presse catholique du pays favorable à l'oeuvre est priée de donner à cet exposé officiel plusieurs insertions, pour le plus grand bien de la cause[36] ». Il arrivait parfois qu'une nouvelle extraite d'un journal européen, le plus souvent de *L'Univers*, connaisse le même traitement: *Le Journal des Trois-Rivières* se plaisait à donner cet exemple de zèle et de dévouement. Ainsi, en peu de temps, les avis du comité étaient diffusés dans de nombreux journaux canadiens et même américains, car le mouvement soulevait aussi quelque intérêt de l'autre côté de la frontière.

Le comité affirmait avec insistance, au début du moins, que le corps de volontaires serait composé de catholiques canadiens, sans « distinctions nationales ». Il désirait donc étendre son action aux diocèses des Maritimes, de l'Ontario et même des États-Unis. À cette fin, il adressa aux évêques de ces régions une traduction anglaise des circulaires déjà envoyées aux évêques et aux curés de la province de Québec. Il n'eut cependant pas de succès. Au Canada anglais, les évêques de Toronto et de St-Jean, Nouveau-Brunswick, jugèrent qu'il serait plus avantageux pour l'Église de n'envoyer que de l'argent directement à Rome[37]. L'évêque de Toronto avait même reçu « plusieurs candidatures », mais des « raisons particulières et tout à fait exceptionnelles » l'avaient empêché de les encourager[38]. Dans le diocèse d'Ottawa, une vingtaine de catholiques avaient offert leurs services avant le mois de février 1868[39]; manquèrent-ils d'argent? se sont-ils désistés au dernier moment? toujours est-il que seulement cinq zouaves sur l'ensemble provinrent de ce diocèse, dont deux étaient nés au Québec et travaillaient à Ottawa au moment de leur engagement. Aux États-Unis, des catholiques discutaient à ce moment de la possibilité d'organiser leur propre contingent[40]. La démarche du comité de Montréal qui visait, écrivait-on dans l'unique circulaire adressée aux États-Unis, à répondre à une partie seulement des nombreuses offres qui lui étaient parvenues de cette région, a sans doute échoué pour cette raison.

Le recrutement

Le recrutement se fit surtout à l'échelle de la paroisse. Le comité avait envoyé une circulaire aux évêques, le 26 décembre, les informant officiellement de son travail et leur demandant leur assistance. Il disait espérer que chaque diocèse fût représenté et souhaitait qu'un comité diocésain fût formé pour travailler de concert avec celui de Montréal. Escomptant sans doute l'accord des évêques, et n'ayant d'ailleurs pas le temps d'attendre leurs réponses, les secrétaires écrivirent deux jours plus tard aux curés, directement à ceux du diocèse de Montréal, et aux autres par l'intermédiaire de l'évêque du lieu, pour les informer que toutes les offres de servir devraient être faites par l'intermédiaire du curé de la paroisse du candidat[41]. Ils leur fournissaient deux formulaires, l'un pour inscrire les noms et qualités des volontaires, l'autre pour connaître approximativement le nombre d'hommes et le montant d'argent que pourrait fournir la paroisse. Tous les curés devenaient ainsi autant d'agents de recrutement.

L'obligation faite aux volontaires d'obtenir une recommandation de leur curé (ou de leur confesseur) marquait le désir des membres du comité de faire prévaloir les critères d'ordre moral dans la sélection des candidats; suivaient les critères d'ordre physique, puis d'ordre financier. La correspondance échangée avec Mgr Desautels, alors à Rome, confirmait le bien-fondé de cette décision. Celui-ci citait Hugh Murray qui conseillait de veiller à ce que les futurs zouaves aient un certificat de religion et de conduite morale, et qu'ils soient forts et vigoureux mais surtout dévoués. Il les prévenait: « il y en a beaucoup qui sont très braves sur les champs de bataille et qui n'ont pas le courage de supporter les ennuis de la vie de caserne et les sarcasmes des ennemis du Saint-Siège[42] ». Le comité exigeait donc que tout candidat « remplisse fidèlement ses devoirs religieux » et « obéisse aveuglément à ses chefs[43] ». Les critères moraux se préciseront davantage après l'année 1868; lors de la deuxième campagne de recrutement en août 1869, le comité exigera « un certificat très explicite de bonnes moeurs et de tempérance absolue chez le sujet », en précisant que « la moindre inclination à l'ivrognerie constitue un motif suffisant d'exclusion[44] ». Qui d'autre que le curé ou le confesseur pouvait mieux juger des dispositions morales et religieuses des candidats? Les membres du comité leur accordèrent en ce domaine toute leur confiance; ils tentèrent cependant de prévenir un recrutement trop hâtif, que l'émulation entre les paroisses aurait pu occasionner. Tel curé affichant avec fierté l'engagement de trois ou quatre paroissiens, tel autre déplorant ne pas en avoir un seul, voilà qui est significatif de la compétition qui venait de s'installer à l'intérieur des diocèses. Les membres du comité prévinrent donc les curés de ne pas encourager outre mesure les futurs candidats, de les avertir même de « s'attendre à des privations, à des déceptions et misères imprévues considérables[45] ».

Le recrutement qui s'était fait au tout début de 1868 attirait alors principalement des étudiants et des jeunes « professionnels ». C'est sans doute pour cette raison que l'on avait pas cru bon d'ajouter les qualifications intellectuelles au nombre des critères de sélection. En août 1869 et en 1870, au moment des deuxième et troisième campagnes de recrutement, le comité jugea indispensable que le zouave ait une certaine culture intellectuelle[46] ». Mais en 1870, Mgr Bourget écrivit aussi à l'intention de ceux qui avaient la charge de la publicité: « Nous croyons maintenant que de bons jeunes gens de la campagne ayant la petite éducation qui se donne dans toutes les paroisses feraient merveille avec ceux de nos Canadiens qui ont l'éducation collégiale[47] ». Considérons cependant cet avis, sur lequel nous reviendrons, comme une exception.

Au plan physique, la sélection des candidats se faisait tout aussi minutieusement. Chaque zouave devait fournir un certificat du médecin, contresigné par le curé. Alfred LaRocque fils, ou l'aumônier Moreau se chargeaient de rappeler les médecins à la vigilance: « Recommandez donc aux médecins de bien tâter leur homme avant de nous envoyer des malades[48] ». Le comité avait de plus nommé trois médecins de Montréal pour faire passer un examen médical supplémentaire aux zouaves avant le départ. Ce fut une mesure de prudence qui ne sembla pas excessive, si on en juge par le cas d'un candidat du diocèse de Trois-Rivières, « fortement recommandé » par son curé, mais qui n'avait, au dire du comité, « ni l'âge, ni la taille requise[49] ». Il devait être bien jeune, car des adolescents de 15 ans furent admis et les critères romains concernant la taille minimale etait de 4 pieds 8 pouces seulement[50]. On exigeait aussi du candidat qu'il soit célibataire ou veuf, sans enfant en bas âge, et qu'il n'ait pas plus de 40 ans. Sans en faire une condition essentielle, on accordait une préférence, du moins lors du premier recrutement, à tous ceux qui avaient déjà suivi des exercices militaires, soit dans la milice volontaire, soit comme cadets de collège[51]. Il était aussi recommandé à ceux qui avaient été choisis de s'entraîner avant leur départ.

Aux plans moral et religieux, aux plans intellectuel et physique, la sélection des candidats s'était faite sérieusement. Les membres du comité considéraient que la qualité devait primer sur la quantité; de cela dépendait le succès du mouvement, comme l'expliquaient les secrétaires dans un document officiel: « il est de la plus grande importance que tous ceux qui partiront soient en tous points propres à faire honneur à la cause qu'ils veulent défendre et à la nation qu'ils représenteront[52] ». Toutefois, il était parfois difficile d'appliquer les critères de sélection aux candidats recommandés par des amis des membres du comité, des prêtres ou des hommes politiques connus. La résidente de la maison voisine de l'évêché pressait Mgr Bourget de faire accepter son fils[53]. Fallait-il plier devant les personnes qui se dévouaient bénévolement au financement de l'entreprise? L'aumônier Moreau se plaignait de ce favoritisme: « Vous féliciterez M. Fabre[54] de son (protégé) Faucher qui a failli être perdu en chemin ». Il poursuivait, après avoir cité quelques noms de zouaves qui déshonoraient le mouvement: « Oh! on devra regretter d'avoir eu de la faiblesse pour certains messieurs qui cherchaient à se débarrasser de leurs enfants[55] ». Cependant, seule une infime minorité de zouaves fut recrutée de la sorte. Le comité veillait à ce que tout soit fait équitablement. Il n'était pas facile pour un comité formé de Montréalais de choisir les 150 recrues du premier contingent — ce nombre avait été fixé en fonction des possibilités de transport sur le navire et des sommes disponibles — sur un total de plus de 350 offres, sans se faire accuser de favoriser les gens de leur ville. Un curé alla même jusqu'à réclamer l'argent versé quand il sut qu'un volontaire de sa paroisse avait été refusé. Mgr Bourget se chargea de régler le différend[56]. Pourtant le comité, pour éviter toute contestation, avait pris soin d'exposer clairement aux évêques son mode de sélection. À recommandations égales, le critère financier prenait une importance particulière. C'est ce qu'explique le président Olivier Berthelet dans une lettre adressée à Mgr Laflèche: « Pour se sauvegarder de toute accusation possible de partialité, le comité a dû s'imposer certaines règles générales avant de procéder à cette opération difficile. On a d'abord résolu d'accepter tout aspirant zouave qui, avec les conditions morales et physiques requises, offrait de payer lui-même ses frais de voyage ($100). On a de même décidé d'accepter tout aspirant désigné par une paroisse ou une institution qui aurait souscrit pour la somme de $100. On a convenu aussi d'accorder à chaque paroisse autant de représentants dans les zouaves qu'elle aura contribué de fois $100 au fonds commun du comité. Par conséquent, le comité a cru qu'il ne pourrait y avoir d'injustice à les suivre... Du reste (...) le comité (...) ne dévie de ces règles qu'en faveur des autres diocèses. En effet il a accepté sans distinction de localités les aspirants qui offraient la moitié des frais de voyage ($50) et même moins dans plusieurs cas, présumant toutefois que le surplus sera complété bientôt par souscription locale[57] ».

En fait, le premier détachement fut en grande partie financé par les diocésains montréalais, qui fournirent $14 129,18[58] pour une représentation de 62 zouaves, alors que tous les autres diocèses réunis ne fournirent que $4 796 et envoyèrent 73 zouaves.

Le premier détachement

Les premières circulaires destinées au recrutement des zouaves avisaient les candidats qu'ils partiraient probablement vers la fin de janvier. Mais, à cette date, les volontaires n'étaient pas encore choisis, ni fixé le jour du départ. L'organisation du mouvement accusait donc un certain retard sur son programme initial, principalement à cause de l'imprécision des informations obtenues de Rome. Se greffait à cela une certaine opposition au mouvement que le comité ne pouvait combattre efficacement faute d'informations[59]. D'une part, le comité ne pouvait se résigner à choisir officiellement les volontaires sans avoir l'assurance qu'ils seraient acceptés; d'autre part, il n'avait pas en main les éléments pour fixer les conditions définitives d'engagement. En fait, cela n'arrêta pas son travail, mais diminua sérieusement son efficacité. La durée de l'engagement, la réunion des Québécois dans un même corps, la possibilité pour ceux qui appartenaient à la milice canadienne de revenir au pays avant la fin de l'engagement si les Féniens continuaient de menacer les frontières, et la reconnaissance dans l'armée pontificale des grades obtenues dans la milice canadienne étaient autant de questions qui retardaient l'adhésion de certains volontaires et qui risquaient, si l'on ne pouvait leur donner des réponses sûres, de miner la crédibilité du comité.

Nous avons vu par quels moyens Mgr Bourget tentait d'obtenir les autorisations et les renseignements officiels; entre-temps le comité puisait ses informations là où il le pouvait, dans les journaux européens et le plus souvent dans la correspondance, au début pauvre en détails, entre Mgr Bourget et Mgr Desautels. C'est ainsi que les conditions variaient suivant la précision des sources de renseignements. Le 28 décembre, le comité annonçait que la durée du service serait probablement d'un an, ajoutant imprudemment que « ceux dont le pays

Alexis Sauvé (ACAM)

requerrait les services soit pour l'organisation de la milice, soit pour la défense du sol, seraient libres de revenir, au gré du comité[60] ». Le 4 janvier, une circulaire informait les évêques que l'engagement serait de deux ans. Le 14 janvier, un exposé officiel publié dans les journaux indiquait le même temps de service sans toutefois afficher la même certitude. De plus, les membres du comité refusaient désormais de promettre à quiconque qu'ils auraient le pouvoir de les faire revenir avant le terme de leur engagement et qu'ils seraient réunis dans un même corps, les encourageant plutôt à se dévouer inconditionnellement. À ceux qui entretenaient l'espoir d'obtenir un poste de commandement, on répondait: « Le Comité n'accepte que les noms de ceux qui sont franchement et totalement décidés à servir comme simples soldats (...) L'affaire est et doit demeurer de dévouement tout pur. Cette condition est essentielle et doit être bien mûrie par les candidats avant de se présenter »[61].

Si cette circulaire atténuait les doutes et les inquiétudes, elle ne répondait pas encore à la question primordiale: quand partiraient-ils? Le comité ne put répondre que le 28 janvier, après avoir reçu un télégramme de Desautels — « Envoyez vos hommes pour deux ans de service[62] » — qu'il interpréta comme une acceptation de Rome. Il fixa le départ de Montréal au 19 février et commença tout de suite à accepter officiellement les volontaires. Ce jour-là, 20 d'entre eux furent choisis. Mais plusieurs ne reçurent leur avis d'acceptation qu'à peine une semaine avant le 15 février, jour fixé pour le recensement des zouaves à Montréal. Seulement 88 des 145 zouaves choisis purent s'y rendre. Plusieurs arrivèrent dans les jours suivants, alors qu'une trentaine d'autres, bien qu'ils se fussent engagés à « être prêts à partir sous quelques heures d'avis », ne répondirent pas à la convocation. La veille du départ, le premier contingent ne comptait encore qu'environ 120 recrues. Il ne restait pas suffisamment de temps pour combler tous ces vides et le comité, après avoir fait appel aux volontaires de la région de Montréal, se contenta d'un contingeant de 135 zouaves, qui fut réduit à 133 par le désistement de deux d'entre eux lors de leur passage à New York[63].

Ils partirent comme prévu le 19 février, après quatre jours de manifestations publiques à Montréal[64]. Ils avaient entendu Mgr Laflèche, à deux reprises, traiter de la grandeur de leur mission et s'étaient engagés par serment, à haute voix, face à leur drapeau et en présence de la foule, à ne jamais rien faire pendant leur séjour à Rome

L'arrivée des zouaves à Civitavecchia (APC, C 48576.
Canadian Illustrated News, 11 déc. 1869)

qui puisse entacher leur religion et leur patrie dont ils étaient chargés de faire la gloire aux yeux des nations étrangères. Enfin, juste avant le départ, agenouillés devant Mgr Bourget pour baiser son anneau, ils reçurent de sa main le texte d'un sermon[65] dans lequel il exposait de façon détaillée les régles de conduite du zouave et du représentant de la nation canadienne-française. Ils s'embarquèrent pour Rome, via New York, le Havre, Paris et Marseille, et arrivèrent à destination le 10 mars.

Les relations
du comité avec l'extérieur

Dans sa tâche d'organisation du voyage des zouaves, le comité, à la mi-février, avait délégué Édouard Barnard à New York pour faire les arrangements avec une compagnie de transport transatlantique. Mgr Bourget lui remit alors une lettre de recommandation à l'intention de l'archevêque de New York, le priant de présenter Barnard à ceux qui pouvaient l'assister[66]. Il eut ainsi la chance de recevoir l'aide du consul général de France, le baron Gauldrée-Boilleau, en poste à Québec quelques années auparavant, qui réussit à obtenir une réduction de moitié du prix du transport entre New York et le Havre[67]. Pour la réception des zouaves aux États-Unis, on s'était adressé aux curés et aux évêques des différentes villes où le train devait s'arrêter: Burlington, Springfield, New York. Dans cette dernière ville, ils furent reçus par les jésuites qui les hébergèrent la nuit précédant le départ dans une salle de leur collège, qui devint par la suite le lieu d'arrêt habituel des autres zouaves québécois. En France, ils furent reçus officiellement par le comité Saint-Pierre dont le président à Paris était Émile Keller, ancien député à l'Assemblée législative, qui se consacrait maintenant exclusivement à l'oeuvre des zouaves pontificaux[68].

Il ne semble pas que le comité de Paris ait eu des relations avec son homologue du Québec avant l'arrivée en France du premier détachement; du moins il a été impossible de trouver de la correspondance à ce sujet. Ceci nous porte à croire que ce furent les oblats ou encore les rédacteurs de L'Univers qui établirent les liens entre les comités français et québécois. À l'origine de ces relations, nous retrouvons d'abord Mgr Bourget qui avait demandé au provincial des oblats canadiens, le

Le colonel Allet (ACAM)

père Florent Vandenberghe, et au supérieur des oblats de Saint-Pierre-Apôtre de Montréal, le père Joseph-Eugène Antoine, qu'ils s'entendent avec leurs confrères de Paris et de Marseille pour que les zouaves soient logés et qu'on leur retienne une place à Marseille sur le bateau pour Civitavecchia[69]. Le Père Antoine fit plus que cela: il écrivit au père Aubert, l'assistant général, « d'essayer de mettre quelque chose dans les journaux » sur leur arrivée, ajoutant: « comme cela ferait plaisir dans le pays de voir cela dans nos petits journaux[70] ».

Par ailleurs, le rédacteur de *L'Univers*, Louis Veuillot, et son collaborateur Chantrel assistèrent à la réception des divers contingents de zouaves québécois. Il est donc aussi possible que ce soit par leur intermédiaire que le comité de Paris fut appelé à s'occuper des zouaves québécois en Europe. Ces relations avec Louis Veuillot existaient depuis longtemps et, lors de la fondation du *Nouveau-Monde*, le chanoine Lamarche s'était adressé à lui pour obtenir un correspondant européen, tâche qui avait été confiée à Chantrel[71]. De toute façon, quelle qu'ait été l'origine des relations entre les deux comités, tout cela démontre la facilité des échanges entre les partisans de la même cause sur les deux continents. D'autres exemples valent d'être cités: à Marseille, les zouaves furent d'abord reçus par Mgr de Charbonnel, ancien évêque de Toronto, qui les présenta à l'évêque, puis au président du comité de la ville, M. Pascal[72] que l'aumônier Moreau appellera son ami, tant les services rendus et le dévouement pour la cause commune inspiraient son respect et son affection. À Rouen, où le détachement s'arrêta, le curé Boullard, par sa bonhomie et sa gentillesse, se mérita le titre d'« oncle[73] » des zouaves québécois et fut fréquemment cité à ce titre dans la correspondance publiée dans les journaux. À Paris, parmi les membres des divers comités de réception, ils eurent le plaisir de rencontrer une autre figure très connue, Auguste-Eugène Aubry[74], qui deux ans auparavant rédigeait *Le Courrier du Canada* et enseignait le droit à l'Université Laval. Avec de telles amitiés et de telles relations, le comité n'eut pas de mal à assurer le succès de l'expédition de ses volontaires.

Les autres détachements de 1868

Lors des premiers appels pour recruter des volontaires, le comité s'était bien gardé de se compromettre en fixant tout de suite le nombre de zouaves qu'il désirait envoyer à Rome. En cas d'échec, mieux valait présenter le projet comme un simple sondage. De plus, donner un nombre trop restreint ou trop grand, risquait de freiner l'enthousiasme des souscripteurs ou des volontaires. Par contre, il fallait fixer ce nombre assez rapidement pour ne pas faire perdre leur temps à ceux qui auraient entretenu de vains espoirs d'être engagés. En fait, cette question dépendait de plusieurs facteurs dont, de toute évidence, la disponibilité des Québécois, les ressources financières et les conditions d'acceptation des autorités romaines. Ces deux derniers facteurs étaient intimement liés. Toutefois on ne sembla pas y attacher une importance particulière, certain que Rome ne ferait pas de difficultés et que l'enthousiasme populaire réglerait les problèmes financiers. Après avoir constaté la disponibilité de la jeunesse, on décida de fixer le nombre à 300. À la fin de janvier 1868, Mgr Desautels, l'émissaire de Mgr Bourget à Rome fut informé de cette décision par le zouave LaRocque, à qui son père s'était empressé de transmettre la bonne nouvelle: « En vérité, commentait-il, personne ici ne veut y croire. Ce serait tout de même bien beau si nous en voyons arriver 100 à 150[75] ». Il importait à Desautels de savoir avec assez de précision l'intention du comité à cet égard, car jusque-là, au cours des discussions avec les autorités romaines, il avait avancé les chiffres de 100 à 200 volontaires. Il put cependant écrire au comité, après s'être renseigné ici et là auprès de ses connaissances dans l'administration romaine, que le nombre de 300 ne serait pas trop élevé[76]. Ainsi le comité avait de bonnes raisons de croire que son projet était réalisable. D'ailleurs s'il avait pu conclure une entente avec une compagnie de transport, tous les volontaires du Québec seraient partis en même temps, le 19 février.

Au début de mars[77], à peine 15 jours après le départ du premier détachement, le comité fixa le départ du deuxième et dernier détachement au 15 avril. Les membres du comité étaient tellement sûrs de l'acceptation des autorités romaines qu'ils n'avaient pas pris la peine d'attendre que le premier détachement soit rendu à Rome et que l'aumônier Moreau, comme convenu, donne le signal de l'organisation du dernier contingent. Pourquoi l'auraient-ils fait, puisqu'ils pouvaient lire dans la dernière lettre de Desautels que « si les volontaires ne partent du Canada que lorsque le cardinal Barnabo aura répondu aux questions que vous lui avez posées relativement à l'engagement, je crois qu'ils seront encore bien longtemps avant de partir[78] »? Le risque ne leur semblait donc pas trop grand; et ils se réjouirent de l'avoir pris, quand il reçurent quelques jours plus tard le télégramme de Moreau[79] leur indiquant de procéder.

C'est à partir de ce moment que les difficultés survinrent. L'archevêque de Québec insistait toujours pour obtenir de Rome un avis favorable à l'envoi des volontaires. Devait-on envoyer des zouaves ou de l'argent? Le premier contingent était déjà parti et cette question d'abord formulée en octobre 1867 n'était pas encore résolue. Elle semblait embarrasser les autorités romaines, puisque Desautels, déjà depuis deux mois, faisait la navette entre les bureaux du ministre de la Guerre, le général Hermann Kanzler, du colonel Allet, de Charette et du préfet de la Propagande, pour obtenir une réponse précise, s'empressant de transmettre à Mgr Bourget tous les avis favorables ou les impressions perçues au cours de ces entrevues. Loin d'être fixé sur les intentions de l'administration romaine, Desautels semblait de plus en plus embrouillé, à tel point que dans sa lettre datée de février[80], par laquelle il confirmait la possibilité d'envoyer 300 volontaires, il émettait aussi trois opinions qui, sans être contradictoires, devaient pour le moins laisser les membres du comité dans le même embarras qui entravait leurs travaux depuis le début de janvier. D'après le cardinal Barnabo qu'il venait de quitter et d'après Pie IX dont l'avis avait été transmis par son secrétaire, « si le nombre des volontaires était grand, il vaudrait mieux le limiter et envoyer de l'argent ». Au pape, Desautels avait répondu que le nombre serait de « 100, 150 ou 200 », ce qui n'avait pas été considéré comme trop élevé. Puis apprenant à Mgr Bourget que l'archevêque de Québec avait télégraphié à Rome pour obtenir l'assurance que les volontaires seraient acceptés[81], il appréhendait la réponse qui lui serait faite: « Très probablement je serai obligé de télégraphier de nouveau afin de dire de limiter le nombre d'hommes, avant que la réponse à l'archevêque (si cette dernière doit être en ce sens) ne soit connue en Canada ». Poursuivant du même souffle, sans doute pour apaiser les craintes que ce dernier avis devait soulever à Montréal: « D'après ce que nous comprenons, ceux qui sont partis ou à la veille de partir seront reçus, fussent-ils 500. C'est le Saint-Père qui se serait exprimé ainsi en présence de Mgr Capalti ». Et il continuait: « Nous sommes donc d'avis, d'après nos informations que le Canada peut envoyer 300 hommes et que le Saint-Père et les autorités militaires verront la chose d'un bon oeil. Mais si on a de l'argent pour plus que ce nombre, on envoie l'argent de préférence aux hommes. *Quand le Canada sera suffisamment représenté*, que l'on envoie de préférence de l'argent. »

Le lieutenant-colonel Athanase de Charette (ACAM)

Le comité avait trouvé dans cette réponse un avis favorable aux décisions qu'il avait prises. Mais personnes ne soupçonnait que les démarches de Desautels étaient basées sur un malentendu. En fait, il avait cru lire dans la correspondance de Mgr Bourget que le comité était prêt à payer le coût de l'entretien des zouaves à Rome, et avait négocié avec les autorités militaires leur acceptation à ces conditions. Or Bourget n'avait rien écrit de semblable, même si les termes employés n'étaient pas très précis. Il avait dit seulement vouloir payer les « dépenses d'équipement » ou encore les « frais d'armement[82] ». Le général Kanzler était donc sous l'impression qu'il n'en coûterait pas un sou au trésor pontifical en les acceptant[83]. Sa lettre d'acceptation parvint à Montréal entre le 12 et le 16 mars, soit très peu de temps après la réception du télégramme de l'aumônier Moreau qui les avisait de laisser partir le deuxième détachement. Parmi les conditions, obligation était faite au comité d'entretenir les zouaves à Rome, au coût de 516 francs par année. Cela n'avait pas été prévu. Le comité avait à peine suffisamment d'argent pour payer les frais d'équipement et de transport aller et retour de tous ses volontaires. Le départ du deuxième détachement était donc compromis. Mgr Bourget télégraphia tout de suite à l'abbé Moreau: « can only pay travelling expenses both ways. Shall we send men[84] ». Il se fit répondre sans délai: « Send no men ». Dès lors, le comité pensa cesser ses activités[85].

Mgr Bourget n'était pas homme à abandonner aussi facilement. Après les années passées à organiser ce mouvement, aurait-il pu accepter qu'une simple difficulté financière en interrompe la réalisation? Il demanda donc aux membres du comité de na pas abandonner leurs fonctions[86] et d'attendre qu'une lettre de Moreau explique son télégramme. Les membres du comité ne coururent pas de risque: ils annoncèrent d'abord dans les journaux que le départ serait retardé de quelques jours[87], puis la semaine suivante, ils recommandèrent « aux candidats (...) de ne point se fier sur un départ qui pourrait ne pas avoir lieu[88] ». Ensuite, ils déléguèrent Édouard Barnard à Rome pour renégocier les conditions d'acceptation[89].

Dès la réception du télégramme de Bourget concernant la possibilité de ne payer que les frais de voyage, Moreau se rendit au bureau du général Kanzler pour obtenir que les conditions soient modifiées. C'était impossible: les finances du gouvernement ne le permettaient pas[90]. Il fit suivre sa réponse télégraphique, « Send no men », d'une lettre explicative, dans laquelle il ajoutait, sans doute à la grande surprise de son évêque: « J'ai regretté qu'on eût envoyé cette demande, car arrivés ici, les hommes auraient été acceptés à n'importe quelle condition[91] », d'après les avis de diverses personnalités de l'administration romaine. Il rapportait ensuite une suggestion faite par le colonel Allet et Charette, malgré la réponse officielle du général Kanzler, de les faire venir par petits groupes de 15 à 20, « sans bruit ni trompette[92] ». « J'ajouterai, d'écrire Moreau dans une des trois lettres qu'il envoya pour faire connaître ce point de vue[93], (...) qu'on se garde bien de les mettre en uniforme et qu'on prenne bien des précautions pour qu'il n'y ait aucune démonstration le long du voyage. Pour cela, qu'ils ne se vantent pas du but de leur voyage et qu'ils agissent en se montrant partout comme de simples voyageurs ou touristes[94] ». Puis il commentait, non sans ironie: « On voit que le gouvernement pontifical est loin d'être exclusivement militaire[95] ». On craignait, en fait, qu'un détachement équipé comme le premier donnât lieu à des complications politiques avec la France. Au dire de Moreau, « si Napoléon eût prévu l'effet causé par notre passage en France, il ne nous aurait pas permis de marcher encore », car la plupart des démonstrations faites aux zouaves « étaient autant *légitimistes* que religieuses[96] ». On pouvait aussi lire dans les journaux du Québec que les « Italiens de Marseille » et les garibaldiens se proposaient de rosser « ces aventuriers du nouveau monde[97] ».

Cette nouvelle solution proposée par Moreau s'offrait donc à eux. Elle ne souriait cependant pas à tous les membres du comité, car, dans ce cas, il était manifeste que les volontaires partiraient « presque contre le désir du Saint-Père[98] ». Il serait de plus très difficile de maintenir dans de petits groupes partis isolément et sans surveillance la discipline qui avait fait l'honneur du premier détachement[99]. On décida quand même de les faire partir, quitte à faire l'impossible par la suite — si Rome continuait de l'exiger — pour subvenir à leurs besoins. C'était plus particulièrement le point de vue de Mgr Bourget. Quant à lui, il fallait tenter d'obtenir que les zouaves soient entretenus aux frais du trésor pontifical, mais, dans le cas contraire, il espérait bien qu'avec la présence des volontaires québécois à Rome, il pourrait faire augmenter les dons au Denier de Saint-Pierre et obtenir, par des bazars et autre moyens, suffisamment d'argent pour payer l'entretien des zouaves[100]. Le 24 avril, la décision était prise de les envoyer malgré tout. Mais on attendait avec impatience le résultat des négociations menées par Édouard Barnard, car s'il arrivait à la connaissance du public que les zouaves étaient partis pour Rome sans l'autorisation du Saint-Siège, ce serait sans doute suffisant pour discréditer leur oeuvre.

Depuis qu'Édouard Barnard était arrivé à Rome, il multipliait inlassablement les démarches pour trouver un terrain d'entente. Il expliqua au pape, lors d'une première audience, que l'évêque de Montréal espérait bien au cours des deux prochaines années pourvoir à l'entretien des zouaves, « même de ceux qui pourraient former un second détachement », mais qu'il ne pouvait pas faire de promesse formelle[101]. Pie IX lui répondit avec regret qu'il « voudrait bien pouvoir accepter (ces) offres de services, qu'il sentait le besoin d'une armée nombreuse pour arrêter ses ennemis (...) mais que son premier devoir était de lui trouver du pain et que son trésor était vide[102] ». Barnard envisagea alors avec lui une autre solution, celle de faire servir à l'entretien des zouaves les sommes d'argent envoyées directement à Rome par les sulpiciens et les Irlandais de Montréal. Il fut alors référé au ministre des Finances, Mgr Ferrari, qu'il vit à deux reprises. Cette solution, semblait-il, était possible, mais à condition que l'on retrouve cet argent, car, à son étonnement, même le ministre des Finances, après des recherches, n'avait pu y arriver[103]. Barnard frappa alors à la porte du général Kanzler, le suppliant presque de les accepter. Ils « voulaient servir le Saint-Père à tout prix », lui dit Barnard, et ils « regrettaient si amèrement de n'avoir pu faire partie du premier corps[104] ». Le général Kanzler, visiblement touché par cette description de leur attachement au Saint-Siège, aurait promis d'essayer encore une fois de les faire venir. Il lui donna rendez-vous au Vatican, car la décision finale appartenait à Pie IX. Après une brève discussion entre le pape et son ministre de la Guerre, Barnard fut introduit. Il ne put que répéter les bonnes intentions du comité à l'égard du financement de ses zouaves et le « vif chagrin » de ceux qui auraient voulu le suivre à Rome. La décision était déjà prise: « Faites venir ces chers enfants », lui répondit Pie IX. Barnard avait bien accompli sa mission. Apprenant à la lecture d'une lettre adressée à l'aumônier Moreau que le comité s'apprêtait à faire partir le deuxième détachement, il s'empressa de télégraphier à Montréal: « Pope says: let those dear children come! — Together without uniforms[105] ».

Mais il était trop tard: le comité, après avoir envisagé plusieurs solutions, dont celle de noliser un navire et de les faire partir ensemble, directement pour Civitavecchia[106], avait décidé, devant l'impossibilité de réaliser ce projet, de suivre la suggestion de Moreau et de les faire partir de New York par petites bandes de 24 environ, la première le 16 mai, la seconde le 30 et les autres de 18 jours en 18 jours[107]. Les 23 zouaves du deuxième détachement et les 28 du troisième partirent aux dates prévues. Les démarches de Barnard n'avaient rien pu changer à cela. Par contre, elles permirent au comité de réunir les 48 derniers volontaires dans le quatrième et dernier détachement, qui quitta le port de New York le 27 juin. La délégation québécoise comptait alors environ 250 volontaires; on ne pensait pas en envoyer d'autres.

Chapitre 4
Les opposants

Le projet de Mgr Bourget puis l'organisation du mouvement
zouave subirent diverses oppositions de caractère politique, idéologique et religieux dont la plus sérieuse, contrairement à ce que l'on pourrait penser quand on connaît la virulence de l'antagonisme idéologique
entre l'Institut canadien et l'évêque de Montréal, provint de l'évêché
de Québec et des sulpiciens de Montréal. Et cela parce que, si le clergé
était parfaitement uni d'un bout à l'autre de la province sur la nécessité
de secourir la papauté, il était divisé sur les moyens d'y parvenir. Pour
bien comprendre ce phénomène, il faut le replacer dans son contexte
socio-religieux où apparaissent les explications et les justifications.

L'archevêque de Québec

Les préventions existant à l'évêché de Québec contre les initiatives de Mgr Bourget peuvent-elles être expliquées par une vieille
rivalité entre deux villes qui se disputent le pouvoir politique et économique et le prestige qui s'y rattache? L'hypothèse a d'autant plus de
poids que, depuis le milieu du 19e siècle, s'opéraient au sein de l'économie canadienne des bouleversements structuraux qui profiteraient
davantage à la région de Montréal. Cependant, une explication des
antagonismes entre Mgr Baillargeon et Mgr Bourget par cette seule

rivalité serait non seulement courte, mais elle prêterait aux deux hommes des sentiments peu élevés, cadrant mal avec le dévouement au catholicisme qu'on leur a si souvent attribué. Comment ne pas admettre pourtant qu'une certaine fierté régionale, un attachement sentimental à un environnement physique et humain n'aient pas contribué dans certaines occasions — la querelle universitaire par exemple — à cristalliser des opinions qui autrement n'auraient pas été irréconciliables? Du reste, les évêques ne furent jamais seuls à mener ces débats qui, avant d'aboutir à Rome — la Congrégation de la Propagande trancha presque tous les différends entre les deux diocèses — s'étendaient la plupart du temps aux fidèles et aux membres du clergé, dont la fierté régionale, solidement ancrée, était une des causes très apparentes du développement des antagonismes. De telle sorte que cette explication a souvent été retenue, au détriment de la recherche d'autres causes auxquelles nous croyons devoir accorder une particulière importance.

Les réalités sociales des deux régions les plus populeuses du Bas-Canada tendaient de plus en plus à se différencier depuis les années 1830. Non seulement l'écart entre les populations des deux villes s'accentuait au profit de Montréal, mais la construction des canaux et des chemins de fer faisait profiter cette dernière d'un infrastructure qui lui permit de devancer rapidement sa rivale. Il en résulta que les problèmes sociaux, moraux et religieux qu'entraînait cette rapide croissance urbaine firent prendre davantage conscience au clergé de Montréal de l'urgence de trouver des solutions neuves qui, souvent, du côté de Québec, n'apparaissaient pas aussi nécessaires. De plus, le climat politique, idéologique et religieux exerçait sur le clergé de Montréal des pressions que celui de Québec ne connut pas avec la même intensité, car le radicalisme politique, le libéralisme doctrinaire, l'anticléricalisme et le prosélytisme protestant se firent surtout sentir à Montréal, ce qui entraîna naturellement une réaction plus vigoureuse, plus dynamique et plus soutenue[1]. L'Institut canadien de Montréal, n'était comparable par ses activités et son influence à aucune autre société littéraire du Bas-Canada, et la plupart des centres d'évangélisation protestants se situaient dans les régions influencées par Montréal: Grande-Ligne, Pointe-aux-Trembles, Belle-Rivière, Saint-Pie, etc.

La personnalité et le tempérament des évêques en place expliquent aussi les antagonismes. Au préalable, soulignons qu'à Montréal un seul évêque, Mgr Bourget, de 1840 à 1876, a dirigé les affaires ecclésiastiques et a assuré pendant plus de trente-cinq ans une continuité que Québec, où quatre évêques se succédèrent pendant la même période, n'a pu connaître au même point. Ainsi parmi les problèmes d'organisation religieuse, ceux qui se posèrent pendant la majeure partie de la carrière de l'évêque de Montréal étaient susceptibles de devenir pour lui des problèmes personnels, alors que la succession des évêques à Québec les mettait plus à l'abri de ce danger et les plaçait dans une situation plus propice à prendre un certain recul.

Mgr Baillargeon occupait le poste d'archevêque depuis 1867. Il avait la réputation d'être un modéré. Un de ses prêtres le jugeait ainsi: « Il causa avec moi au-delà d'une demi-heure, du concile, des hommes et des choses. J'eus une nouvelle preuve d'une observation que j'avais déjà faite sur la trempe d'esprit de ce prélat: il n'y entre aucune exagération; le juste milieu entre Dupanloup et Ls Veuillot »[2].

À l'opposé, Mgr Bourget était un homme intransigeant qui n'était pas loin de juger la modération de son métropolitain comme une faiblesse de caractère. Ainsi, quand il introduisit la règle de l'Index dans son diocèse, ce fut contre l'avis de Mgr Baillargeon qui en avait d'abord bloqué l'application dans la province ecclésiastique de Québec en lui soumettant qu'« il ne serait pas opportun » de l'adopter et qu'« il serait très dangereux de la publier[3] ». Si Rome avait institué cette règle, devait penser l'évêque de Montréal, pourquoi ne pas l'appliquer? Il se souciait peu de déplaire ou même de perdre quelques brebis, s'il ramenait ainsi l'ordre dans le reste du troupeau. Il aimait les situations claires et souvent le sens de la nuance, sinon le réalisme, lui faisait défaut. L'un de ses biographes écrit: « Quand il flaire ou constate un manque de soumission, il fronce les sourcils, il élève le ton de la voix, il profère des menaces, il édicte des sanctions. Sa conscience ignore les lents cheminements d'une diplomatie ou d'un tact qui consisteraient à atteindre le but par étapes successives; elle n'admet pas de délais dans la réalisation de ce qui est apparu comme une volonté de Dieu[4] ». Deux personnalités fort différentes donc, l'une modérée, l'autre intransigeante, l'une soucieuse par réalisme de concilier au moyen de compromis l'univers religieux et l'univers profane, l'autre disposée à soumettre celui-ci à celui-là, rendent compte à leur façon des difficultés survenues entre les deux diocèses.

Ces difficultés relevaient-elles aussi de différences idéologiques? Bien que l'accusation de libéralisme catholique n'ait pas encore été portée contre l'évêché de Québec en 1868, on parlait volontiers à ce moment d'« esprit de Québec », sans définir cette expression, comme si sa signification était acquise; et lorsque l'on comparait les deux diocèses, celui de Montréal était qualifié de « plus romain ». Certes les initiatives prises par Mgr Bourget pour venir en aide au Saint-Siège, ses fréquentes lettres pastorales sur le sujet et son combat contre le libéralisme de l'Institut canadien contribuaient à donner cette image à Montréal. L'organisation de la vie ecclésiastique et religieuse y concourait aussi pour beaucoup, car Mgr Bourget avait entrepris avec patience, depuis 1840, de faire de Montréal une « petite Rome ». Tout, du rituel au catéchisme, de l'habit ecclésiastique à l'architecture des monuments religieux, des confréries aux autres pratiques pieuses devait être calqué sur l'image romaine. Aucun autre diocèse ne soutenait cette comparaison; c'était, en même temps qu'une raison de plus pour attiser la rivalité entre les deux villes, un motif de fierté pour le clergé montréalais. Edmond Moreau, visitant Rome pour la première fois, s'empressait d'écrire à Mgr Bourget: « (...) vingt fois durant l'office j'ai dit à Eucher Lussier qui était avec moi: « C'est bien comme chez nous. Oui, nous pouvons nous glorifier d'imiter parfaitement les cérémonies de Rome[5] ». Lussier écrivait à son tour: « J'ai demandé au bon saint Jacques de faire pleuvoir des louis d'or à l'évêché de Montréal afin de permettre à notre saint évêque de construire une cathédrale digne du grand diocèse romain de l'Amérique ». Faisant allusion au voyage d'étude d'un clerc de Saint-Viateur parti avec les zouaves pour se spécialiser en architecture romaine, il poursuivait: « Avec le fameux architecte que vous avez envoyé à Rome, l'argent aidant, rien ne sera impossible[6] ». Lui aussi exprimait l'avis que « plus on vit à Rome, plus on trouve de similitudes entre Rome et Montréal ». Il terminait sa lettre en qualifiant Mgr Bourget de « Pie IX du Canada ». Un autre prêtre de Montréal exprimait à peu près le même avis: « Que vous aviez raison d'aimer le chant, les cérémonies religieuses, les belles églises. Nous avons rien comme cela dans notre petit Canada. Cependant un prêtre du diocèse de Montréal a raison d'être fier à Rome, car nos cérémonies, nos ornements, etc... sont comme à Rome. Que de fois, M. Loranger et moi disions: « Vive notre saint évêque de Montréal. Après le Pape, c'est Mgr Bourget[7] ». On se glorifiait donc de la ressemblance et à l'occasion on apportait une suggestion personnelle de sorte qu'à Montréal, il y avait constamment quelque chose à améliorer dans le sens de Rome. On parlait même d'y introduire la coutume romaine de faire sonner les cloches au moment des orages[8].

Les dissemblances entres les deux diocèses ne tenaient pas qu'à ces deux aspects; dans l'entourage de Mgr Bourget, on pensait déjà au début des années 1860, sans toutefois le dire ouvertement, que la pensée romaine, l'ultramontanisme, ne suscitait pas à Québec autant d'adhésion. Le grand vicaire Truteau exprimait ce point de vue dans une lettre à son évêque, au moment où l'abbé Stremler, un gaumiste, était chassé du séminaire de Québec: « À propos de Québec, je regrette que vous ne soyez pas dans votre diocèse au moins pour le moment. Les messieurs du séminaire de Québec ont remercié monsieur Stremler parce que ce monsieur soutient la thèse qu'on devrait renoncer à l'emploi des auteurs païens dans les collèges. Il paraît aussi qu'on le trouve un peu trop romain (...) (Il) aurait été une acquisition pour le diocèse de Montréal à cause de sa science dans le droit canon[9] ». Cet aspect du conflit, nous l'avons dit, ne fut pas connu du public avant 1870; il n'en contribua pas moins à justifier les positions montréalaises et à creuser davantage le fossé entre les deux diocèses.

Ces facteurs réunis expliquent donc les oppositions qui au moment de l'organisation du mouvement zouave avaient pris des proportions encore plus alarmantes. L'abbé Taschereau, recteur de l'université Laval, ne cachait pas ses sentiments. Il écrivait au grand vicaire Laflèche de Trois-Rivières, en apprenant le retour de Mgr Bourget de Rome au début de 1864: « Voilà donc Mgr de Montréal revenu chez lui. Espérons qu'il va se tenir en paix et qu'il y laissera les autres[10] ». S'adressant quelques mois plus tard à son confrère Benjamin Paquet, étudiant à Rome, il lui confirmait ce qu'il avait appréhendé: « Mgr de Montréal veut recommencer la guerre », et il lui exposait les trois points de discorde en des termes révélateurs de son opinion: « Une nouvelle université, (un) nouveau cérémonial et (un) nouveau catéchisme. Tout du nouveau[11] ». Son correspondant n'était pas difficile à convaincre; il venait de consigner dans son journal personnel ces quelques brèves remarques: « Il ne faut pas (...) être plus romain que le Pape (...) la vrai esprit romain ne consiste pas dans le col et le manteau mais dans la science, dans la piété et dans l'amour, la soumission entière au Saint-Père[12] ». C'est ainsi que, du côté de Québec, les innovations de Mgr Bourget ne revêtaient pas nécessairement le caractère ultramontain que son clergé leur prêtait volontiers. On les percevait davantage comme un zèle immodéré, une volonté de changement sans commune mesure avec les aspirations des fidèles et du clergé[13] et peut-être aussi comme un dynamisme sans fondement qui risquait de n'avoir d'autre résultat que de porter ombrage au prestige de l'archevêché de Québec. Sans doute a-t-on de prime abord interprété de la même façon la demande faite par Mgr Bourget de collaborer à l'envoi d'un contingent de zouaves québécois.

Nous avons vu dans quelles circonstances Édouard Barnard avait été appelé par Mgr Bourget à solliciter, le 20 octobre 1867, la participation de l'archevêque de Québec à l'envoi de zouaves à Rome[14]. Mgr Baillargeon approuvait le projet, mais il tenait à obtenir l'assurance que les zouaves seraient acceptés et désirait, pour se le faire confirmer, télégraphier immédiatement à Rome. Mgr Bourget lui demanda d'attendre, car il venait d'écrire à ce sujet[15]. Mais pendant combien de temps? Deux mois plus tard aucune réponse précise n'était encore connue. On s'en inquiétait à Québec; ces lenteurs exaspéraient d'autant plus qu'elles ne semblaient pas déranger l'organisation montréalaise. Vers le 20 décembre, un prêtre de l'archevêché s'enquit auprès du comité de la réponse de Rome[16], et le 26 décembre le grand vicaire Cazeau reformula la même demande à Édouard Barnard: « Avant d'organiser au Canada un corps complet, il semble qu'il serait bon de s'assurer si on verrait la chose avec plaisir à Rome ». Il lui précisait qu'à Québec, il n'y avait « rien de déterminé quant à l'envoi de jeunes diocésains ». Et pour marquer son entière indépendance vis-à-vis de l'organisation montréalaise, il lui faisait remarquer que les zouaves déjà partis l'avaient fait spontanément « sans savoir que l'on s'occupait à Montréal d'organiser un bataillon de Canadiens (...) Ceux qui se sont présentés ici (...), poursuivait-il, sont pour la plupart des officiers de notre 9e bataillon de volontaires. Or ils paraissent désirer entrer dans les troupes pontificales où toutes les nationalités sont confondues[17] ».

Le comité ne pouvait évidemment pas donner satisfaction à la demande de l'archevêque, puisque lui-même n'avait pas reçu d'autre réponse que celle de Mgr Desautels. Le 30 décembre, devant l'insistance de Montréal, manifestée par une circulaire du comité et deux lettres d'Édouard Barnard, l'une du 26, l'autre du 28 décembre, Mgr Baillargeon prit une position ferme: « (...) Sa grandeur vous remercie des renseignements que vous lui avez donnés et ne saurait trop louer votre projet (...). Mais, de son côté, elle n'oserait pas faire un appel aux fidèles de l'archidiocèse dans le sens du comité de Montréal avant de savoir si la présence d'un certains nombre de Canadiens à Rome pourrait être nécessaire au St-Siège et si le St-Père la désirerait. Il convient qu'elle attende qu'une réponse soit venue de Rome à ce sujet. L'archevêque est d'autant plus porté à ne pas se presser en cette affaire que les dernières nouvelles nous apprennent que le gouvernement Français est plus décidé que jamais à défendre le Saint-Siège et qu'il a même envoyé à Rome toute la force nécessaire pour enrayer la Révolution[18]. »

Le lendemain, il écrivait personnellement au Préfet de la Propagande pour l'aviser de sa décision, attendant en retour une réponse qui sans doute la justifierait[19]. Cette demande s'avéra inutile: soit qu'il n'ait pas saisi son importance, soit qu'il n'ait pas cru bon d'être plus diligent avec Québec qu'avec Montréal, le cardinal Barnabo n'y répondit que le 26 mars. Mais l'intérêt de la lettre de l'archevêque réside surtout dans le fait qu'elle dénote le souci de ne pas présenter les divergences de vue sur l'opportunité d'organiser un détachement de volontaires comme une opposition entre lui et l'évêque de Montréal. Les termes employés laissaient même croire que leurs opinions n'étaient pas très éloignées puisqu'il disait se borner à encourager et à aider ceux qui voulaient partir.

Mgr Bourget n'était pas au courant de cette démarche. L'eût-il été qu'il aurait peut-être été satisfait de l'opinion de son métropolitain. Mais en se référant à sa lettre du 30 décembre, il ne pouvait guère apprécier cette attitude par trop passive. Il lui fit part de son mécontentement dans sa réponse du 9 janvier où il en profitait pour lui donner une leçon de politique internationale, sujet sur lequel, contrairement à l'habitude, il se montra assez perspicace: « Je n'avais certainement pas à attendre de V. G. aucune excuse de ce qu'elle ne juge pas à propos de favoriser, dans l'archidiocèse, le mouvement qui se fait ailleurs, en faveur des zouaves canadiens (...). Elle a pour cela de très bonnes raisons, et je ne puis qu'y applaudir. Ici, à la vérité, on ne donne pas une pleine confiance à l'intervention de la France en faveur du pouvoir temporel de l'Église; et le passé semble devoir justifier nos craintes. Aussi croyons-que c'est depuis longtemps un projet bien arrêté à Rome de former une armée capable de réprimer les insurrections et invasions des mauvais sujets, qui pourraient, comme ont fait les Garibaldiens, troubler l'ordre public. Sans cette armée entièrement sous ses ordres, le Saint-Père pourrait d'un jour à l'autre être abandonné par l'empereur français qui déjà, après les promesses les plus solennelles et les plus sacrées, a trahi sa parole et forfait à son engagement. Car il est à présumer qu'il aura quelque jour à (craindre) de nouvelles bombes d'Orsini ou de nouveaux poignards des sociétés secrètes qui le feront pâlir et reculer en arrière[20] ».

Cette lettre ne changea rien à l'attitude de l'archevêque de Québec. Il prenait les dispositions pour aider plusieurs de ses diocésains qui désiraient s'enrôler, comme il l'avait écrit au cardinal Barnabo, mais il continuait aussi de garder ses distances vis-à-vis de l'organisation montréalaise. Ainsi, le 11 janvier, il écrivit une circulaire[21] pour commander des quêtes spéciales afin de payer les voyages et les frais de séjour à Rome des zouaves de son diocèse. Puis il demanda au comité de Montréal d'embarquer ses volontaires avec les autres, en prenant le soin de préciser: « Cette demande que je vous fais est indépendante de celle qui a été faite directement à votre comité par plusieurs autres jeunes gens du diocèse de Québec et qui paraît avoir été accueillie favorablement[22] ». De plus, l'argent pour leur entretien durant les deux années de service fut envoyé directement à Rome, sans passer par le comité[23].

Cette façon de procéder avait d'une part l'avantage de donner libre cours aux activités du comité de Montréal dans le diocèse de Québec[24] et permettait d'autre part à l'archevêque de ne pas se compromettre avec une organisation que l'administration romaine n'approuverait peut-être pas. Las d'attendre une réponse qui n'arrivait toujours pas, Mgr Baillargeon décida, le 7 février, de télégraphier au cardinal Barnabo: « What is best, send soldiers or money they would cost[25]? » La question ne pouvait être plus précise; en empruntant la voie télégraphique, il manifestait aussi son désir de recevoir une réponse immédiate.

Au moment où le télégramme parvint à la Propagande, Mgr Desautels, l'émissaire de l'évêché de Montréal, se trouvait dans les bureaux du préfet, le cardinal Barnabo, pour discuter des conditions d'acceptation des volontaires du Canada. Il lui fit part de l'inquiétude que lui causait ce télégramme de Mgr Baillargeon, d'autant qu'en se basant sur l'opinion du colonel Allet rencontré au ministère de la Guerre en l'absence de Kanzler, il avait personnellement télégraphié à Montréal, le 24 janvier, d'envoyer les hommes, sans en préciser le nombre, pour deux ans de service. Le cardinal préfet, sans doute aussi embarrassé que lui et, selon ses mots, « afin qu'il n'y ait aucune contradiction[26] », lui conseilla de revenir quelques jours plus tard, le temps de faire les consultations nécessaires pour qu'ils s'entendent ensemble. À sa grande surprise, lors de cette deuxième visite, Mgr Desautels fut chargé de répondre personnellement au télégramme de Mgr Baillargeon. Il transmit tout de suite la nouvelle à son évêque[27], avec une

Joseph Taillefer, sous-lieutenant et l'aumônier Edmond Moreau
(Drolet, *Zouaviana. Étape de trente ans.*)

copie de la réponse faite à Québec: « Je dois vous dire que si la première partie de ce télégramme doit être entendue comme étant dans le sens du comité de Montréal ou aux conditions clairement exprimées par Mgr l'Év. de Montréal, Votre Grandeur a une réponse et dans la lettre de son excellence le général Kanzler (...) dont une copie est ci-jointe et dans mon télégramme du 24 du mois dernier (...). Si au contraire c'est une démarche toute différente et que l'on demande « si l'on doit envoyer des hommes qui viendraient ici et y seraient aux frais du trésor pontifical ou de l'argent », j'ai reçu instruction d'informer Votre Grandeur que, le treize du courant, Barnabo en audience a communiqué au Saint-Père le télégramme en question et que Sa Sainteté, sans hésiter, a répondu: J'accepte la seconde partie[28]. »

Que comprendre de cette réponse? En soi, elle était suffisamment claire pour ne pas être interprétée librement; mais étant donné le fait que Desautels croyait à tort que l'organisation montréalaise offrait de payer les frais d'entretien de ses zouaves, elle embrouilla encore davantage le débat. Ainsi, suivant la réponse faite à Québec, le pape aurait préféré de l'argent à la centaine de volontaires déjà partis de Montréal. Ce qui confirmait l'opinion de Mgr Baillargeon. Cette lettre n'avait donc rien réglé. L'archevêque pouvait se croire justifié de faire répondre par son secrétaire à la demande du comité de Montréal pour l'organisation du deuxième détachement: « on écrit de Rome (...) que le Saint-Père accepte plutôt de l'argent que des hommes. Sa Grandeur croit donc devoir se dispenser de concourir à un nouvel envoi de volontaires, mais emploiera toute sa sollicitude à augmenter le plus possible sa contribution au Denier de St-Pierre[29] ».

Mgr Baillargeon conservait donc la ligne de conduite qu'il avait toujours suivie depuis que Mgr Guigues, en 1860, lui avait suggéré de financer l'envoi de volontaires. De plus, son opinion lui semblait confirmée par la lecture de la lettre d'acceptation des volontaires québécois signée par Kanzler, dont les termes laissaient l'impression que Rome ne comptait pas principalement sur son armée pour assurer sa sécurité[30].

L'archevêque de Québec fut appelé par la suite à reviser ses positions. Il collabora à l'envoi des détachements de la fin de 1869 et de 1870, ayant acquis à ce moment la certitude des besoins de la papauté en soldats. Mais, indépendamment de cette raison, il est possible que le seul constat du succès remporté par le mouvement, de l'enthousiasme que la cause pontificale suscitait dans la province de Québec et des nombreuses manifestations d'un véritable culte à Pie IX, provoquées par les zouaves, l'ait incité à reviser ses positions, car, en fin de compte, l'opposition entre les évêques de Québec et de Montréal ne résidait pas nous l'avons vu, dans les fins mais dans les moyens. Alors que Mgr Baillargeon considérait principalement les besoins du pape à Rome, Mgr Bourget avait une vue plus large de ces besoins, les étendant à la lutte de tous les jours contre les principes libéraux et révolutionnaires qui affaiblissaient dans le monde catholique le pouvoir temporel du pape. Il croyait que l'envoi des zouaves à Rome — les événements lui donnèrent raison — contribuerait à sensibiliser davantage les fidèles à cette question. Ainsi, Mgr Baillargeon, bien que nous ne puissions pas le prouver, ne fut peut-être pas insensible aux avantages moraux qu'en retirerait la papauté, quand il décida de collaborer à nouveau au mouvement, au risque même de diminuer les montants de la contribution de son diocèse au Denier de Saint-Pierre.

Rappelons enfin que cette opposition entre les diocèses de Québec et de Montréal s'inscrivait dans une longue suite de mésententes dont les causes variées étaient dans certains cas sans rapport avec le sujet du litige. Si les relations n'avaient pas été si tendues entre les deux évêques au début de 1868, ils n'auraient pas eu tant de mal à s'entendre sur les moyens à prendre pour venir en aide au pape. Même après le changement d'attitude de l'archevêque de Québec, Mgr Bourget, appréhendant « un peu l'esprit québécois » et craignant que son métropolitain ne veuille pas l'aider, hésita à faire appel aux services d'un prêtre du diocèse de Québec, comme aumônier des zouaves[31]. Dans ce cas particulier, les ressentiments accumulés au cours de leurs disputes expliquent son attitude. La collaboration de Québec à l'organisation des derniers détachements eut peut-être pour conséquence d'atténuer les tensions existant entre les zouaves des deux diocèses! Du moins, dans la correspondance entre Mgr Bourget et l'aumônier Moreau, il n'est plus question, en 1869 et 1870, des rivalités souventes fois mentionnées au début du mouvement. Serait-ce parce que ces rivalités n'existaient que dans l'esprit de l'aumônier Moreau? Nous en doutons. Elles semblent avoir été très réelles les premières années, peut-être d'ailleurs provoquées par l'attitude de Moreau lui-même, qui entretenait de solides préjugés contre Québec. Après seulement trois semaines de présence à Rome, il notait: « ceux de Montréal, de St-Hyacinthe et Trois-Rivières se font remarquer par leur bonne conduite; plusieurs ont déjà communié deux fois depuis leur arrivée; il n'en est pas ainsi de ceux de Québec[32] ». Puis il faisait remarquer à Mgr Bourget, après avoir appris que le pape adressait ses remerciements pour l'envoi des zouaves à l'archevêque de la province ecclésiastique: « je n'ai rien fait voir, comme de raison, mais en parlant de nos zouaves, j'ai insinué que tout était fait à Montréal par un comité sous la direction de l'évêque (...) Le bon archevêque sera surpris, sans doute, de recevoir des éloges pour ce qu'il n'a pas fait ». Quelques mois plus tard, il se plaignait de ce que l'archevêque ait envoyé de l'argent à ses zouaves: « ça contribue à mettre un certain esprit de division dans notre camp. Est-ce que le comité de Montréal a fait une distinction entre les Montréalais et les autres? (...) Il paraît qu'il fallait que *l'esprit de Québec* vînt se nicher jusque dans Rome[33]! ».

L'abbé Moreau n'était pas homme à cacher ses sentiments. Est-il surprenant de constater après cela que certains zouaves de Québec avouaient ouvertement ne pas l'aimer[34]. Connaissant bien l'aumônier qu'il avait personnellement choisi, Mgr Bourget lui prodigua des conseils propres à améliorer la situation: « Montrez votre affection et bonne volonté pour nos Québécois comme pour les autres zouaves canadiens (...) Vu les antipathies entre Québec et Montréal, vous avez à user d'une souveraine discrétion pour tout concilier, afin qu'une intime union règne entre tous nos bons Canadiens[35] ». Ces conseils, puis le changement d'attitude de Mgr Baillargeon mirent fin, du moins à ce qu'en laisse paraître la correspondance de l'abbé Moreau, aux rivalités entre les zouaves de Québec et de Montréal.

Les sulpiciens et les Irlandais

Il y a beaucoup de similitudes entre l'attitude de l'évêché de Québec et celle des Irlandais et celle des sulpiciens du Séminaire de Montréal. La raison officiellement invoquée est la même: le pape a plus besoin d'argent que de soldats, et si, comme le croit Mgr Bourget, il est vraiment nécessaire d'accroître le nombre de soldats, il serait certainement plus avantageux de permettre au pape d'utiliser l'argent engagé dans le transport des Québécois pour recruter deux fois plus de volontaires européens[36]. Comme dans le cas de Québec, Mgr Bourget n'était pas sans relier cette opposition aux antagonismes qui existaient entre l'épiscopat et les sulpiciens depuis le premier quart du 19e siècle. Leur refus de collaborer était-il une autre façon de braver l'autorité morale de l'évêque, au moment où celui-ci tentait d'obtenir la division de la paroisse Notre-Dame dont leur supérieur occupait de droit la cure depuis près de deux cents ans? Mgr Bourget le pensait.

Il ne s'agit pas ici d'entrer dans les détails de l'histoire de la division de la paroisse Notre-Dame. Un résumé des principales étapes suffira à faire comprendre la gravité des différends et à jeter quelque lumière sur l'attitude des sulpiciens à l'endroit du mouvement zouave.

Les sulpiciens étaient accusés avec raison de refuser l'adhésion de sujets canadiens à leur communauté. Ils étaient très attachés aux coutumes françaises et avaient déjà manifesté un certain mépris pour les Canadiens, « trop lâches pour les études sérieuses, et trop suffisants, quand ils ont acquis quelques éléments[37] », d'écrire un de leurs représentants. Après s'être objectés à ce qu'un suffragant de l'archevêque de Québec soit nommé à Montréal, ils gardèrent vis-à-vis de celui-ci, Mgr Lartigue[38], une indépendance telle que l'évêque de Québec, Mgr Panet, ne fut pas long à l'interpréter comme un refus de se conformer à la discipline ecclésiastique. En fait, ils désiraient conserver leurs droits exclusifs sur l'unique paroisse de Montréal[39]. En 1830, l'évêque de Québec ne crut pas devoir tolérer une telle attitude et exigea que le choix du curé de Notre-Dame reçût au préalable son approbation. La cause fut alors portée à Rome; et l'année suivante, la réponse de l'assemblée générale de la Propagande fut interprétée[40] par le préfet, le cardinal Pedicini, comme donnant raison aux prétentions des prêtres du séminaire. Ces derniers n'avaient rien ménagé pour obtenir gain de cause, car ils croyaient que c'était pour eux une question de vie ou de mort[41]. C'est dire à quel point la mésentente entre les deux parties était profonde.

En tant que secrétaire du premier évêque de Montréal, Mgr Bourget avait été un témoin actif de ces querelles. Aussitôt qu'il eut charge du diocèse, il regretta à son tour d'être ignoré par les sulpiciens. Il n'était même pas officiellement averti des nominations aux diverses fonctions religieuses dans sa ville épiscopale[42]. « (...) Je ne puis m'expliquer cette extrême réserve, écrivait-il au supérieur, qui me fait croire que l'on craint l'action de l'évêque dans la direction de la paroisse qu'il a confiée aux soins du Séminaire[43] ». Les sulpiciens ne croyaient pas devoir faire davantage d'après leurs droits fondés sur la décision de la Propagande. Or, en 1860, la paroisse Notre-Dame comptait près de 70 000 paroissiens. Mgr Bourget avait décidé de la diviser en plusieurs paroisses et d'y nommer des curés. Ses objectifs étaient de satisfaire efficacement aux besoins religieux de cette population et de faire respecter son autorité. Mais on peut supposer que la deuxième raison avait plus d'importance que la première, car déjà le séminaire avait fait construire six églises sur ce vaste territoire. Entre 1860 et 1865, la question fut débattue à Rome et tranchée en faveur de l'évêque. Le problème semblait donc réglé quand l'exécution de la décision en souleva d'autres aussi graves qui, en passant par les tribunaux civils et de nouveaux appels à Rome, durèrent jusqu'en 1875. Cette dernière phase de la querelle fut aussi violente que les premiers affrontements, du temps de Mgr Lartigue. Les deux parties ne ménageaient pas les insinuations, les accusations de mauvaise foi, voire les insultes. Forts de l'appui de George-Étienne Cartier, les sulpiciens s'assurèrent que les nouvelles paroisses ne seraient pas reconnues civilement et réclamèrent qu'elles soient en conséquence des succursales de la paroisse mère. La question s'enchevêtra alors dans la politique de parti; et les différends persistèrent même après le règlement final de 1875.

Le refus des sulpiciens de se soumettre sans réserve à la décision romaine conférait au débat un caractère passionnel qui semblait justifier les liens faits par Mgr Bourget entre cette question et leur refus de collaborer à l'organisation du mouvement zouave. Répétons que leurs objections, comme celles de Québec, ne portaient que sur l'organisation d'un contingent. Ils encourageaient par ailleurs les départs individuels et sollicitaient la générosité des fidèles confiés à leurs soins. Ils réussirent à collecter une somme de $4 000 environ qui, au lieu d'être remise au comité, fut envoyée directement au Saint-Père avec la mention: « Argent du Séminaire Saint-Sulpice pour l'entretien des zouaves canadiens[44] ». Mgr Bourget se sentit directement attaqué par ce geste[45]. Il espérait tout de même récupérer cet argent à Rome. Cependant les sulpiciens s'étaient bien gardés d'avertir le comité de la date d'envoi et du destinataire. Au mois de mai, après de multiples démarches, ni l'aumônier Moreau, ni les représentants de l'évêque de Montréal dans l'affaire de la division de la paroisse Notre-Dame n'étaient encore parvenus à retrouver cette somme. « Le pape, Antonelli, Barnabo, Ferrari, Kanzler n'en savent rien », écrivit Moreau. « Si on découvrait cette somme dans quelque lieu, on réussirait sans difficulté à la faire appliquer à l'entretien des zouaves canadiens[46] ». Il avait aussi failli dans sa tentative d'en connaître quelque chose de la part de certains zouaves proches des sulpiciens. Mgr Bourget dut donc se résoudre à faire ce qu'il avait voulu éviter, s'adresser directement au directeur du séminaire[47]. Ainsi il n'apprit qu'en septembre que le montant de la souscription avait été retrouvé[48]. Mais l'attitude du séminaire laissait des séquelles et Mgr Desautels s'en était plaint à Mgr Capalti, qui obtint du cardinal Antonelli l'assurance que les sulpiciens sauraient « ce qu'ils auront à faire à l'avenir[49] ». L'aumônier Moreau, impulsif et tracassier, avait voulu faire sa part et avait proposé à J.-O. Paré: « Je suis en grand rapport avec le correspondant romain (du *Monde*): je lui ferai dire ce que vous voudrez sur les Sulpiciens[50] ». Leurs relations étaient donc si tendues que Moreau qualifiait leurs agissements, y englobant sans doute tous les différends, d'« infâmies sulpiciennes[51] ».

Au nombre de ces « infâmies », il faut aussi compter l'opposition des Irlandais de Montréal qui, au dire de Mgr Bourget, étaient « sous la main » du séminaire[52]. Au comité qui leur offrait d'enrôler des volontaires pour les quelques $5 000 qu'ils avaient collectés, ils répondirent: « plutôt que de se rendre à la demande du comité, dans le cas où l'évêque interviendrait, la souscription cessera, et (...) il n'en sera plus question[53] ». L'argent fut donc envoyé directement à Rome; il n'avait pas encore été retrouvé en septembre 1868. Le 18 décembre, Mgr Bourget écrivait à l'abbé Dowd, le sulpicien qui desservait l'église des Irlandais, St. Patrick, pour savoir comment il pourrait retrouver cet argent. Le ton de sa lettre tenait de la réprimande. Il lui précisait surtout que sa recommandation de faire une quête était un ordre et que le montant souscrit devait être affecté à l'entretien des zouaves. Dowd consentit à lui répondre qu'il avait personnellement envoyé au pape $4 668 le 16 mars. Il profitait ensuite de l'occasion pour justifier son attitude qui, selon lui, était le meilleur moyen de provoquer la générosité de ses fidèles pour le Saint-Père[54]. Il lui rappelait aussi que dans la lettre pastorale du 8 décembre 1867, on pouvait lire: « Nous demeurons étranger à ce mouvement laïque (...) Nous laissons à ceux qui ont conçu le projet la noble tâche de l'exécuter[55] ».

S'il y avait dans l'attitude des Irlandais une part de mesquinerie, il faut reconnaître qu'ils n'en avaient pas l'exclusivité. Ainsi Mgr Bourget, en apprenant le refus des paroissiens de St. Patrick, répondit à leur invitation d'aller officier à la fête de leur patron: « dans les circonstances actuelles, je ne puis l'accepter, comme je m'en suis fait un devoir bien doux jusqu'à ces dernières années[56] ». Le différend débordait donc les limites du problème débattu pour s'étendre à toutes les facettes de leurs relations.

Tant l'évêque de Québec que les sulpiciens et les Irlandais n'avaient d'autre but que de prendre leurs distances face à ce qu'ils considéraient comme l'initiative personnelle de l'évêque de Montréal, avec lequel ils étaient déjà en difficulté.

L'opposition politique

L'engagement de nombreux Canadiens dans la guerre de Sécession, avait incité les législateurs à prendre des dispositions pour éviter d'éventuels conflits diplomatiques. Ils avaient voté, en 1865, une loi intitulée « Acte pour prévenir et réprimer les déprédations commises en violation de la paix sur la frontière de la province et pour d'autres fins », dont la clause 7 prévoyait une amende et une peine d'emprisonnement pour quiconque incitait des Canadiens à s'engager dans une expédition militaire contre « un État étranger avec lequel Sa Majesté est en paix[57] ».

Le problème soulevé par l'organisation d'un corps de volontaires ne fut pas, au tout début du moins, envisagé sérieusement sous cet angle juridique. Les secrétaires du comité, Joseph Royal et Sévère Rivard, tous deux avocats, écrivaient aux évêques que, « d'après des renseignements recueillis aux meilleures sources (...) personne ne saurait soulever d'objections valides contre les démarches que nous voulons faire[58] ». Le clergé, ayant acquis de solides amitiés politiques depuis la mise en place de la Confédération, avait-il pu obtenir cette assurance du parti ministériel? Le comité organisateur croyait-il au bien-fondé juridique de son point de vue, exposé dans un communiqué officiel daté du 12 janvier, dans lequel il précisait n'enrôler ni ne recruter « personne pour le compte d'une puissance en guerre avec un pouvoir ami de la Grande-Bretagne », mais désirer seulement « régulariser et consolider le mouvement qui se fait parmi les catholiques du Canada en faveur de la cause du Souverain Pontife[59] »?. Nous n'avons pu trouver de renseignements appuyant ces hypothèses. Cependant, malgré les « renseignements recueillis aux meilleures sources » par les secrétaires, les dirigeants continuèrent d'entretenir la crainte d'une intervention politique. Ainsi ils se refusèrent à dévoiler publiquement les noms des souscripteurs « afin de ne pas (les) compromettre avec le gouvernement si toutefois, ajoutaient-ils, il y a quelque chose à craindre de ce côté[60] ».

Pour faire taire les critiques, ils fixèrent comme condition d'engagement, sans avoir obtenu l'autorisation romaine — elle sera d'ailleurs refusée — que tous ceux dont la présence au pays serait requise pour la défense du territoire pourraient revenir au gré du comité[61]. Comment par ailleurs avoir l'assurance de la bienveillance des gouvernements quand de nombreux articles du *Witness* de Montréal appelaient « la colère de l'autorité civile[62] »? Quelle serait l'attitude des députés canadiens-français, même les plus dévoués à la cause pontificale, si la question était soulevée au parlement? En tout cas, Mgr Bourget pouvait douter d'eux car, en 1866, George-Étienne Cartier, invité à souscrire à l'emprunt romain, avait refusé, préférant sans doute prouver plus discrètement son attachement à la cause pontificale en envoyant dans sa lettre réponse une « offrande généreuse » pour le pape[63]. Cela pouvait bien être le signe de sa volonté de ne pas se compromettre. Or, en 1868, en tant que ministre de la milice, Cartier était concerné au premier chef par cette question.

Une publicité tapageuse avait orchestré le départ du premier contingent sans que l'autorité civile réagisse. L'opposition parlementaire ne se manifesta réellement qu'à la mi-mars: le député Ford Jones, de Leeds, Ontario, mit alors une première fois Cartier à l'épreuve. Embarrassé, celui-ci feignit d'ignorer le mouvement zouave: « Il n'est pas venu à la connaissance du gouvernement, répondit-il, qu'un corps de jeunes gens connus comme zouaves pontificaux aient quitté le Canada pour aller guerroyer contre une nation en paix avec la Grande-Bretagne; et il n'est pas à sa connaissance qu'aucun de ces jeunes gens soit élève de l'école militaire[64] ».

Une semaine plus tard, le ministre présentait en chambre un projet de loi sur la réorganisation de la milice. Jones en profita pour revenir à la charge: « Des garanties seront-elles exigées des jeunes gens instruits et gradués de nos écoles militaires, afin qu'ils ne quittent pas le pays pour aller servir à l'étranger? » Abordant succinctement la question de droit, la diluant habilement dans une tirade démagogique sur le fénianisme, présenté comme un grave problème, Cartier donna au mouvement zouave une caution tout à fait inattendue: « Aucune loi n'oblige les jeunes gens instruits dans nos écoles militaires à rester dans le pays. Ils sont libres d'aller où bon leur semble, et le pays ne peut qu'être fier d'avoir donné à ceux qui partent une bonne éducation militaire. La jeunesse canadienne, je suis heureux de le dire, est d'humeur assez martiale. Il est notoire aujourd'hui que 50 000 Canadiens se sont enrôlés dans l'armée américaine du Nord, pendant la guerre de sécession. Et cent cinquante jeunes gens viennent de partir volontairement pour s'enrôler dans l'armée pontificale. Ils vont combattre Garibaldi, qui est le grand fénien de l'Italie. Ils vont défendre Sa Sainteté le Pape qui est l'ennemi le plus déterminé des féniens. Et je suis sûr de ce que j'affirme ici, car, lorsque j'ai eu l'honneur, en compagnie de M.T. D'Arcy McGee, d'obtenir une audience de sa Sainteté, la première question qu'Elle m'a adressée, a été celle-ci: « J'espère mon cher fils, que les féniens irlandais d'Amérique ont cessé de troubler la paix de votre pays? » J'ajouterai, à ce propos, que toute l'Église catholique est opposée au fénianisme[65] ».

Mgr Bourget écrivit personnellement à Cartier pour le remercier d'avoir pris si énergiquement la défense des zouaves[66]. « Notre admiration et notre reconnaissance lui est (sic) acquise à tout jamais », d'écrire Gustave Drolet qui, loin de voir dans l'intervention du député Jones une question d'intérêt public, la qualifiait d'« insinuation malveillante inspirée par le fanatisme[67] ». L'opposition gouvernementale n'était donc plus à craindre, à tel point qu'Édouard Barnard convainquit quelques membres de l'organisation qu'avec un minimum de prudence — ne pas discuter la chose dans la presse, par exemple — il pourrait lever un corps de mille volontaires sans que le gouvernement n'ait à y redire. Du reste, pensait-on au comité, pourquoi interviendrait-il puisque ses besoins pour la défense du territoire ne pouvaient empêcher les Canadiens de partir « par milliers par semaine au risque de se perdre aux États-Unis[68] »?

La législation concernant l'enrôlement à l'étranger fut renforcée en 1870, par l'adjonction à la législation canadienne de la loi impériale « Acte pour l'enrôlement à l'étranger ». Les zouaves n'en souffrirent pas. L'aumônier Moreau eut même droit à l'assurance du concours bienveillant du consul anglais à Brest pour protéger les volontaires du 7e détachement immobilisés dans cette ville par la guerre franco-allemande[69]. Quelque temps plus tard, l'évacuation des zouaves québécois vers l'Angleterre fut négociée par le chargé d'affaires du gouvernement britannique à Rome[70]. La question juridique ne souleva un véritable débat qu'en 1875. Le ministre de la milice Fournier

présenta alors en chambre un projet de loi dans le but de refondre et
préciser les lois de 1865 et 1870 et d'étendre leur application à toutes les
parties du Dominion[71]. L'Union Allet, association des anciens
zouaves, s'indigna de ce que ce projet de loi eût « pour effet d'empêcher les catholiques d'offrir de nouveau leurs services » au Saint-
Père[72]. Un communiqué officiel fut publié dans les journaux et souleva
une vive polémique. On discuta d'abord de l'opportunité d'une telle
loi. Pourquoi ajouter aux législations de 1865 et 1870? Si ces lois
avaient satisfait les dirigeants britanniques en temps de guerre, pourquoi vouloir renforcer ces prescriptions alors qu'aucun danger ne
menaçait le Canada? *Le Journal des Trois-Rivières*, secondant la protestation de l'Union Allet, vit dans ce projet de loi une mesure préparée
par un allié de l'Institut canadien pour se venger de la condamnation
par le pape de cette institution. Pour le journal, les libéraux profitaient
de leur présence au pouvoir pour lier les mains des catholiques désireux de combattre pour la papauté[73]. Le débat prenait une tournure
politique. La presse adverse accusait l'Union Allet de faire de la politique partisane, elle qui n'avait pas protesté contre la loi de 1870 passée
sous un gouvernement conservateur. Personne toutefois n'aborda
explicitement la question qui nous intéresse: aux termes de la loi de
1865, les zouaves avaient-ils le droit d'aller combattre en Italie? La
protestation officielle de l'Union Allet le laissait croire; il en était de
même de la réponse faite par Cartier en Chambre. Mais l'association
des zouaves, pour réfuter les accusations de partisanerie politique
publia dans les journaux un autre communiqué, destiné à expliquer les
intentions réelles de la protestation, et du même coup, fournit une
réponse certaine à notre question: « Les zouaves n'ignorent pas que le
bill actuel n'est pas une innovation et qu'il n'est qu'une compilation de
plusieurs actes passés sous de précédents ministères. S'ils protestent
aujourd'hui pour la première fois cette contre-mesure (sic), c'est qu'en
1865 et 1870, ils n'avaient pas l'organisation qu'ils possèdent aujour-
d'hui et qui leur permet d'affirmer leur communauté de sentiments.
Le bill en question étant de nouveau soumis aux chambres, l'Union
Allet a cru ne pas devoir lui laisser donner une nouvelle confirmation
sans protester contre une mesure qu'elle croit (...) directement opposée aux fins de son oeuvre[74] ».

Voilà qui tranche la question. Au dire même de l'Union Allet, la
loi de 1865 était opposée « aux fins de son oeuvre » et seule la bienveillance du parti ministériel dictée par toutes sortes de raisons, dont l'en-

thousiasme de la majorité de l'électorat canadien-français pour la cause pontificale, avait placé le mouvement zouave à l'abri d'une interdiction gouvernementale.

L'opposition idéologique

Au moment où s'organisait l'expédition des volontaires québécois, il ne restait que quelques journaux de langue française représentant les idées libérales radicales dans la province de Québec. *Le Défricheur* n'avait pu survivre longtemps à la mort de son fondateur, Jean-Baptiste-Éric Dorion[75], et avait disparu en mars 1867. *L'Union Nationale*, que son opposition à la Confédération avait dressée contre le clergé, cessait de paraître la même année. Restaient *Le Pays* et *Le Journal de Saint-Hyacinthe*. Eux aussi sortaient affaiblis de la lutte menée au clergé contre la Confédération. Leur échec avait miné leur audience dans l'opinion publique, d'autant qu'au début de 1868, les évêques de Montréal, Trois-Rivières et Saint-Hyacinthe menaient auprès de leurs curés une vaste enquête sur la lecture de ces journaux dans les paroisses[76]. Dans le diocèse de Trois-Rivières, les trois ou quatre lecteurs abonnés à ces publications dans chaque paroisse étaient l'objet de pressions particulières de la part des curés. La feuille de Saint-Hyacinthe abdiqua donc à l'été de 1868, avec cet adieu de son rédacteur, Raphaël Fontaine: « Un souhait avant de vous donner la main pour la dernière fois. Puissiez-vous voir bientôt l'aurore de jours meilleurs pour votre malheureux pays, sucé, exploité, tondu, par une troupe de gais diables qui le taillent sans merci au nom du trône et de l'autel[77] ». Il ne restait plus que *Le Pays*, dénoncé dans plusieurs mandements d'évêques et identifié à l'Institut canadien, dont les membres étaient menacés d'excommunication et considérés comme tels par de nombreux catholiques. Plusieurs prêtres refusaient les sacrements aux lecteurs de ce journal et aux membres de l'Institut[78]. Le libéralisme radical allait-il disparaître? Des individus, même très sympathiques à la cause, le prédisaient[79]. En mars 1868, les propriétaires du *Pays*, craignant pour l'avenir de leur journal, demandaient au rédacteur A. Lusignan de mettre fin aux articles « religieux ou cléricaux » et de s'occuper « exclusivement de politique[80] ». Le discrédit public et les difficultés financières forçaient l'unique représentant du rougisme à atténuer ses prises de positions contre le clergé. Mais dans ce domaine, en septembre 1868, un collaborateur, Arthur Buies, prenait la relève dans sa *Lanterne*, qui ne put résister que six mois à l'opposition du clergé. La virulence de ses attaques contre les zouaves mérite tout de même une étude que nous aborderons après celle du *Pays*.

Le Pays

Mgr Bourget écrivait au sujet de la réaction libérale: « *Le Pays* qui est son organe (de l'Institut canadien) jette-t-il feu et flamme, en parlant du mouvement qui se fait pour combattre ses chers amis, les Garibaldiens[81] ». Quelques mois plus tard, les Pères du quatrième concile provincial de Québec déploraient cette opposition dans leur lettre pastorale commune: « Le dévouement même des braves jeunes gens qui sont allés au secours du Saint-Père, n'a pas trouvé grâce devant ces prétendus catholiques. Ils n'ont eu qu'une parole d'amer reproche contre le courage des soldats du Christ; contre la générosité des parents qui ont laissé partir leurs enfants; contre le zèle de ceux qui ont contribué par leurs aumônes à cette oeuvre chère à tout coeur vraiment catholique[82] ». Ces propos laissent l'impression que l'opposition des forces libérales au mouvement zouave fut radicale, bien articulée et maintes fois exprimée. En fait, l'analyse du contenu du *Pays* nous incite à nuancer ce point de vue.

L'Institut canadien n'avait pas tardé à manifester son opposition. À peine Mgr Bourget avait-il lancé ses appels à la jeunesse, que deux discussions publiques de l'Institut furent organisées sur ces thèmes: « La France a-t-elle attenté aux droits des nations en envahissant le territoire romain pour défendre le pouvoir temporel du pape[83]? » « Un pouvoir devrait-il permettre l'enrôlement de ses citoyens pour soutenir la guerre dans un État étranger[84]? » Le vote, pris après chacune des séances, tranchait le débat en faveur des non-interventionnistes.

Ce furent sans doute ces débats publics qui justifièrent les reproches de Mgr Bourget et de l'épiscopat canadien, car les rédacteurs du *Pays* s'abstinrent d'exprimer leur point de vue personnel sur le sujet. La question était-elle trop délicate? En tout cas, elle semblait obtenir l'accord de la très grande majorité des Canadiens français[85]. Leur attitude, du moins au début de 1868, consista donc à feindre d'ignorer le mouvement. Pas une ligne sur le comité d'organisation, les campagnes de recrutement, les avis officiels: bref, l'organisation d'un corps de volontaires était systématiquement ignorée. À l'occasion, des entrefilets annonçaient les départs isolés de quelques individus. Avec 15 jours de retard, ils consacrèrent cinq lignes aux blessures de LaRocque et de Murray, pour conclure: « ces blessures ne sont pas dangereuses[86] ». Ils refusèrent par ailleurs de publier un poème sur les zouaves, sous prétexte qu'ils avaient « toujours cru la rime essentielle aux vers[87] ». Puis dans une longue critique d'un mandement de l'évêque, un rédacteur intercalait cette apostrophe: « Si le clergé rêve de fonder ici la puissance temporelle, comme la papauté la réclame sur une partie de l'Italie — nous n'avons pas la moindre hésitation à dire qu'il y aurait ici autant de zouaves que d'habitants pour combattre cette prétention[88] ». Mais, autrement, les rédacteurs évitaient de se prononcer personnellement sur le mouvement zouave.

Ils n'en faisaient pas moins connaître leur opinion par la publication d'articles d'un correspondant européen qui ne ménageait ni le pape, ni l'administration romaine, ni les zouaves. Mais ces écrits, très fréquents avant 1868, n'apparaissaient plus que rarement. Il n'y en eut que quelques-uns en 1868, et aucun en 1869. Un seul faisait référence indirectement aux zouaves canadiens: « (...) J'ai appris qu'une troupe de 150 de vos compatriotes avaient traversé la France (...) pour aller s'enrôler sous la bannière papeline (...) Il y aura donc de tout dans cette armée qui ne peut se passer des sentinelles françaises. De tout... excepté des Italiens[89] ». L'autre article présentait les zouaves de tous les pays comme « attirés par la perspective de gagner le ciel sous la protection des chassepots français[90] ». Le troisième traitait de l'impossibilité d'empêcher les désertions de nombreux zouaves pontificaux: « On vient d'expulser ou d'incarcérer toutes les femmes de mauvaise vie connues par leur accointance avec l'armée (...) C'est peine perdue[91] », d'écrire le correspondant. Ainsi, sur un ton mi-badin, mi-sérieux, laissant invariablement percer l'ironie, *Le Pays* refusait d'accorder aux zouaves les honneurs que l'ensemble de la presse québécoise leur accordait volontiers.

Toutefois, si *Le Pays* ne voulait pas attaquer le mouvement zouave de front, il tentait plus insidieusement de faire craindre l'interdiction gouvernementale. Sous le titre « Nouvelles Diverses », il signalait à ses lecteurs que le gouvernement italien « n'allait admettre l'intervention d'aucune puissance étrangère dans ses affaires[92] ». Il

Gustave A. Drolet (ACAM)

signalait de plus, sans doute pour marquer les hommes politiques, que
« le catholique gouvernement autrichien ne permettait pas l'enrôlement de ses sujets dans l'armée papale[93] ». Puis, le 11 février et le 6 juin,
à la veille des départs du premier et du quatrième détachements, il
reproduisit la même nouvelle, intégralement: « Le bruit courait à
Montréal ces jours derniers que le gouvernement italien était fortement opposé à l'organisation du corps des zouaves pontificaux, qui se
poursuit en ce moment, et qu'il fera des représentations au bureau des
affaires étrangères en Angleterre ». Cependant ces nouvelles n'étaient
jamais commentées; tout de même, le lecteur averti n'avait pas de mal à
comprendre leur signification, car *Le Pays* était le seul journal, avec le
Witness, farouchement anti-papiste, à faire écho à de semblables
rumeurs. Quel but poursuivait-il, sinon d'atténuer l'enthousiasme
populaire? C'était une façon discrète et prudente de s'opposer.

D'ailleurs la prudence était devenue une nécessité, car l'échec
électoral des libéraux radicaux, en 1867, avait été imputé à leur opposition au clergé. Que les propriétaires du *Pays* aient invité les rédacteurs
à ne plus s'occuper des questions religieuses ou cléricales était, à cet
égard, significatif. Partout, dans les mandements d'évêques, dans la
presse cléricale ou d'opposition, on les présentait comme des ennemis
du catholicisme. Pouvait-on être catholique et membre de l'Institut
canadien? Depuis longtemps, *Le Pays* tentait vainement de faire cette
démonstration. Des membres de l'Institut insistaient auprès de Mgr
Bourget pour être admis au sacrements[94]. C'était peine perdue.

L'engagement de Gustave Drolet dans les zouaves pontificaux
fournit au *Pays* l'occasion de mettre le clergé à l'épreuve et sans doute
aussi de convaincre les lecteurs de la fausseté des accusations portées
contre les libéraux. Annonçant le départ de Drolet, le 30 novembre
1867, il le présenta comme un membre de l'Institut canadien. Le
Nouveau-Monde s'empressa de démentir la nouvelle: « M. Drolet,
écrivait-on, avait sollicité de M.G. Doutre son certificat de renoncia-
tion à l'Institut canadien; en sorte qu'il n'en était plus membre depuis
assez longtemps ». Et d'ajouter: « C'est ce qui exprime peut-être son
dévouement au Saint-Père[95] ». La polémique sur le point de s'engager
cessa avec la réplique du *Pays*: le futur zouave, pouvait-on y lire, était
un « catholique libéral, exempt de toute bigoterie », et comme preuve
de son appartenance à l'Institut, il avait emprunté, neuf jours seulement avant son départ, un volume de la bibliothèque de l'Institut,
celle-là même que Mgr Bourget avait condamnée suivant la règle de

l'Index[96]. À son tour, le secrétaire, Gonzalve Doutre, écrivit personnellement au *Nouveau-Monde* pour confirmer la version du *Pays*; mais sa lettre ne fut pas publiée. Il valait sans doute mieux pour le *Nouveau-Monde* ne pas donner de publicité à cette nouvelle, d'autant que la lettre du secrétaire laissait planer des doutes sur les convictions ultramontaines du nouveau zouave[97]. Ce fut *Le Pays* qui publia cette lettre, l'accompagnant d'une charge contre le clergé de Montréal et le *Nouveau-Monde*: « Le *NM* est avant tout, surtout et partout le journal officiel de clergé de ce diocèse (...) or il est malhonnête (...) Deux brèches à la vérité, une énorme trouée à l'injustice, un soufflet à la charité (...) voilà ce que vient de faire le *NM*, organe-en-chef du clergé de Montréal[98] ».

Cette brève polémique établissait à l'évidence qu'en aucun cas le clergé ne pouvait accorder quelque crédit aux libéraux radicaux, surtout pas en ce qui regarde le mouvement zouave, principalement destiné à les combattre. Du reste, le *Nouveau Monde* pouvait se justifier en estimant que toute tentative du *Pays* de s'identifier un tant soit peu aux zouaves ne pouvait être motivée que par l'opportunisme. Comment expliquer autrement qu'à partir du mois de juin 1868, juste au moment où l'enthousiasme populaire était à son comble, *Le Pays* décida de changer d'attitude en accordant dans ses colonnes quelques espaces aux nouvelles concernant les volontaires québécois? Cela, le *Nouveau-Monde* ne pouvait l'accepter, même au risque de faire preuve de malhonnêteté.

Ainsi, après un silence de six mois sur l'organisation des détachements *Le Pays* du 30 mai publia une lettre du cousin d'Arthur Buies, le zouave d'Estimauville, racontant de façon très peu enthousiasmante, il faut dire, la vie militaire à Rome. Par contre, la description des honneurs dont on entourait ses compagnons — « quels gaillards, quels beaux hommes » — était un motif de fierté pour tous les Canadiens français. C'était le premier élément positif concernant les zouaves. Puis, du 15 juin à la fin de l'année, à part un article défavorable écrit par un correspondant européen, *Le Pays* informa à plusieurs reprises ses lecteurs, sur un ton neutre, des développements du mouvement, annonçant même le départ du quatrième détachement et lui souhaitant bon voyage[99]. En 1869, plus rien de défavorable, pas même les dépêches télégraphiques, qui d'ailleurs se faisaient de plus en plus rares sur la question romaine. Le comité d'organisation du mouvement zouave eut même droit à la publication d'un avis officiel, annonçant un concert sacré au profit de l'oeuvre[100]. Et au mois d'août, un article s'étendant sur une demi-colonne décrivait la cérémonie de remise de décorations romaines à deux membres du comité[101]. *Le Pays* ne montrait plus le même visage[102].

Les colonnes du journal libéral s'étaient donc ouvertes aux nouvelles des zouaves; avec parcimonie, il est vrai, mais suffisamment pour laisser croire à une attitude sympathique. Le signe le plus frappant de ce changement apparut en avril 1870, à l'occasion du retour au Canada de ceux qui n'avaient pas voulu renouveler leur engagement après deux ans de service. *Le Pays* les accueillit ainsi: « Nous souhaitons à ces compatriotes la plus cordiale bienvenue, assurés que leur voyage et leur séjour en Europe ne pourront avoir que d'heureux fruits pour le pays. Nous avons pu différer sur l'opportunité du départ d'un détachement de Canadiens pour Rome; mais en ce moment nous ne pouvons que saluer et remercier les nobles enfants dont la conduite a honoré le Canada et témoigné de la vitalité de notre race[103]. C'en était trop pour le *Nouveau-Monde*; le lendemain, il signalait que seuls *le Pays* et le *Witness* « avaient insulté à leur manière la rentrée des soldats de Pie IX ». Pourtant, rien d'insultant n'était apparu dans cet écrit, pas même cet extrait particulièrement visé par l'organe du clergé: « Les événements ont heureusement conspiré pour ne point mettre à l'épreuve le courage et le dévouement de nos braves zouaves et cela malgré leur ardent désir d'en venir aux mains[104] ». Que voulait le *Nouveau-Monde*? Le rédacteur du *Pays* ne fut pas lent à comprendre que son adversaire cherchait « à signaler à des jeunes hommes, encore étrangers à nos luttes, tout un parti à leur mépris et à leur haine[105] ».

Malgré cela, *Le Pays* continua d'avoir la même opinion vis-à-vis des zouaves. Espérait-il gagner leur sympathie? Croyait-il attirer ainsi des lecteurs de plus en plus rares? Était-il tout simplement sincère? Que répondre, sinon faire ressortir le paradoxe entre ces écrits marqués au coin de la louange pour des hommes partis défendre le pouvoir temporel du pape, et l'opposition du journal, toujours aussi ferme, à cette cause pontificale. Même après la chute de Rome, *Le Pays* ne manque pas, encore une fois, de faire connaître ses positions: « le pape va perdre tout pouvoir temporel. Et après? Si nous le disions nous-même, ce serait probablement une impiété; citons votre langage: Quant au Saint-Père, en quelque lieu du monde et en quelque condition que la providence le place, il grandira avec le respect du monde catholique et l'admiration de tout l'univers. C'est ce que nous avons dit de tout temps[106] ».

La Lanterne

Quand *Le Pays* commença de montrer une attitude moins ouvertement hostile au mouvement zouave, *La Lanterne*, hebdomadaire fondé par Arthur Buies le 24 septembre 1868, prit la relève. Ce que le quotidien libéral ne pouvait plus écrire, Buies croyait pouvoir le faire dans sa feuille radicale qu'il définissait comme « l'ennemi instinctif des sottises, des ridicules, des vices et des défauts des hommes[107] ». *La Lanterne* était d'abord et avant tout un journal libéral. De là provenait son anticléricalisme virulent, car en prospectant l'avenir des libertés et du progrès scientifique[108] au Canada français, le jeune rédacteur le voyait entravé par la présence d'un clergé trop influent et autoritaire, qui était d'ailleurs la cause du déclin des institutions dans lesquelles il avait placé ses idéaux: le parti rouge, *Le Pays* et l'Institut canadien. « Je dis ceci à la jeunesse, répétait-il en 1884, (tant) qu'elle ne sera pas virtuellement et pratiquement affranchie du clergé (...) elle n'a rien à espérer de l'avenir[109] ». Mais dans cette conjoncture où les journaux libéraux abdiquaient un à un face aux exigences sociales imposées par le cléricalisme, une nouvelle feuille radicale réussirait-elle à se maintenir? Buies a-t-il cru qu'une clientèle particulière, celle des « gens d'esprit », comme il disait, manifesterait suffisamment d'indépendance pour passer outre aux interdictions épiscopales? Trop d'exemples de la puissance des pressions du milieu s'offraient à lui pour qu'il entretînt cet espoir. Son tempérament frondeur et provocateur, exacerbé par les déboires de sa cause, le poussait plutôt à la bravade, celle-là scandaleuse et bien pire que tout ce qui avait attiré les condamnations épiscopales du *Pays* et de l'Institut. Car *La Lanterne* ne respectait rien, ni les autorités politiques et religieuses, ni la papauté « qui, à son dire, ne vit qu'en tendant la main, et qui contribue d'autant plus à dégrader les hommes qu'on la croit sainte et infaillible[110] », ni la personne du « révérendissime » évêque de Montréal, ni même les « sottes pratiques[111] » superstitieuses des Québécois. Ses armes étaient les plus cinglantes, celles du pamphlétaire: l'ironie, le sarcasme, le ridicule, la provocation. Son journal ne ferait donc qu'un temps, et il le savait[112].

La cause de l'unité italienne lui tenait particulièrement à coeur. D'ailleurs, en 1860, il avait laissé ses études, à Paris, pour s'enrôler dans les troupes garibaldiennes. L'unité de l'Italie était non seulement le symbole de ses luttes personnelles, mais aussi l'événement marquant de sa carrière journalistique au Québec: sans cesse, depuis 1862, la presse ultramontaine, pour le « perdre dans l'opinion », lui jetait à la face le souvenir de son engagement du côté des ennemis de la papauté[113]. Avec *La Lanterne*, il prenait sa revanche. Tout servait de prétexte à vilipender les zouaves. Il ne se passait pas une semaine sans qu'il n'en soit fait mention. Le plus souvent, ils étaient directement critiqués, ou encore indirectement visés par le biais des attaques contre l'administration romaine, le pape, le clergé, Mgr Bourget et la presse ultramontaine. Ainsi, au *Journal des Trois-Rivières* qui reprochait au *Pays* d'avoir publié une lettre de Mazzini et l'accusait de se réjouir de ce que le chef patriote « parl (ait) de lancer ses cohortes de brigands contre le doux et sublime vieillard » et « contre une armée dans laquelle le Canada compt (ait) 300 de ses plus nobles enfants », Buies répondait: « Il faut s'entendre là-dessus, sont-ce les patriotes d'Italie qui veulent démolir les zouaves canadiens (...) Je ne sache pas que Mazzini soit venu au Canada nous provoquer, tandis qu'il est constant que les zouaves canadiens sont allés à Rome[114] ». Le même journal ayant sommé Edmond Fréchette d'afficher ses couleurs et de revêtir, à l'instar de l'autre « monstre », le froc garibaldien, se faisait répondre: « décidemment la grande duchesse a tourné la tête à tous nos dévots, ils ne voient plus que sabres et poignards... et des froques!! J'ai horreur de l'isolement. Me voir condamné à être le seul monstre dans la patrie, je trouve cela ennuyeux. Que le rédacteur du *Journal des Trois-Rivières* qui est un ange, ait donc la bonté de s'associer avec moi; je lui passerai le poignard, il me passera le goupillon, nous laisserons la frocque (sic) de côté[115] ». Voilà deux exemples des réparties de Buies; la seconde était plus fréquente, car, bien entendu, il préférait la brève répartie, toujours ironique et drôle à l'argumentation serrée.

Au sujet du pape, il faisait rire assez facilement en ridiculisant la cérémonie du baisement des pieds: « il est à remarquer que les rois d'Occident n'ont jamais osé se laisser baiser que la main, quoique la race des courtisans se soit montrée de tout temps disposée à leur baiser n'importe quoi. (Je porte envie à quelqu'un qui la semaine dernière a signalé le crime de lèche-Majesté) ». Puis il lançait une de ses flèches aux zouaves: « Deux officiers, se rencontrant le matin ne se disent plus: (...) Acceptez-vous une chope de bière? » Mais plutôt: « Venez-vous baiser les pieds? c'est moi qui paye[116] ».

Il raillait leur titre de croisé: « Dernièrement (...) on a appelé *croisés* les jeunes Canadiens qui sont allés défendre un pouvoir impuissant à se maintenir lui-même contre la réprobation du monde civilisé[117] ».

« Voyez; vous tombez partout. À Rome, vous n'avez qu'une misérable armée de 15 000 hommes, recrutés dans toute la catholicité. Où est-il donc le temps des croisades où 200 000 hommes allaient à 1 000 lieues combattre pour le St-Sépulcre?[118] »

Glanant ici et là dans les journaux des bribes de leur correspondance, il les ridiculisait. Il notait par exemple, après avoir lu dans les journaux que les zouaves étaient parfois obligés de se mettre « au lit habillés des pieds à la tête »: « aujourd'hui la puanteur va prendre un caractère particulièrement agréable à Dieu; elle va devenir pontificale[119] ». Et, alignant d'autres trouvailles de ce genre, il concluait: « Et l'on voudra maintenant que les Anglais, en voyant nos journaux reproduire des niaiseries de cette force, ne nous prennent pas pour des êtres inférieurs! Ils auraient bien tort[120] ».

On pourrait multiplier les exemples de cette sorte; le ton changerait peu. Et pourquoi aurait-il changé, puisqu'il plaisait? Au début du moins, car il s'est vendu « au-delà de 1 200 exemplaires du premier numéro[121] ». Pourtant *La Lanterne* disparut en mars 1869, faute de lecteurs. L'histoire est bien connue: l'épiscopat n'a jamais censuré *La Lanterne*, mais a fait des pressions sur les distributeurs, du camelot au libraire, pour que cesse la diffusion. Seuls deux libraries, l'une anglaise, et l'autre protestante de langue française, et l'Institut canadien continuaient de la vendre. Des lecteurs n'osaient plus se la procurer que par l'intermédiaire de commissionnaires, et la déchiraient après l'avoir lue[122]. Ainsi l'influence du clergé était devenue assez puissante pour obtenir ce résultat.

★ ★ ★

Dans ce contexte, comment évaluer le nombre des opposants au mouvement zouave? Les effectifs de l'Institut canadien diminuaient, *Le Pays* perdait des abonnés, signe du peu de faveur de ses idées dans l'opinion, mais aussi de l'impossibilité de les exprimer sans être mis au ban de la société. Dans ce cas, se peut-il qu'à l'image de l'iceberg, l'opposition ait été supérieure à ce qui en parut? Combien d'individus durent cacher leurs sentiments? Combien de journaux refusèrent de se compromettre? Un article de *L'Événement*, même s'il constitue une exception, nous semble, à cet égard, révélateur. Ce journal, qui ne voulait en aucun cas être identifié aux rouges[123], laissa paraître un article d'une curieuse ironie sur la bravoure des zouaves. Un correspondant du nom de Jules Henri, après avoir loué le courage de certains Québécois qui ne craignaient pas de vouloir prendre les armes pour la France contre la Prusse, évoquait l'aventure des zouaves du dernier détachement qui n'avaient pu se rendre à Rome: « Je comprends qu'on ait le courage de s'engager dans l'armée pontificale avec la certitude de n'aller qu'en Bretagne (...) Cela peut se faire impunément. C'est une belle promenade, et pour ceux qui ont des goûts artistiques, c'est un voyage splendide (...) Et on a toujours la chance d'en revenir, ce qui double les dispositions belliqueuses d'un chacun[124] ». Le *Nouveau-Monde* vit dans un « pareil écrit » « une insulte à tout le Canada français et catholique[125] ». *L'Événement* ne récidiva pas, car l'idéologie ultramontaine, dont la propagande exaltait l'oeuvre « éminemment nationale et religieuse » du mouvement zouave avait conquis la très grande majorité des Canadiens français. On peut raisonnablement penser que les opposants étaient plus nombreux que leurs manifestations le laissaient croire: ils n'en restèrent pas moins des exceptions.

On a vu que l'opposition de l'archevêché de Québec et des sulpiciens était tout autre. Les zouaves reçurent toujours un accueil chaleureux dans ces milieux. Quant à l'opposition parlementaire, elle fut surtout le fait de Canadiens anglais. L'échec électoral des rouges aux élections de 1867 avait donc mis le comité d'organisation des zouaves à l'abri de difficultés plus sérieuses avec le gouvernement.

Notons enfin l'opposition du groupe des protestants de langue française. Ces Québécois nouvellement convertis par des pasteurs venus de Suisse et de France manifestaient tous des sentiments antipapistes. Ils n'avaient cependant que très peu d'influence dans la société canadienne-française. En faisaient-ils réellement partie? Leurs compatriotes catholiques refusaient de les considérer comme tels. En abjurant leur religion, disait-on, ils s'identifiaient aux protestants anglais. Du reste, ils étaient très peu nombreux, à peine quelques milliers au plus fort des conquêtes protestantes et, de plus, constamment menacés par l'émigration aux États-Unis qui semblait avoir dans ce groupe persécuté plus d'attraits qu'ailleurs[126].

Chapitre 5
La permanence du mouvement

Délégué à Rome par le comité, en mars 1868, pour négocier les conditions d'acceptation des zouaves, Édouard Barnard avait réussi à résoudre les difficultés qui risquaient de compromettre le mouvement. Le succès de ses négociations résidait aussi dans le fait qu'il avait réussi à obtenir les témoignages nécessaires pour mettre un terme à la discussion entre l'évêché de Montréal et ceux qui soutenaient que de simples cotisations satisferaient davantage le Saint-Père. Lui-même ne jugeait pas trop sévèrement ceux qui défendaient ce point de vue, car « même à Rome », écrivait-il, de « hauts personnages différaient d'opinion quant à la nécessité d'augmenter l'armée[1] ». Kanzler lui-même semblait divisé entre ses devoirs d'administration et ceux de veiller à la défense du petit État pontifical. Si Barnard insistait tant sur cette question, c'est qu'il avait le souci de rétablir les faits afin d'unir dans le même but tous ceux pour qui l'avis du pape importait d'abord et avant tout. Et justement, à ce sujet, il était catégorique: « J'ajoute avec une conviction ferme et sincère: le Saint-Père a un grand besoin d'hommes dévoués et un grand besoin d'argent[2] ». Il écrivait dans la même lettre: « J'ai déjà dit que le Saint-Père avait déclaré en ma présence qu'il sentait le besoin d'une armée plus nombreuse mais que ses moyens ne lui permettaient pas de les nourrir. Quant à celle qui existe, elle a constamment besoin d'être recrutée, tant pour remplacer ceux dont le service est expiré, que ceux qui désertent ou qui sont renvoyés pour une cause ou une autre (...) Ce qui nous intéresse davantage, c'est que *toutes les autorités ici* s'accordent à dire qu'en somme aucun corps d'hommes n'a encore donné autant de garanties d'utilité que nos hommes, et l'on nous dit de toute part: « Faites en venir autant que vous pourrez, comme ceux-là ». Il concluait cette longue lettre sur un ton optimiste: « Je suis même convaincu que si le 2nd détachement équivaut au premier, on nous demandera de nouveaux hommes en grand nombre (...) tout ceci est au futur; on aura donc le temps de se reposer sur ses lauriers, se tenant prêt à recommencer au besoin ». Barnard commençait ainsi à échafauder ses projets.

Édouard Barnard

Qui était Édouard Barnard? Celui qui devint par la suite un des plus célèbres agronomes et conférenciers agricoles de la province de Québec[3] avait déjà vécu, avant son départ pour Rome en 1868, des expériences multiples qui l'avaient destiné tour à tour aux carrières commerciale, agricole, juridique et militaire. Mais avec lui, du moins à cette époque, un choix n'était jamais définitif.

Né le 30 septembre 1835, troisième fils d'Edward Barnard, avocat, greffier et protonotaire du district judiciaire de Trois-Rivières, il étudia au séminaire de Nicolet de 1846 à 1851[4]. En cette dernière année, il ne sentait plus aucun goût pour les études classiques; son père accepta donc qu'il commençât à gagner sa vie. Il débuta comme commis dans un magasin de Trois-Rivières, puis s'occupa de l'exploitation agricole familiale que son père, malade et déjà fort occupé par sa profession, ne pouvait plus gérer[5].

Il demeura dix ans à Trois-Rivières, non sans s'adonner, comme son tempérament l'y portait, à plusieurs activités. Barnard désirait vivement la réussite, ce que le travail agricole ne pouvait lui apporter, car la ferme n'était pas rentable. À la fin de 1862, il lorgnait du côté du droit, espérant obtenir du gouvernement la succession de son père comme protonotaire[6]. Tout en cultivant la terre et en jouant un rôle actif au sein de la société d'agriculture, il fit ses études de droit et fut reçu au barreau en 1867[7]. Mais à ce moment, au lieu de pratiquer sa nouvelle profession, il opta pour la carrière militaire, dans laquelle il s'était partiellement engagé au moment de l'affaire du *Trent*, en 1861. À cette époque, Trois-Rivières était une des rares villes à ne pas posséder de compagnies de volontaires. Barnard avait d'abord obtenu son diplôme militaire de « première classe » et offert ses services pour fonder une compagnie. Il écrivait à son père en novembre 1862: « I have been appointed an Ensign in the Militia. I think of raising a Volunteer Company here, so that if I succeed, I will have a right to claim further distinction[8] ». Il avait réussi et avait été promu capitaine, commandant de l'infanterie volontaire de Trois-Rivières. Il fut envoyé six fois en garnison aux frontières et se mérita, en 1867, le grade de major[9]. Toujours dans le but de se faire connaître et d'avancer rapidement, il passa beaucoup de temps, cette année-là, à « corriger », réécrire et traduire en français un ouvrage dont on se servait dans la milice[10]. Mais déjà il commençait à désespérer en constatant que le ministre de la milice, George-Étienne Cartier, voulait faire de l'organisation militaire un lieu de patronage politique[11]. Quelle chance réelle d'avancement avait-il, lui qui n'avait pas de relations politiques et qui, du reste, s'était déjà fait répondre par le député Turcotte de Trois-Rivières, qu'il n'en trait pas dans les vues de Cartier d'accorder deux commissions gouvernementales aux gens d'une même famille[12]?

C'est à ce moment, en octobre 1867, qu'il offrit à Mgr Bourget d'organiser un détachement de volontaires canadiens pour défendre les États pontificaux. Au préalable, il avait pris les précautions nécessaires pour ne pas dépendre de son père si son projet échouait. Malgré l'opposition du ministre Cartier à ce qu'un de ses officiers organise un tel détachement, il obtint de son supérieur immédiat, le colonel Mac-Dougall, devenu son protecteur dans la milice, un congé de six mois, avec solde, renouvelable pour une même durée. Ses amis militaires l'encourageaient à acquérir cette expérience sur le continent européen. En retour, il s'engageait à revenir au pays dans le cas d'une attaque fénienne ou à démissionner[13].

À 33 ans, Barnard n'avait pas encore choisi définitivement sa carrière. Son père, il est vrai, très énervé par les difficultés financières et souvent en proie à des crises nerveuses qui le retenaient parfois plusieurs mois dans une maison de santé des États-Unis, s'objectait à son projet, prétendant que son fils agissait par dépit[14]. Voyait-il juste? Édouard s'en défendait; il disait n'accomplir que son devoir de catholique. Faut-il le croire, lui qui avait pris des précautions pour ne pas se trouver sans emploi à son retour? Du reste, était-ce seulement pour calmer les inquiétudes de son père qu'il lui écrivit à plusieurs reprises: « my going for a few years, if no misfortune happens me, must give me

on my return, not only with military men, but with general public, a
position which no amount of (...) political intrigue, lobbying and
rebuff, could secure for me, here in a lifetime[15] »? Il lui redisait dans
une autre lettre que les catholiques sauraient se montrer reconnais-
sants[16]. Ces préoccupations matérielles n'excluent évidemment pas
les préoccupations d'ordre religieux. Élevé dans une famille profondément catholique — deux de ses soeurs étaient religieuses, son frère
James venait de sortir du noviciat des jésuites quand il s'enrôla dans les
zouaves, son autre frère Edmond, membre du comité d'organisation,
avait l'estime de Mgr Bourget —, Édouard était un catholique ultramontain dont les nombreuses professions de foi, inscrites dans sa correspondance de l'époque, ne sont pas démenties par ses activités
futures[17]. Le mouvement zouave était donc pour lui l'occasion d'accomplir ce qu'il considérait être son devoir et, de plus, un moyen d'atteindre un statut social dont son père et son frère Edmond, tous deux
avocats, pourraient être fiers.

Le comité avait besoin d'un homme aussi dévoué et entreprenant.
Il ne tarda pas à lui faire entièrement confiance. Toutefois, son ambition et son impatience de réussir le poussaient régulièrement à élaborer
de nouveaux projets qui le firent vite suspecter d'arrivisme et compro-
mirent ses chances de succès. Le premier à manifester de la suspicion à
son endroit fut l'ombrageux aumônier Moreau. Il perçut l'arrivée de
Barnard à Rome comme un signe que le comité ne lui faisait pas
confiance pour négocier avec les autorités romaines[18]. Aussi
s'empressa-t-il de laisser entendre dans sa correspondance que l'envoyé du comité n'était pas plus habile que lui : « Depuis que Monsieur
Barnard est arrivé ici, rien n'a changé, rien de nouveau ne s'est fait et
aucune des démarches de ce monsieur n'a encore abouti[19] ». Outre
cette rivalité personnelle, Moreau et à sa suite de nombreux zouaves lui
reprochèrent de ne pas s'enrôler : « On voit d'un très mauvais oeil cette
résolution de monsieur Barnard, et elle est cause de beaucoup de can-
cans. Ceci ajouté aux préventions pré-existantes, le rend tout à fait
impopulaire parmi les nôtres[20] », d'écrire Moreau. Il ajoutait dans une
autre lettre : « Je crains bien qu'il y en ait qui écrivent contre lui, déjà
j'en ai empêché un de le faire[21] ». De telles réactions étaient plus particulièrement provoquées par les initiatives de Barnard et par l'impression qu'il donnait de tout vouloir diriger. Alfred LaRocque allait
beaucoup plus loin; dans une longue lettre à son père, il portait contre
lui de sévères accusations dont on peut penser qu'elles trouvaient des

Alfred LaRocque, entouré de quelques-uns
de ses compagnons (ACAM)

échos parmi les autres zouaves: « Une chose qui me fait regarder Barnard d'un mauvais oeil et ceci est une idée à moi, personnelle[22], voici: c'est le manque de dévouement de cet homme et son désir, son ambition de parvenir quoi qu'il en coûte. Je sais que vous êtes partisan de Barnard et que vous le croyez dévoué. Détrompez-vous, s'il était vraiment dévoué, il serait ici, dans nos rangs, avec nous. Que n'est-il resté à son dernier voyage? Il prévoyait la nomination de Taillefer et voyait son retard dans sa nomination. Il s'est dit, si j'amène des hommes, on me donnera des gallons (...) il préfère ses intérêts personnels et veut se faire un marche-pied de nos compatriotes pour arriver (...) je vous le dis, c'est mon opinion confidentielle, Barnard est un intrigant et rien d'autre chose[23] ».

Il est vrai qu'Édouard Barnard espérait être à la tête des Québécois à Rome. Les circonstances l'obligèrent à rester au pays pour organiser le deuxième détachement, puis à se rendre seul à Rome afin de négocier les conditions d'acceptation. Croyait-il à ce moment que les volontaires du Québec serviraient dans un même bataillon et seraient commandés par des officiers québécois? Il le souhaitait. D'ailleurs, en tant que major dans la milice et organisateur du mouvement, il espérait légitimement obtenir un poste de commandement. Ce n'est qu'une fois rendu à Rome qu'il apprit que le colonel Allet n'était pas très favorable à la constitution de bataillons nationaux. Il semblait préférer que le corps de zouaves soit essentiellement formé de catholiques, indépendamment de leurs apartenances nationales. De plus, Allet prétextait, devant l'aumônier Moreau, « que l'élément canadien était si bon qu'il fallait le répandre[24] ». On lui objecta qu'il courait le risque de les gâter en les dispersant et qu'isolés, ils risquaient de prendre « les vices de ceux avec qui ils vivraient ». La décision fut alors prise de les réunir par petits groupes de dix à douze dans chacune des compagnies.

Cette solution ne satisfaisait pas Barnard. Dès son arrivée, il était entré en communication avec Mgr Stones, l'aumônier des zouaves anglais, écossais et irlandais, afin de réunir les Britanniques et les Québécois dans un même « cercle », c'est-à-dire une sorte de local de divertissement fréquenté après les heures de service. Chaque nationalité avait le sien; les Québécois ne voulurent pas être en reste et s'objectèrent. L'aumônier Moreau reçut même l'encouragement de Mgr Bourget « pour ses efforts afin d'éviter toute fusion[25] ». Mais cela n'était que le premier volet du plan de Barnard; il avait aussi projeté la création d'un bataillon formé majoritairement de volontaires du Québec, dans lequel les Anglais auraient été inclus. Hugh Murray, à qui ses années de service à Rome conféraient un certain prestige, fut appelé à discuter avec lui de ce projet. Tout comme Moreau, il n'était pas d'accord. Un tel corps, arguait-il, déplaisait aux zouaves québécois et n'était désiré que par les Anglais, en nombre insuffisant pour en constituer un à eux seuls. Du reste, les officiers de l'armée pontificale, au dire de Murray, n'y étaient pas favorables. Malgré cet avis, Barnard continua de discuter de son projet avec les autorités concernées. Moreau en fut profondément choqué, car ces démarches, avouait-il à son évêque, le compromettaient personnellement, en donnant l'impression que lui et les siens entretenaient « des vues cachées[26] ». Il pria Murray d'intervenir auprès des autorités militaires afin de rétablir les faits. Aussi quand Barnard décida de ne pas s'enrôler dans les zouaves sous prétexte que les féniens étaient « aux portes de Montréal[27] », l'aumônier ne put cacher plus longtemps ses sentiments. Il le dénonça en ces termes à son évêque: « Mr. Barnard nous a quittés ce matin; comme je me fais un devoir de tout dire à votre Grandeur, je lui dirai que je m'en réjouis; depuis quelque temps, il était devenu vraiment embarrassant avec tous ses plans plus ou moins excentriques; depuis son séjour à Rome, il m'a fait l'effet d'un homme un peu toqué[28] ».

Moreau craignait aussi qu'une fois rendu au Canada, le major Barnard ne se présentât comme chargé par les autorités romaines de collecter les fonds pour l'entretien des zouaves. En fait, durant son voyage de retour, Barnard s'arrêta en Angleterre pour rencontrer lord Danby, un des organisateurs de l'oeuvre des zouaves. Certains documents apportés avec lui aboutirent chez Mgr Manning. De quel projet discutèrent-ils? Il semble que son plan élaboré à Rome ait été quelque peu modifié. Dans un mémoire rédigé dix mois plus tard à l'intention des évêques de la province de Québec, Barnard dit avoir cru alors, contrairement au témoignage de Moreau, que Kanzler lui avait suggéré « si je l'ai bien compris », précisait-il, « la possibilité d'obtenir l'assistance des Anglais et des Américains pour assurer le succès de l'organisation proposée[29] ». Ainsi, selon ce texte, il ne s'agissait plus nécessairement de former un corps anglo-canadien, mais plutôt d'obtenir l'assistance financière des catholiques de ces pays, afin de pouvoir réaliser l'organisation d'un bataillon canadien.

Ce premier projet ne suscita pas grand enthousiasme au Québec. Prévenu, Mgr Bourget le laissa parler « afin de ne pas paraître opposé », mais confia à Moreau qu'il souriait à ses idées et les ferait

« passer par la bonne filière[30] ». Il lui aurait même conseillé « de n'en rien dire ou faire pour le moment, mais d'attendre les événements[31] ». Barnard n'était pas homme à attendre. Il continua de talonner le comité; mais rien n'y fit, car celui-ci avait pris l'habitude d'attendre l'approbation de l'évêque avant d'agir. Au mois de septembre, Mgr Bourget put annoncer avec une satisfaction évidente: « Le major Barnard ne me parle plus de son projet. Vous comprenez que l'on ne court pas après lui[32] ».

L'inactivité n'était pas le lot d'Édouard Barnard. Moins préoccupé par le mouvement zouave, qui ne semblait pas devoir se prolonger, il s'affairait à vouloir commercialiser une eau de source naturelle, découverte sur sa terre à Varennes, et entrevoyait déjà la possibilité d'y construire une maison de santé. Pour autant, contrairement à ce qu'en pensait Bourget, il caressait toujours son projet de bataillon. Le 8 décembre, apprenant les rumeurs de la mort de Napoléon III, il crut sans doute y percevoir l'événement attendu de son évêque. Il lui écrivit une longue lettre qui débutait par des considérations générales sur les besoins d'une armée puissante à Rome et se terminait par une simple offre personnelle de service. Alignons ici les phrases qui auraient pu être les prémices à la demande, qu'il ne fit pas, d'organiser un bataillon: « Ici aussi nous avons trouvé plus d'un millier d'hommes prêts à sacrifier ce qu'ils ont de plus cher, désireux de verser leur sang pour prouver à la révolution que la race des catholiques n'est pas éteinte dans le monde. Nous avons de ces hommes rendus à Rome et on nous en demande davantage. Pour ma part, Monseigneur, je ne puis en douter. Pour moi l'appel que le Saint-Père adresse à tous les catholiques est suffisant (...) Dans sa position pouvait-il faire davantage? Pouvait-il nous appeler à prendre les armes? Et quand nous les avons prises nous a-t-il refusés? Avons-nous consciencieusement répondu à son appel? Avons-nous fait tout ce que nous pouvions faire?[33] »

La réponse de Bourget n'a pu être retrouvée. Peut-être n'en fit-il pas, faute de temps, car au tout début de janvier, Barnard se présenta personnellement à son bureau, avec une demande de Keller[34], président de l'Oeuvre de St-Pierre à Paris, pour recruter des volontaires canadiens. Le général Kanzler, pouvait-on y lire, avait écrit à Paris dans le but d'obtenir des soldats pour l'artillerie et l'infanterie. Keller avait tout de suite pensé aux Québécois. « Je puis donc vous assurer, écrivait-il au secrétaire du comité de Montréal, que vous rendriez grand service au Saint-Siège si vous pouviez lui envoyer encore quelques centaines d'hommes de coeur, consentant à entrer soit dans l'artillerie qui est fort à court d'hommes, soit dans la Légion Romaine (...) un corps d'infanterie digne de rivaliser avec les zouaves ». Le comité français offrait même la possibilité de payer les dépenses du voyage. L'offre semblait intéressante. Pour Barnard c'était, à n'en pas douter, l'occasion d'exécuter son projet. Il prit donc les devants pour discuter de cette question avec son évêque. Pendant que le comité, par l'intermédiaire de Royal, demandait l'avis de l'aumônier Moreau, de son côté, Barnard était chargé par Mgr Bourget « de prier le comité » de prendre, auprès des évêques et des curés tous les renseignements concernant les recrues disponibles[35]. Vers la mi-janvier, un représentant du comité répondit à Keller qu'il promettait d'aider l'organisation de nouveaux détachements si tous les frais étaient payés par le comité français[36].

Mgr Bourget partait pour Rome à la fin de janvier. À son passage à Paris, tel que convenu, il rencontra Keller pour discuter de la chose et lui confirma l'espoir du comité de pouvoir envoyer de nouveaux volontaires. Il fut entendu que le nouveau contingent pourrait atteindre le nombre d'environ 400 soldats et que le comité de Paris paierait une partie des frais de l'aller et la totalité de ceux du retour[37].

De son côté, Barnard n'était pas resté inactif. Lors de son entrevue avec Mgr Bourget, il avait émis l'idée, pour collecter des fonds au profit des zouaves québécois, d'organiser des conférences aux États-Unis afin de sensibiliser les catholiques à l'enjeu de la question romaine[38]. Mgr Bourget lui aurait alors promis un prêtre pour assurer le succès de cette entreprise, à la condition qu'elle reçût l'approbation des évêques des États-Unis. Barnard s'empressa de consulter l'archevêque de New York, visita aussi le père Perron, provincial des Jésuites, le grand vicaire Waddams et Mgr Pinsonnault d'Albany[39], les abbés Quinn, de New York, et Brown, de Troy, et plusieurs autres catholiques des États-Unis, de qui il reçut l'assurance d'obtenir un excellent résultat, tant au point de vue moral que financier. Il notait toutefois, en faisant au grand vicaire Truteau un compte rendu de ses démarches — dans le but d'obtenir tout de suite le prêtre promis par Mgr Bourget —, qu'il faudrait avoir la prudence d'éviter les complications politiques en ne demandant pas aux Américains d'« offrir leurs personnes » et en ne dévoilant à personne d'autres qu'aux évêques l'utilisation des sommes collectées[40].

À ce projet de conférences américaines, il joignait aussi l'idée d'organiser une « Société pour la défense du Saint-Siège », inspirée, semble-t-il, par une déclaration de Pie IX invitant les catholiques à s'unir pour le défendre dans son droit[41]. Barnard projetait d'organiser cette association dont le but serait principalement d'assurer le financement d'une armée nombreuse à Rome, et de façon plus générale, de contrer le « mal révolutionnaire » et de « défendre la foi ». Pour exister, cette société devrait au préalable obtenir l'approbation de Rome. Elle durerait tant que le pape ne licencierait pas son armée, et son organisation serait calquée sur celle de la société de la Propagation de la Foi. En fait, elle serait formée de membres actifs, présents dans l'armée du pape, et de membres passifs à qui incomberait la tâche de les entretenir. Son chef, « au moins un prêtre », de préciser le promoteur, résiderait à Rome et exercerait une surveillance sur les membres actifs.

Il semble que Mgr Bourget ne fut pas trop enthousiaste. En tout cas, étant à la veille de partir pour Rome quand l'idée lui fut soumise, il avait un prétexte tout trouvé pour temporiser. Du reste, il fallait obtenir l'autorisation romaine, et seul lui, au cours de son voyage, pourrait faire de tels arrangements. S'il en a discuté à Rome, nulle part dans sa correspondance il n'en fait mention. Barnard le questionna à nouveau par écrit, sans qu'il répondît spécifiquement à cette question. Cette manière de procéder était de plus en plus fréquente dans ses relations avec lui. Était-ce le signe que ses projets commençaient à l'exaspérer? Sans doute, car à une lettre de son secrétaire lui exposant la demande d'un prêtre pour prêcher aux États-Unis, il répondit, sans cette fois cacher son impatience: « Dites au major Barnard qu'il ne m'a pas compris, s'il croit que je lui ai fait espérer que Mr Ramsay ou tout autre Prêtre parlant Anglais irait solliciter les aumônes des Américains en faveur de nos zouaves; car ça n'a jamais été ma pensée. Je lui ai seulement donné à entendre que lui-même pourrait faire, à cette fin, quelques lectures aux États-Unis, en se faisant assister par quelques Prêtres de ce pays[42] ».

D'autre part, le projet d'enrôler les Québécois dans l'artillerie et la Légion, que Mgr Bourget, en désignant Barnard, qualifiait de « son projet » était fortement combattu par Murray et Moreau. Ce dernier, répondant à la lettre de Royal — on se souvient qu'il lui avait demandé son avis le 10 janvier — se disait « abasourdi » par cette nouvelle, d'autant que le général Kanzler lui affirmait qu'en écrivant à Keller, il n'avait jamais eu l'intention que l'on s'adresse aux Canadiens, dont il souhaitait qu'ils continuent d'alimenter le régiment des Zouaves.

Pourquoi, poursuivait Moreau, exposer une oeuvre « toute canadienne à devenir française[43] », puisqu'il est fort possible qu'on nous
permette, pour faire venir d'autres volontaires, d'utiliser l'argent
versé pour l'entretien des zouaves du premier détachement? De plus,
et c'était aussi l'avis de Murray, la Légion était un corps discrédité
dans lequel personne ne voulait s'engager. Quant à l'artillerie,
soutenait-il, « on n'y parle que l'italien et il faut être Italien pour y sur-
gir (sic) ». Bref, Moreau était à peu près certain que le découragement
s'emparerait des Québécois qui s'enrôleraient dans ces deux corps[44].

Comme de coutume, la décision finale appartenait à l'évêque, qui
semblait donner raison à l'opposition, mais ne voulait pas non plus, par
une opinion trop tranchée, décourager ses plus zélés collaborateurs. Il
jugeait: « Mr Moreau (...) a émis une opinion si bien motivée qu'il sera
difficile de revenir contre. Cependant on verra plus tard; car étant à
Rome il faut faire comme à Rome, où les choses sont toujours assez tôt
faites quand elles sont bien faites[45] ». Ainsi, il laissait à nouveau le
champ libre aux initiatives de Barnard.

Depuis la fin de janvier, Édouard Barnard disait à qui voulait l'entendre, sauf à son évêque, que le ministre de la Guerre l'avait dissuadé
de s'enrôler dans le corps des zouaves, afin qu'il reste libre de travailler
à la collecte de fonds et au recrutement de nouveaux volontaires québécois, dont il espérait voir arriver un millier en remplacement d'un
bataillon américain qui n'avait pu s'organiser[46]. Il prenait même
l'abbé Moreau à témoin de la véracité de ses dires, ne sachant pas que
celui-ci l'avait déjà contredit dans une lettre à son évêque. C'est dire
jusqu'à quel point il croyait à l'importance de l'influence de l'aumônier[47]. Aussi, quand il apprit l'opposition de Moreau ainsi que celle de
Murray à l'offre de Keller, il jugea bon de ne pas trop insister, mais plutôt de profiter de l'assurance donnée au comité par l'aumônier des
besoins de Rome en soldats pour présenter officiellement son projet
personnel de bataillon. Le 22 février, il écrivait à Mgr Bourget: « Le
Comité des Z. Canadiens a pris en considération ces jours derniers, la
lettre de M. l'Abbé Moreau nous faisant part de la demande de (...)
Kanzler (...) nous priant de lui envoyer encore des centaines
d'hommes[48] et l'offre fait (sic) de nous décharger de l'entretien de nos
zouaves moyennant un autre envoi d'à peu près cent hommes (...) Je
me demande (...) si c'est vraiment possible de nous rendre à ces pressantes invitations et de compter parmi les défenseurs zélés du Saint-
Siège un millier de canadiens![49] »

Dans cette lettre de trois pages, il réfutait à l'avance toutes les objections, dont celle de la « possibilité de difficultés internationales ». Il suffirait, pensait-il, de ne pas discuter du projet dans la presse pour éviter d'embarasser les gouvernement qui non seulement avait consenti tacitement au premier envoi, mais en avait donné l'approbation « en plein parlement ». Trouvant ainsi une solution à toutes les difficultés, il demandait à Mgr Bourget d'obtenir: 1) la permission de Rome d'organiser ce bataillon constitué et commandé entièrement par des Québécois, 2) la restitution des sommes récemment envoyées pour l'entretien des zouaves du premier détachement, 3) une lettre de sa part démontrant « le besoin de nouveaux secours que ressent le Saint-Père et qui ferait connaître les avantages que la population en retirerait ». Pour le reste, avec l'assistance du comité français et au moyen des conférences aux États-Unis et de l'Association projetée pour la défense du Saint-Siège, il réussirait à vaincre toutes les difficultés imprévues.

Le mois de mars passa sans que Mgr Bourget répondît à sa lettre. Obstiné, Barnard songeait de plus en plus à se passer de son autorisation, et même de celle du comité[50], auquel il n'avait pas encore fait part de son intention. Il croyait, en se rendant à Rome à ses propres frais, pouvoir faire seul les premières démarches. Une fois la permission accordée, le comité l'assisterait très certainement dans le recrutement. Il décida d'envoyer aux évêques de la province de Québec un long mémoire dans lequel il racontait l'histoire du projet depuis les supposées exhortations de Kanzler à recruter de nouveaux soldats au Québec[51] jusqu'à l'opposition de Moreau à l'offre de Keller, pour finalement solliciter leurs encouragements afin qu'il se rende à Rome exposer le cas au Saint-Père. Pour donner plus de poids à sa demande, il faisait état de ses pourparlers avec les Allen de la compagnie de transport maritime qui avaient convenu d'affréter un « steamer » pour les 700 à 800 volontaires qui feraient le trajet directement de Québec à Civitavecchia, au coût d'environ $45 par personne.

La réponse de trois des évêques consultés l'incita à tenter d'obtenir du comité l'autorisation de partir. Au début d'avril, probablement le 8 ou le 9, il fit convoquer une réunion spéciale à laquelle étaient présents Mgr Pinsonnault, son principal appui depuis quelques mois, le curé Rousselot de la paroisse Notre-Dame, l'abbé Truteau, administrateur du diocèse, le président Berthelet et son invité M. Dufresne, le vice-président Beaudry, le trésorier LaRocque, les secrétaires Rivard et Royal, et un des membres, C.-A. Leblanc. Il leur présenta son mémoire, auquel il joignit quatre propositions, toutes relatives à l'exécution du projet sous une forme ou une autre: « 1) Comme il doit être question sous peu d'envoyer un nouveau secours de 400 hommes au St-Père[52] (...) ne pourrait-on pas, et ne vaudrait-il pas mieux tenter de résoudre l'importante question de réunir en un seul corps (...) tous les Canadiens, et d'en élever le chiffre à 1 000 environ?[53] 2) Il est bien entendu, toutefois, que si, après avoir pris tous les moyens à Rome, en France et ici, d'exécuter le projet, la réalisation en fût trouvée impossible, alors la question de l'envoi demandé par le Comité de Paris reviendrait sur le tapis. 3) L'avantage de la réunion des Canadiens en un seul bataillon commandé par leurs compatriotes, l'expérience qu'ils acquerront dans le métier des armes, la facilité que ce projet donnerait de trouver des hommes en Canada, l'avantage exceptionnel que nos aumôniers trouveraient à soigner les intérêts spirituels d'un corps ainsi formé, les chances de recrutement régulier qu'il offrirait, la supériorité manifeste et la grandeur d'un tel service permanent pour la cause catholique et les droits du Vicaire de Jésus-Christ, la gloire et les bénédictions qui en résulteraient pour le Canada, sont quelques-uns des titres que possède ce plan d'avoir droit au plus sérieux examen. 4) Dans tous les cas, ne serait-il pas de première nécessité de députer à Rome un membre du Comité chargé d'instructions précises pour traiter de l'affaire; — et de même en supposant que le premier de ces projets ne réussirait pas, la négociation des termes et des arrangements présents et futurs pour l'envoi du secours demandé de 400 hommes ne rend-elle pas cette mesure de prudence indispensable?[54] ».

La discussion provoqua une profonde division au sein du comité. Leblanc et Beaudry commencèrent par s'objecter à l'ensemble du projet. Afin d'éviter une scission, la réunion fut ajournée à quelques jours sans que le vote fût pris. Mgr Pinsonnault, apprenant que certains membres souhaitaient discuter seuls de cette question, décida de ne plus se présenter. Pour autant, cela ne ramena pas l'entente entre les membres. Lors de la reprise de la réunion, l'opposition porta surtout sur la quatrième proposition. Cela revenait en fait à rejeter l'ensemble du projet tant que Mgr Bourget ne se serait pas prononcé. La discussion devint alors « très vive » et « plusieurs des principaux membres (voulurent) donner leur démission[55] ». Encore une fois, la réunion fut ajournée avant la prise du vote. Barnard, excédé, aurait voulu partir sans l'autorisation demandée. Il consulta à plusieurs reprises l'abbé

Truteau qui lui conseilla d'attendre l'avis de son évêque. De toute manière, il n'avait pas le choix, car on l'avait averti que s'il partait, le comité en serait si outragé qu'il écrirait à Paris et à Rome pour prévenir les intéressés[56]. Barnard était d'autant plus contrarié qu'il percevait l'opposition à l'envoi de quelqu'un à Rome comme une opposition à sa personne.

Le comité aurait apprécié que Bourget réglât à nouveau ce différend. Une lettre de sa part, que sollicita à deux reprises l'abbé Truteau[57], aurait créé l'unanimité. Il n'en fit rien, obligeant pour une fois les membres du comité à prendre seuls des responsabilités, ce dont ils n'étaient pas coutumiers. Barnard les pressait d'agir vite, invoquant l'émigration massive de la jeunesse qui passait la frontière au rythme de 1 000 à 1 200 personnes chaque semaine[58]. Si le projet était accepté trop tardivement, il lui faudrait aller recruter ses volontaires aux États-Unis. Par ailleurs, le comité objectait, entre autres choses, que le rappel des troupes anglaises du Canada allait nécessiter sous peu la formation d'une armée et que le gouvernement s'opposerait à l'envoi de volontaires à Rome. En fait, les membres du comité n'étaient pas favorables au projet, et à la troisième réunion, il fut rejeté. Au sujet de sa délégation à Rome, au dire de Truteau, « les quatres membres qui avec lui (...) (votèrent) pour son départ, ne le (firent) que parce qu'ils voulaient se débarrasser de ses importunités[59] ».

Le comité venait de prendre une sage décision, car à Rome, sitôt que les dirigeants des zouaves québécois connurent la teneur du mémoire de Barnard — sans doute par l'intermédiaire de Mgr Bourget — ils réagirent vivement. Taillefer, Moreau et LaRocque s'empressèrent de faire connaître leur mécontentement à leurs amis du Québec. S'il faut en croire le témoignage de LaRocque, l'acceptation du projet aurait même compromis leur bonne réputation à Rome. Il écrivait à son père: « Vous dire l'agitation que cause parmi nous la nouvelle de l'arrivée de Barnard au milieu de nous[60]. Confidentiellement je vous dirai que cet homme, malgré ses qualités incontestables, il est vrai, n'a pas su s'attirer aucune affection ici, aucune sympathie. Barnard sera mal reçu ici, vous pouvez en être certain (...) mon opinion et celle de Monsieur Moreau est qu'il a entrepris quelque chose d'infaisable et même de contraire à nos intérêts et à notre amour-propre national. D'infaisable parce que le gouvernement Pontifical ne voudra pas de formation de corps séparé national; (...) De contraire à nos intérêts: nous somme un bon nombre ici, nous faisons bien notre chemin, le choix est bon, restons ce que nous sommes, un plus grand nombre gâterait notre situation, engendrerait des dissensions (...) l'argent du Canada ne suffirait pas à cette oeuvre grande et belle, il est vrai, mais inexécutable; contraire enfin à notre amour-propre, parce que (...) nous ne voulons pas nous mettre à la remorque du Comité français[61] ».

Mgr Bourget était témoin des protestations de ses zouaves. Peut-être même les encourageait-il, puisque lui-même gardait depuis deux mois un silence officiel qui en disait long à ceux qui avaient l'habitude de le côtoyer. En tout cas, Barnard interpréta justement ce silence quand il lui écrivit à nouveau, le 16 avril, pour le mettre au courant des délibérations du comité et lui annoncer qu'il retardait son voyage en Europe de quelques semaines: « J'attendrai donc, et si dans l'intervalle Votre Grandeur ne peut point nous renseigner pleinement sur les questions posées le 22 fév. et avant, je considérerais plus que jamais que c'est que Votre Grandeur se trouve embarrassée par des points que je pourrai peut-être contribuer à éclaircir[62] ».

Si Barnard avait pu obtenir l'autorisation de son évêque, la décision du comité aurait certainement été modifiée. Mais une acceptation de sa part était bien aléatoire, car non seulement il subissait à Rome les pressions de l'aumônier Moreau et des autres, mais au moment où il se décida à répondre, le 17 mai, il est fort probable qu'il connaissait déjà la décision du comité, prise entre le 20 et le 22 avril. Du reste, indépendamment de cela, ce qui comptait d'abord et avant tout pour Mgr Bourget c'était la qualité de la représentation québécoise dans l'armée du Saint-Père. De cela dépendait, en fin de compte, l'émulation populaire pour la cause pontificale. Or justement, répondit-il à Barnard, son projet risquait de compromettre cet heureux résultat, parce que d'une part, le transport de mille hommes absorberait la totalité de l'argent collecté[63], ce qui placerait le comité dans l'incapacité d'affecter une portion de ses revenus à l'amélioration de la vie quotidienne des volontaires, provoquant de la sorte le découragement de certains d'entre eux au risque de donner une mauvaise réputation à l'ensemble de l'oeuvre; d'autre part, lui-même ne saurait où trouver suffisamment de prêtres pour encadrer ce millier de jeunes, à qui, autrement, « il pourrait arriver des malheurs[64] ». Le projet auquel travaillait Barnard depuis une année était ainsi définitivement refusé.

Restait toujours la possibilité d'accepter l'offre du comité de Paris d'enrôler les Québécois dans la Légion et l'artillerie. En refusant le projet de bataillon, le comité, suivant la proposition de Barnard, n'avait pas fermé cette avenue. Toutefois, au cours des orageuses discussions du mois d'avril, il avait été clairement établi que rien ne se ferait sans l'autorisation de l'évêque, pas même l'envoi d'un délégué à Rome. Or deux mois s'étaient écoulés depuis que Mgr Bourget avait répondu à cette même demande: « on verra plus tard ». Le moment était-il venu d'agir? Le comité le lui demanda sans trop de conviction.

Ni le temps, ni les circonstances n'avaient manqué à Mgr Bourget pour réfléchir à cette question. Elle lui avait été soumise une première fois en janvier, avant son départ pour Rome et avait depuis soulevé les protestations énergiques de Murray, LaRocque, Moreau et Taillefer[65], affirmant tous exprimer l'avis de la majorité des zouaves québécois. Lui-même, en qualifiant l'opinion de Moreau de « bien motivée », justifiait amplement le peu d'enthousiasme des membres du comité dans la formulation de leur demande[66]. Fallait-il diviser les zouaves pour réaliser ce projet? Personne n'aurait voulu payer ce prix-là. On s'attendait donc au refus de l'évêque. Quant à lui, en rejetant le projet de Barnard, il avait déjà présenté des arguments qui lui semblaient tout aussi valables dans ce cas-ci. Il convenait toutefois que les membres du comité, depuis le temps qu'ils attendaient, reçoivent une réponse plus élaborée. Du reste, à la connaissance des débats qui avaient failli les diviser à jamais, ne fallait-il pas qu'il en profite pour louer leur travail et les encourager à persévérer? C'est ce qu'il fit avec beaucoup d'onction dans une lettre de dix pages. Ne ménageant pas les épithètes, il qualifiait l'oeuvre réalisée de « belle », « glorieuse », « humainement impossible » et « couronnée d'un succès qui a surpassé à coup sûr toutes les prévisions humaines ». Puis il donnait la principale raison de son refus: « Il est évident que cent Canadiens dont la vie sera irréprochable et dont le courage sera à toute épreuve, rendront plus de service à l'armée pontificale que mille qui, faute d'avoir été bien choisis, laisseraient beaucoup à désirer sous ce double rapport. Pour atteindre ce but (...) il faut que l'on soit aussi certain qu'on peut l'être que tous ces jeunes gens pourront se mettre au-dessus de tout respect humain, qu'ils mépriseront les railleries dont ils seront l'objet quand on les sollicitera au mal, qu'on voudra leur faire commettre des excès d'intempérance, qu'on les attirera dans de mauvaises occasions, qu'on leur fera de mauvaises propositions, qu'on leur tiendra des propos malhonnêtes. Il est également nécessaire qu'ils soient d'un caractère élevé et ferme pour ne rien faire par faiblesse et par une molle complaisance qui puisse les déshonorer. Car il est arrivé que pour déshonorer les Canadiens dont on est jaloux, on se donne un misérable plaisir de chercher à les enivrer ou de les conduire en mauvais lieux, pour voir ensuite une raison de les tourner au ridicule. Vous me pardonnerez, Messieurs, ces détails; mais je vous les donne pour que vous puissiez mieux juger s'il serait possible de trouver un si grand nombre de jeunes gens dont la vertu serait ainsi à toute épreuve (...)[67] ».

Il alignait ensuite d'autres raisons déjà invoquées dans sa lettre à Barnard ou empruntées aux argumentations de LaRocque et Moreau: l'insuffisance d'aumôniers, l'attachement des Québécois au Régiment des zouaves, l'honneur national accru par une oeuvre entièrement québécoise. Il affirmait même qu'il vaudrait mieux, à la limite, réduire le nombre que l'augmenter au risque d'encourir les inconvénients signalés. Bref, il jugeait que l'effet moral produit par un petit nombre de volontaires était déjà « immense » et qu'il valait mieux s'en tenir à cela.

Édouard Barnard avait échoué là où il avait mis tant de zèle et d'acharnement à réussir. Serait-ce parce que la plupart des personnes concernées par l'organisation du mouvement zouave au Québec ne furent pas dupes de ses intentions de s'honorer personnellement d'avoir organisé un bataillon de plusieurs centaines de volontaires et de pouvoir les commander à Rome? Certes, cela lui a nui grandement, au point de faire croire à ceux qui l'accusaient d'être un intrigant et un arriviste et qu'il n'était pas particulièrement dévoué à la cause pontificale, qualité indispensable à quiconque militait dans cette organisation.

Sa réputation eut donc à souffrir de ses ambitions et de son empressement à accomplir ce qui aurait pu être une de ses premières réussites personnelles. Malgré cela, il nous semble que la principale cause de son échec fut, d'une part, d'avoir tenté de réaliser beaucoup plus que ce que désirait son évêque et d'avoir voulu, d'autre part, procéder sans son accord. Alors que Barnard travaillait à fournir au Saint-Père une armée puissante et nombreuse, Mgr Bourget, en dépit de ses nombreuses déclarations en ce sens, avait pour principaux objectifs de faire aimer Pie IX et de provoquer au Québec un intérêt soutenu pour la question romaine. Pour cela, si on y veillait avec soin, la présence de quelques centaines de Québécois suffisait amplement. Et comme il l'affirmait justement, un corps de volontaires plus nombreux n'aurait pas nécessairement le même effet, à moins que chacun des membres ne soit minutieusement choisi. Par ailleurs, Bourget conservait jalousement sur le comité d'organisation une emprise que ne justifiaient pas entièrement les seuls motifs de prudence et qui rendait vaines toutes les initiatives laïques. Le cas n'est pas unique: le journalisme catholique offre un autre exemple de la subordination des laïques à un censeur ecclésiastique. Il faudra un jour analyser de plus près la conception qu'avait l'évêque de Montréal du rôle et de la place des militants laïques dans l'Église.

Quant au dévouement de Barnard pour la cause pontificale, en supposant que son évêque en ait douté, il dut se raviser à la lecture de la réponse à sa lettre de refus: « J'ai à remercier Votre Grandeur de sa bonne lettre me donnant les fortes raisons qui devront empêcher la formation d'un corps canadien à Rome. Je vous prie de croire que rien ne m'empêchera de donner à l'oeuvre en général tous mes loisirs et toute mon énergie[68] » Proposant quelques mois plus tard à son évêque un autre projet pour financer l'oeuvre des zouaves, il terminait par ces mots: « Je me permets ces réflexions avec la certitude que vous saurez en écarter les exagérations et dans l'espérance que vous trouverez au fond de ces idées quelque chose de juste[69] ». Il regagna ainsi la confiance de son évêque et des membres du comité qui l'employèrent à plusieurs autres tâches. Voilà qui était Barnard: toujours actif, entreprenant, excellent organisateur, certes ambitieux et soucieux de sa réussite, mais généreux et possédant suffisamment d'abnégation pour repousser ce qui en lui aurait pu l'empêcher de continuer à se dévouer à l'oeuvre pontificale et qui aurait été à l'encontre de sa conception d'un « bon catholique ». La soumission entière à l'évêque, telle était aussi une qualité essentielle pour militer dans ce mouvement. Barnard sut trouver suffisamment d'humilité pour faire oublier le côté déplaisant de certaines de ses initiatives.

Le cinquième
détachement

Son travail ne fut pas tout à fait vain. On se rappellera que le comité croyait avoir terminé son oeuvre quand Barnard lui proposa le premier de sa série de projets. Or il contribua à entretenir constamment, entre mars 1868 et juin 1869, l'idée d'envoyer d'autres détachements à Rome, ce qui prépara psychologiquement les membres du comité à la nouvelle tâche que Mgr Bourget allait leur assigner, remplacer par de nouvelles recrues les volontaires du premier détachement dont les contrats arrivaient à échéance le 11 mars 1870.

Si tous les zouaves partis au printemps de 1868 étaient revenus au pays au terme de leur engagement, il y aurait eu à peine 100 Québécois à Rome, à l'automne de 1870. Les membres du comité s'inquiétaient de cette situation, surtout depuis qu'il était bien connu qu'au ministère de la Guerre, on souhaitait l'apport de nouvelles recrues du Québec. Fallait-il au moins remplacer ceux qui reviendraient? À cet égard, les intentions de Mgr Bourget n'étaient pas très explicites pour les organisateurs du mouvement; à telle enseigne que Barnard croyait que l'unique tâche du comité consisterait dorénavant à travailler au rapatriement. Pourtant la lettre de Mgr Bourget par laquelle il refusait d'accepter l'offre du comité de Paris contenait plusieurs indices contraires: à trois reprises il insistait sur le fait que « l'honneur national (était) maintenant engagé à ne pas reculer; et qu'il (fallait) faire l'impossible pour que le Canada soit représenté dans l'Armée Pontificale tant que le Père commun sera en danger de succomber sous les coups redoublés de la révolution[70] ». Il faisait de plus une brève allusion à ceux « qui seront envoyés pour rejoindre leurs compatriotes et les remplacer plus tard », et se disant finalement très satisfait de la quantité de représentants québécois à Rome, il ajoutait qu'il valait « mieux s'en tenir à ce nombre plus ou moins ». Mais les membres du comité n'en connaissaient pas davantage; rien des formalités d'organisation, ni du nombre des nouvelles recrues.

La correspondance de l'évêque de Montréal nous apprend qu'au moment où il dévoilait si parcimonieusement ses intentions au comité, il avait déjà pris la décision de faire organiser un nouveau détachement d'au moins 100 hommes[71]. S'il a gardé ses collaborateurs de Montréal dans l'ignorance, c'est peut-être qu'informé de la situation économique déplorable du Québec, il ne voulait pas les charger de cette tâche de peur qu'ils y mettent trop de zèle par rapport aux moyens de la province. Il est aussi possible qu'il ait trouvé délicat de charger personnellement le comité de cette responsabilité après avoir refusé tous les projets de Barnard. Quoi qu'il en soit, c'est l'abbé Moreau qui, à la mi-juin, fut délégué au Québec pour sonder prudemment, suivant l'expression de Bourget[72], les diverses autorités sur l'organisation de ce détachement.

L'évêque de Montréal était aussi, à cette époque, fort préoccupé par la fondation d'un séminaire canadien à Rome. L'un des buts de la mission de Moreau était, lors de son passage à Paris, de se faire assister du cardinal de Bonnechose pour négocier avec le gouvernement français l'achat de l'édifice Saint-Yves des Bretons, ou encore avec les pères de Sainte-Croix pour obtenir l'établissement Sainte-Brigitte dans lequel le Cercle des zouaves québécois avait été établi[73]. Suivant son habitude, quand il déléguait son pouvoir à un autre que son administrateur, Mgr Bourget lui écrivit en détail tous les aspects de sa mission, y compris les démarches qu'il devait faire au Québec pour organiser le détachement.

Moreau quitta Rome vers le 29 juin. Sa mission ne fut connue du public que le 7 juillet, par une lettre envoyée au *Constitutionnel*. L'auteur, sans doute un zouave, lui souhaitait un heureux voyage et « le retour avec un corps élevé, brave et pieux, fort préparé à toutes les misères[74] ». Certains prêtres de l'évêché de Montréal doutaient des résultats. Lors de son passage à Paris, Moreau reçut une lettre de Paré qui, du Québec, ne l'informait que de la disette, de la pauvreté et de l'émigration aux États-Unis. Sa mission semblait donc compromise; il prévint tout de suite son évêque: « cette lettre, jointe à d'autres, fait voir de grande difficultés dans la réalisation du projet de lever au moins cent volontaires; je suppose que si la chose est physiquement impossible, votre intention est bien qu'on ne l'attende pas. Dans tous les cas, en passant à Québec et à Trois-Rivières, je vais jeter l'hameçon et je ferai savoir à Votre Grandeur si on y a mordu[75] ».

L'abbé Moreau n'avait pas revu le Québec depuis son départ avec le premier détachement. Il y jouissait maintenant d'un prestige considérable. C'était d'ailleurs la volonté de Mgr Bourget que l'aumônier des zouaves soit l'objet d'une considération particulière. À cette fin, dès son retour, il le fit nommer chanoine au chapitre de sa cathédrale, et, en 1868, lui avait fait obtenir de Rome un doctorat en Théologie sans qu'il ait à passer les examens[76]. Cependant point n'était besoin de ces titres pour faire apprécier sa visite. De nombreuses lettres de zouaves, publiées dans les journaux, le présentaient comme le « père des zouaves », leur ami, leur protecteur et confident, bref, le directeur spirituel idéal. Quel parent d'un zouave n'aurait pas été honoré de sa visite? Ainsi Moreau passa les deux premières semaines de son séjour au Québec à visiter les familles, les informant des activités de leurs fils, les réconfortant au besoin, mettant constamment l'accent sur la beauté de leur sacrifice, les malheurs du pape et du Saint-Siège. Il s'arrêta dans quelques évêchés, se contentant d'écrire aux évêques les plus éloignés, tel celui de Rimouski. Au passage, il visitait les curés, afin de s'assurer leur collaboration, et, plus particulièrement dans la région de Montréal, il donnait des conférences aux étudiants des collèges classiques et des diverses institutions d'enseignement. Il eut même l'occasion de rencontrer tous les curés du diocèse de Montréal réunis en retraite. C'était en quelque sorte un coup de sonde avant l'envoi de la circulaire officielle.

Le comité des zouaves fut convoqué à quatre reprises pour discuter de ce projet. Le Québec avait-il les moyens financiers d'envoyer un autre détachement? Si oui, combien de volontaires recruterait-on? Devait-on augmenter la représentation québécoise? Tel était l'essentiel des sujets débattus. À première vue, une quête pour financer le mouvement ne semblait pas opportune, car l'administrateur du diocèse signalait que celles faites pour les pauvres rapportaient trois fois moins que les années précédentes et que plusieurs missionnaires réclamaient la permission de solliciter les fidèles[77]. La décision dépendait évidemment de l'importance accordée à cette oeuvre par rapport aux autres priorités du diocèse. On décida de faire quand même appel au public. D'un autre côté, le comité de Paris avait consenti à assumer le tiers des dépenses de voyage de ce détachement. Si chaque volontaire payait personnellement $50, soit la moitié de ce que ceux des contingents précédents avaient payé, le comité jugeait qu'il aurait les moyens d'en envoyer une centaine. Quant à la disponibilité de la jeunesse, elle était toujours la même. Avec de l'argent, d'écrire Truteau, il en serait parti 300[8]. Moreau s'empressa donc de calmer les inquiétudes qu'il avait fait naître dans la dernière lettre à son évêque: « D'après votre lettre, lui écrivit-il, vous semblez craindre que je me sois découragé devant les difficultés (...); il n'en est pas ainsi; (...) je suis à peu près certain de partir de New York le 2 octobre avec une centaine de braves[79] ».

La principale décision prise lors des réunions du comité avait été de rendre l'oeuvre permanente. Désormais, le comité, à l'instar de ceux de France, de Belgique et d'Angleterre, assurerait au Saint-Père « un approvisionnement constant d'hommes et d'argent[80] ».

La circulaire du 15 août lançait officiellement la campagne de recrutement et informait les curés de cette décision. L'idée d'accroître les effectifs n'était pas écartée; toutefois, tel que le suggérait Mgr Bourget, l'activité du comité consistait pour l'instant, à remplacer d'avance les détachements qui devaient revenir. Si la situation militaire venait à s'aggraver, les organisateurs verraient en temps et lieu ce qu'il conviendrait de faire. Le départ de Montréal était fixé au jeudi 30 septembre.

La relance du mouvement plus d'un an après l'envoi du 4e détachement et surtout la création d'une oeuvre permanente méritaient une introduction solennelle, une sorte de répétition des activités qui avaient entouré le départ du premier détachement. Or Moreau avait ramené dans ses bagages deux décorations pontificales que Mgr Bourget avait réussi à faire obtenir, l'une, la médaille de commandeur de l'Ordre de Saint-Grégoire le Grand à Olivier Berthelet pour son dévouement à la tête du comité et ses dons charitables, l'autre, la croix de chevalier de l'Ordre de Pie IX à Édouard Lefebvre de Bellefeuille[81] pour son livre *Le Canada et les zouaves pontificaux* et pour son oeuvre littéraire et journalistique. Ce genre de décoration auquel les Québécois s'habituèrent par la suite tant il se répéta souvent, prenait alors un caractère tout à fait inusité[82]. On décida donc de s'en servir pour promouvoir le mouvement en organisant une cérémonie au décorum impressionnant qui eut lieu le lundi 23 août. Trois évêques, environ 300 prêtres, en tout plus de 2 000 personnes dont la majeure partie de l'élite politique de Montréal, furent rassemblées dans la salle académique du collège des jésuites (un autre don de Berthelet) pour y entendre de la musique, des chansons et une dizaine de discours, pour la plupart reproduits intégralement dans *La Minerve* et le *Nouveau-Monde*. Ce dernier consacra près de deux pages entières à la description de cette fête. Les principaux orateurs, Mgr Taché, Mgr Laflèche, Mgr LaRocque et l'aumônier Moreau mirent l'accent sur la nécessité et les avantages pour le Québec de faire de nouveaux sacrifices pour le Saint-Père. La soirée se termina solennellement par le chant que tous connaissaient, « le Pape-Roi[83] ». Les 92 volontaires partirent, tel que prévu, le 30 septembre.

Les deux derniers détachements

Avec l'arrivée à Rome du 5e détachement, le contingent québécois comptait maintenant près de 350 volontaires. Le comité s'attendait évidemment à ce qu'une partie d'entre eux revienne au cours de l'été 1870. Mais il espérait que le plus grand nombre accepte de renouveler leur engagement, car cette façon de procéder aurait été beaucoup moins onéreuse que de payer les frais de transport de leurs remplaçants. Édouard Lefebvre de Bellefeuille, en voyage à Rome à l'occasion de l'ouverture du Concile, fut reçu officiellement au Cercle des zouaves le 25 décembre; il profita de l'occasion pour leur exposer le désir du comité. Outre les raisons financières, il fit valoir les promotions personnelles que les anciens obtiendraient si le contingent québécois était accru au cours de 1870[84]. Mais il semble bien d'après la correspondance du zouave Louis T. Garceau, publiée dans *La Minerve* — et que *Le Journal des Trois-Rivières* et le *Nouveau-Monde*, pour des raisons évidentes, se gardèrent bien, contre leur habitude, de reproduire —, que ces considérations avaient peu d'importance pour la grande majorité des volontaires canadiens inquiets de leur avenir au Québec après deux ans d'absence: « Peu d'entre nous, écrivait-il, feront plus de leurs deux ans. À vrai dire, il me semble que c'en est assez. Nous avons un avenir à nous faire, il faut songer à nous « caser[85] ».

Peu de temps avant que paraisse cette lettre, *Le Constitutionnel* avait annoncé que 80 des quelques 125 zouaves du premier détachement qui étaient encore à Rome avaient renouvelé leur engagement[86]. Le mois suivant, la réalité s'avérait fort différente: une quarantaine seulement s'étaient réengagés[87]. Les journaux publièrent une liste de 88 zouaves, dont 86 du premier détachement, attendus sous peu à Montréal. Deux semaines plus tard, la nouvelle était à nouveau contredite: 95 zouaves avaient quitté Rome[88]. Puis, au début de mai, 15 autres, dont dix du premier détachement, arrivèrent à Montréal, avec de Bellefeuille[89]. C'était donc dire qu'une vingtaine seulement des volontaires de février 1868 avaient accepté de renouveler leur engagement. Cependant aucun communiqué officiel ni article de journal n'informèrent la population de cette situation. Les quelques rares individus qui furent au courant durent le déduire des chiffres fournis si parcimonieusement par la presse entre février et mai 1870. Ne pouvant compter sur ce moyen pour maintenir une représentation québécoise suffisante à Rome, le comité n'avait aucun intérêt à faire connaître son échec.

Même si la campagne de recrutement pour un sixième détachement ne débuta pas officiellement avant la fin de mai 1870, on s'employait activement depuis l'automne de 1869 à créer un climat favorable. Les journaux secondaient le comité en s'empruntant des articles ou des lettres, tous plus élogieux les uns que les autres envers les zouaves. Le retour du premier détachement, entre autres, fut l'objet d'une publicité formidable. Le compte rendu de la réception officielle à Montréal et dans les autres villes, puis de celle de chaque zouave dans sa paroisse, trouva sa place dans la presse. Les sermons, les discours et les descriptions des cérémonies religieuses remplirent plusieurs colonnes. Un autre fait mérite d'être cité ici tant les Québécois lui accordèrent de l'importance: c'est le compte rendu de l'audience accordée par Pie IX aux zouaves du 5e détachement. En soi, cet événement n'avait rien d'extraordinaire puisque les zouaves avaient souvent l'occasion de le rencontrer et rares furent les audiences qui ne trouvèrent pas un écho dans la presse. Presque à chaque fois, Pie IX trouvait le moyen de singulariser l'événement en leur manifestant à sa manière son affection personnelle. Il leur distribuait des cadeaux, ou leur offrait un plateau d'oranges, un bouquet de fleurs, ou encore s'amusait à leurs dépens[90], de telle sorte que les Québécois y trouvaient le sujet désiré d'une lettre édifiante aux journaux de la province. Cette fois, il déclara aux zouaves du 5e détachement avoir « grand espoir dans ces secours qui venaient du Canada », puis leur confia qu'en les voyant, il lu venait à l'idée une vieille prophétie suivant quoi « le salut de la papauté viendrait de l'Amérique[91] ». Il n'en fallait pas plus pour que cette prophétie, oubliée des Québécois, si jamais elle fut connue, soit reproduite dans la plupart des journaux et répétée à souhait dans de nombreux discours et sermons. C'était un autre moyen de susciter le dévouement des catholiques du Québec.

La campagne de recrutement semblait bien débuter. Mais de nouvelles difficultés financières s'annoncèrent. Le comité n'avait presque plus d'argent et il fallait nécessairement quêter pour ceux, plus nombreux que prévu, qui voulaient revenir. Comment avec cela réussirait-on à collecter suffisamment d'argent pour organiser un nouveau départ? Le comité fit part de ses inquiétudes à Mgr Bourget[92]. Comme d'habitude, celui-ci ne croyait pas que l'argent pouvait être un obstacle à la réalisation de son oeuvre. Le 14 mai, il écrivit à l'abbé Paré de procéder le plus rapidement possible au recrutement et il l'assurait que « les curés ne demanderaient pas mieux que de (le) seconder pour le plein succès de ce nouvel appel[93] ». En fait, malgré les difficultés financières, le comité avait décidé, avant d'avoir reçu la lettre de Bourget, de tenter quand même d'organiser ce détachement. Ainsi le *Nouveau-Monde* du 19 mai avertissait ses lecteurs que les demandes de Rome étaient pressantes et que le nouveau détachement partirait probablement dans la dernière quinzaine de juin. Cependant rien d'officiel n'était encore connu. De plus, le comité avait fait savoir à Mgr Bourget qu'il ne se trouvait personne dans ses rangs d'assez libre pour donner tout son temps à cette organisation. Moreau en avait profité pour offrir ses services. L'occasion était bonne, car non seulement il avait acquis une expérience précieuse l'automne précédent, mais il tentait depuis quelque temps de revenir au Canada, arguant que sa vie à Rome était par trop militaire pour un ecclésiastique[94]. Il avait réussi à faire accepter par son évêque qu'il tente d'obtenir l'abbé Antoine-Adolphe Gauvreau, aumônier de l'archevêché de Québec, pour le remplacer à Rome[95].

À la fin de mai, Truteau envoya une circulaire aux curés du diocèse de Montréal[96]. La même chose fut faite ailleurs[97]. Le mouvement était lancé. Mais quelques jours plus tard, le comité annulait tout. Les journaux publièrent un communiqué annonçant que le départ était « ajourné indéfiniment » et recommandait à ceux qui avaient le moyen de payer leur voyage de partir seuls[98]. Pourquoi? La raison officielle semblait bien connue puisque aucun journal ne le précisa. Les « événements actuels », d'écrire la presse en général, « et d'autres considérations », d'ajouter *Le Journal des Trois-Rivières*, justifiaient cette décision[99].

Depuis l'automne de 1869, le mécontentement puis l'agitation des métis du Nord-Ouest entraînaient le Canada dans la voie des profondes divisions ethniques et religieuses. Les habitants du Haut-Canada, par la voie de leurs journaux, avaient déjà réclamé l'extension de leurs frontières à ce territoire et les orangistes ne cachaient pas leur dessein de balayer de cette région l'influence catholique et canadienne-française. Après une brève période de calme, la situation s'aggrava à nouveau en février 1870 et le gouvernement canadien pensa y envoyer un corps expéditionnaire dans le but de maintenir la paix durant les négociations, alors que les Ontariens voulaient assigner à ces troupes un rôle essentiellement répressif. Le 10 mai les volontaires de la province de Québec étaient convoqués à Toronto[100]. Le recrutement s'était fait sans enthousiasme; peu de journaux y avaient apporté leur concours. *Le Courrier du Canada* émettait même l'opinion qu'il n'existait pas « la plus petite obligation de répondre à l'appel des autorités militaires[101] ». Derrière cette attitude de plusieurs journaux de langue française, il y avait une marque à peine voilée de sympathie pour la cause métis. À l'opposé, la presse ontarienne manifestait très ouvertement sa haine pour tout ce qui pouvait paraître un obstacle à l'annexion de ce territoire. À cause de leur peu d'empressement à se porter volontaires, les Canadiens français étaient accusés de manquer de loyauté. On comprend alors que le comité des zouaves n'ait pas voulu lancer un appel au public avant que les volontaires du corps expéditionnaire aient quitté le sol québécois. Il laissa même passer deux semaines après ce départ avant de commencer le recrutement. De plus, le Canada était à nouveau menacé par une invasion fénienne dont on parlait depuis quelques mois. Un zouave avait même offert ses services, à la mi-avril, pour former une compagnie avec ses camarades de retour de Rome et se porter à la défense des frontières[102]. À cela s'ajouta, le 25 mai, la terrible nouvelle de l'incendie du quartier Saint-Roch de Québec, qui détruisit en tout 424 maisons. Le lendemain les journaux apprenaient qu'un désastre semblable avait presque complètement détruit 15 paroisses le long du Saguenay[103]. Il devenait donc nécessaire de contremander le recrutement du sixième détachement. L'abbé Truteau s'empressa d'en informer son évêque; et pour justifier l'abandon du mouvement, il ajoutait: « Qu'allons-nous devenir si cela continue? Nous sommes dans un temps de disette. Le commerce est mort. Un très grand nombre de maisons à Montréal sont fermées, faute de locataires. Puis avec cela, il faut demander en même temps et coup sur coup des collectes pour le Saint-Père, pour les zouaves, pour les incendiés de Québec, pour la cathédrale, enfin pour toute espèce de besoin. Au milieu de tout cela, que peut faire l'Évêché qui ne vit plus que de dettes et d'emprunts?[104] »

Entre-temps, Mgr Bourget avait demandé à l'archevêque de Québec de permettre à l'abbé Gauvreau de servir comme aumônier des zouaves. Mgr Baillargeon ne put répondre avant le 3 juin. Ayant lu l'avis officiel du comité et à la lumière des tristes événements qui venaient de s'abattre sur son diocèse, il croyait que c'en était bien fini du mouvement zouave. Pourquoi alors envoyer un aumônier à Rome, répondait-il, « s'ils doivent bientôt être diminués à quelques hommes? » « Combien en restera-t-il à Rome quand ceux dont le temps de service est déjà expiré ou va bientôt expirer seront partis? » Pas question non plus d'envoyer d'autres zouaves du diocèse de Québec: « Il faudrait des fonds pour cela et nous n'en avons pas; et impossible de faire appel à la charité des fidèles à cette fin après les terribles désastres qui viennent de tomber sur notre ville et sur le vaste comté du Lac St-Jean et du Saguenay. Malheurs que toutes les offrandes du pays ne pourront réparer suffisamment[105] ».

Durant leurs deux années à Rome, les Québécois n'avaient pris les armes qu'à de rares occasions pour combattre les « brigands ». Mais cette fois, il semblait bien que l'heure du combat avait sonné. Les nouvelles de la guerre prochaine entre la Prusse et la France laissaient peu de doutes sur le rappel de la garnison française de Rome et partant, sur la reprise des opérations militaires en Italie. Les zouaves avertis par les autorités militaires transmettaient la nouvelle aux journaux québécois. Dès le début de mai, le *Nouveau-Monde* publia deux lettres sur le sujet[106]; puis, à leur tour, le *Constitutionnel* du 8 juin et le *Journal des Trois-Rivières* du 9 sonnèrent l'alarme.

Malgré l'imminence du danger, les zouaves des deuxième et troisième détachements, à l'exception de quelques-uns, refusèrent de renouveler leur engagement. Ceux du deuxième arrivèrent à Montréal le 29 mai et le troisième quitta Rome le 23 juin. Il ne restait donc qu'environ 160 Québécois dans les armées du pape; et le quatrième détachement annonçait son départ pour la fin de juillet. Allait-on laisser le mouvement s'éteindre?

En dépit des difficultés financières et de la révolte des Métis de l'Ouest, qui avaient fait résurgir la délicate question du droit pour les Canadiens de servir dans une guerre étrangère, Mgr Bourget demanda que l'on procède quand même au recrutement.

Le 1er août, le comité envoya une circulaire aux curés du diocèse de Montréal et aux évêques des autres diocèses. Il fixait le départ au 18 août. Aucune autre publicité n'avait été faite, sans doute par crainte de soulever les protestations des Canadiens anglais. Du reste, le *Witness* continuait toujours d'exiger l'interdiction gouvernementale. *La Minerve* se chargea de répondre à une de ses attaques le 12 août; mais, à part ce court paragraphe, ni ce journal ni les autres n'avaient encore annoncé, à la mi-août, le départ prévu pour dans trois jours. La publicité s'était faite des évêques aux curés et des curés aux fidèles. Au bout du compte, on ne réussit à recruter que trente-sept recrues pour ce détachement. À Québec, l'archevêque avait déjà justifié sa décision de ne plus participer: il la maintint et ne transmit même pas la circulaire à ses curés.

Fallait-il la présence de l'âme dirigeante du mouvement, Mgr Bourget, pour donner plus de hardiesse aux organisateurs? Il arriva de Rome le 10 août suivi de Moreau deux jours plus tard. Ils se présentaient à Montréal avec une mission de Kanzler « d'assurer de nouveaux secours au Saint-Siège ». D'ailleurs l'imminence du danger était telle que les zouaves du 4e détachement, contre toute attente, avaient convenu de rester à Rome encore un mois[106]. Combien d'hommes voulaient-ils recruter?

Les 37 volontaires du sixième détachement ne suffisaient certes pas: dès l'arrivée de Moreau, le comité annonça le départ d'un septième détachement pour le 1er septembre, laissant à entendre que d'autres suivraient. Il est vrai que le comité français s'était engagé à assumer la majeure partie des dépenses, réduisant la contribution personnelle des volontaires à seulement $20.

Le recrutement fut un succès et même l'archevêque de Québec décida d'y participer. Aussi, le 1er septembre, l'aumônier Moreau quitta Montréal avec 115 volontaires à destination de Brest[107], première étape d'un voyage qui s'annonçait difficile tant les nouvelles en provenance de l'Europe étaient pessimistes sur les possibilités de traverser la France. *La Minerve* du 2 septembre annonçait que les communications étaient rompues entre Paris et Brest et s'interrogeait sur les possibilités d'atteindre Marseille. Cela ne les arrêta pas; le comité français, disait-on, s'était chargé de ces difficultés.

La fin de l'aventure

Le sixième détachement dirigé par l'abbé Jules Piché atteignit Brest le 31 août, soit deux jours avant la défaite de Sedan. Il était encore possible de voyager librement en France. Après un arrêt de quelques heures à Paris, il se rendit à Marseille où la nouvelle de la reddition de l'empereur les suivit d'une dizaine d'heures. Impossible de prolonger le séjour dans cette ville tant l'agitation causée par la défaite et par l'espoir de faire revivre la République semblait menaçante pour les défenseurs du pouvoir temporel du pape. Il fallut user de prudence et s'embarquer au plus vite pour Rome.

Le septième détachement n'eut pas cette chance. Quand Moreau et ses volontaires arrivèrent à Brest le 12 septembre, la République était vieille de huit jours. Paris était cerné, Garibaldi, disait-on, s'en venait délivrer la ville. « Vive la République! Vive Garibaldi! » entendaient-ils partout dans les rues de la ville. On leur prêtait l'intention d'être venus aider à libérer la France. Moreau en était consterné. Il

Retour à Montréal des zouaves du premier détachement
(APC, C 48786. *Canadian Illustrated News*, 30 avril 1870)

faisait « petite mine », lui qui allait combattre Garibaldi en Italie. « Nous ne sommes pas encore prêts pour la république française », écrivit-il ironiquement à son évêque, se gardant bien de le crier sur les toits[108]. Les Québécois avaient hâte de prendre le chemin de Marseille. Mais là non plus, la situation n'était pas calme. Un télégramme de Pascal lui demandait de rester en Bretagne, car une « révolution garibaldienne » avait éclaté dans sa ville. Pour l'instant, Moreau se refusait à envisager la solution de retourner au pays. Il avertit alors Bourget qu'il tenterait de conduire ses protégés à Marseille par petites bandes, en prenant toutes « les précautions pour ne pas exciter l'attention ». Lui-même, par prudence, se réservait de diriger « les plus jeunes et les plus dissipés ». Cependant, alors qu'il était sur le point d'exécuter son plan, un autre télégramme de Pascal l'enjoignit d'attendre avant de faire quoi que ce soit.

La situation à Brest était devenue intenable. Les Québécois, impatients de se rendre à Rome, étaient démoralisés de ne pouvoir se montrer à leur guise ni de pouvoir crier leur idéal. Ils n'étaient pas venus pour cela. Moreau leur chercha donc un refuge ailleurs. Un prêtre, l'abbé Follioley, principal du collège de Lesneven, leur offrit l'hospitalité. À temps, de confier l'aumônier à son évêque, car on était sur le point de faire des avanies. Cette petite localité située à dix lieues de Brest, « au milieu de tous (sic) ce qu'il y a de plus breton en Bretagne », écrivait-il non sans sous-entendu, ne vivait pas à l'heure de la ville. Le calme y régnait. À une demi-lieue, un centre de pèlerinage: Notre-Dame du Folgoët (fou du bois). Les Québécois purent revivre. Ils édifièrent la population par leur piété. Après un pèlerinage, ils firent les frais du chant à la grand-messe paroissiale. Les curés des communes environnantes les invitèrent à leur tour.

Cependant, en dépit « de toutes ces belles choses », les Québécois se sentaient en exil. « Tous, d'écrire Moreau, aspir(aient) vers Rome ». S'y rendraient-ils? Les nouvelles de l'agence Havas, glanées ici et là, n'étaient pas encourageantes. Fallait-il les croire?[109] L'aumônier ne courut pas de risques; il écrivit à Pascal de payer les frais d'un rapatriement éventuel des zouaves vaincus. Vers le 23 septembre, au cours de sa deuxième semaine d'attente en Bretagne, il reçut ce télégramme de Marseille: « Renvoyez vos hommes le plus tôt possible et vous, venez ici pour nous aider au rapatriement de ceux qui ont défendu[110] ». Le 24 septembre, les 114 volontaires du 7e détachement s'embarquèrent pour le Canada, à regret, « sans avoir vu Rome, sans avoir vu le pape, sans avoir été zouaves », ainsi que leur aumônier l'exprimait avec une tristesse évidente.

Moreau était quasiment coupé de tous contacts avec l'extérieur de la Bretagne. Encore le 25 septembre il écrivait ne pas savoir avec certitude « si Rome (était) aux Italiens ou au Saint-Père ». Seuls de rares télégrammes en provenance de Marseille et d'aussi rares nouvelles de l'agence Havas auxquelles, par habitude, il n'osait prêter foi, pouvaient fonder son jugement sur la situation. Les communications avec Paris étaient totalement rompues. Plus de chemin de fer, ni de ligne télégraphique, ni de journaux parisiens. Impossible aussi de communiquer avec Rome où son suppléant Eucher Lussier avait certainement besoin de son aide.

L'information parvenait évidemment beaucoup plus facilement au Canada. Le 12 septembre, le *Constitutionnel* annonçait que la révolution avait éclaté en Italie. « Révolution, écrivait-on, signifie guerre à la papauté, guerre à Rome ». Le rédacteur notait qu'il était peu probable que le pape accepte un engagement armé. Plusieurs dépêches télégraphiques confirmaient cette opinion. Pourtant dans les jours qui suivirent cela fut contredit par les nouvelles de brefs combats entre pontificaux et Italiens. La résistance de Civitacastellano fit alors écrire au rédacteur du *Constitutionnel*: « en exprimant l'autre jour l'opinion que l'armée pontificale n'opposerait aucune résistance aux troupes italiennes nous n'avons pas compté assez avec le sang chaud et l'ardeur religieuse des Zouaves au service du Saint-Siège (...) Le sang canadien a donc probablement arrosé le sol d'Italie. Si des noms amis s'inscrivent au catalogue des martyrs, ne les pleurons pas, il vaut mieux chanter leurs louanges[111] ». Ce n'était rien pour calmer les inquiétudes des parents et amis des zouaves. Peu de temps après, le 20, Rome capitula après n'avoir offert qu'une résistance symbolique. Les Québécois l'apprirent le 23. Il n'y avait pas eu d'effusion de sang, d'après la dépêche. Fallait-il le croire? Les pontificaux s'étaient pourtant battus quelque temps. Combien de Québécois morts ou blessés? Prisonniers, quel sort leur réservait-t-on? À cela, les dépêches télégraphiques ne portaient pas attention. Il fallut attendre la correspondance des Québécois. Au début d'octobre, le comité écrivait dans les journaux qu'il ne fallait plus s'inquiéter car il avait pris des mesures pour le rapatriement des zouaves. Mais ce n'est que le 11 qu'une lettre, celle de l'aumônier, mit fin aux interrogations pessimistes du public. Le *Constitutionnel* la présentait ainsi: « Nous avons enfin quelques nouvelles des autres. Pas un mort, un seul blessé, et sans gravité[112] ».

En fait, l'avance des troupes italiennes avait été si rapide et les combats si brefs que peu de Québécois eurent réellement l'occasion de combattre. Le 12, la prise de Civitacastellano n'avait duré qu'une heure. Deux Québécois comptaient au nombre des blessés: Alfred Prendergast et Alphonse Murray, tous deux égratignés par des projectiles, le premier à la tête, l'autre à l'oreille[113]. La forteresse de Civitavecchia avait capitulé sans combattre le 16. Parmi les prisonniers, 24 Québécois[114]. Le jour même, le gros des troupes italiennes encerclaient Rome et exigeaient la reddition de la place défendue par seulement 9 300 pontificaux. Il était bien inutile de les sacrifier. Aussi Kanzler reçut-il cet ordre de Pie IX: « Quant à la durée de la défense, j'ai le devoir d'ordonner qu'elle consiste uniquement en une protestation propre à constater la violence et à nous permettre d'ouvrir des pourparlers pour la reddition aussitôt que la brèche sera ouverte; qu'elle n'aille pas au-delà[115] ».

Les bombardements sur tous les points à la fois commencèrent le 20 au matin. Dès la première heure, Hormidas Sauvé, engagé le 8 septembre avec le 6e détachement fut légèrement blessé[116]. Gédéon Désilets, le futur rédacteur du *Journal des Trois-Rivières*, n'eut pas cette chance. Lui qui dans plusieurs lettres depuis 1868 annonçait un engagement militaire prochain et disait souhaiter y gagner « la palme du martyre », était justement devant la fameuse Porta Pia quand les boulets y mirent le feu. Il risqua sa vie pour l'éteindre, mais après cinq heures de bombardements, juste au moment où la brèche faite, il allait voir ses ennemis en face, on hissa le drapeau blanc.

Aux défenseurs du Saint-Siège les Italiens accordèrent les honneurs de la guerre. Conservant armements et drapeaux, ils reçurent l'ordre de se réunir sur la place Saint-Pierre en attendant d'être renvoyés dans leur pays respectif. En règle générale, ils furent traités avec beaucoup d'égards par les militaires[117]. Cependant, la résistance de quelques compagnies qui avaient continué de combattre après le signal leur mérita d'être désarmées et conduites en prison. Leur passage à travers les rues encombrées d'une foule hostile leur occasionna les pires humiliations. Peu de zouaves avaient su évaluer avec justesse la profondeur du ressentiment des Italiens et des Romains à l'endroit de ceux qu'ils appelaient « étrangers » et « mercenaires[118] ». La foule était déchaînée: on leur cracha au visage, on leur lança des pierres et on les frappa. Les troupes italiennes eurent du mal à assurer leur sécurité. Le Québécois

Morisset fut blessé à la tête et Taillefer, dont on avait tant vanté la force physique, dut ce jour-là accepter d'être frappé sans répliquer.

Le lendemain de la défaite, les zouaves marchèrent 15 milles jusqu'à une station de chemin de fer, Ponte Galeria, où ils prirent le train pour Civitavecchia. Ils furent ensuite divisés par nationalités et dirigés vers leur pays respectif. Il n'était évidemment pas question d'affréter un navire pour transporter les Québécois. En attendant de trouver une solution, on les logea au Lazaret de Livourne. Les aumôniers Piché, Lussier et Moreau étaient tous trois à leur recherche. À Rome, il était quasiment impossible d'avoir des informations. Le 24, Piché se rendit à Florence rencontrer l'ambassadeur anglais; il les retrouva ainsi une journée après leur internement et leur distribua un peu d'argent que Taillefer, interné avec les Anglais, leur faisait parvenir. Pendant que les zouaves, pris de panique à la nouvelle qu'on les déporterait à l'île d'Elbe, concluaient une entente avec le consul de Belgique pour que le comité belge paie leur transport jusque dans ce pays, Taillefer, de son côté, sans aucun doute après avoir consulté Piché et Lussier, leur télégraphia le même jour qu'il s'était entendu avec les zouaves anglais et le chargé d'affaires d'Angleterre à Rome pour qu'un « steamer » les transporte à Liverpool, le 2 octobre. Même si le gouvernement italien avait accepté qu'ils partent pour la Belgique, les zouaves choisirent la route de Liverpool. Ainsi la captivité des Québécois — somme toute bien douce — avait duré onze jours.

L'aumônier Moreau apprit à Marseille que ses protégés allaient bientôt se rendre en Angleterre. Il les précéda de quelques jours afin de préparer leur arrivée. Un club catholique voulut bien solliciter ses membres pour que chacun en loge 6 à 8 durant leur bref séjour.

Au Québec, le comité lançait un appel pour faire en même temps que les festivités du retour une protestation solennelle contre « l'invasion sacrilège » du territoire pontifical. Le 6 novembre, 212 zouaves arrivèrent à Montréal. C'était la fin du mouvement zouave. Cependant, tous n'étaient pas revenus: deux s'étaient engagés dans l'armée française, un était entré chez les Dominicains à Malines, trois avaient été empêchés par la maladie de faire le voyage et neuf étaient décédés des suites d'accidents ou de maladies.

Deuxième partie

Les zouaves
et les ultramontains

Chapitre 6
Les recrues

Qui étaient-ils, ces zouaves? Des jeunes à la recherche d'un emploi, des aventuriers, des mercenaires, des catholiques ultramontains? Interrogeons-nous ici sur leur formation initiale, sur leur situation sociale et sur leurs motivations. D'abord leur âge.

L'âge moyen du zouave était de 21,3 ans. Le premier détachement avait la moyenne d'âge la plus élevée, soit 23 ans et le deuxième la moyenne la plus basse, soit 20,2 ans. Vingt-quatre d'entre eux seulement avaient 30 ans ou plus. Le plus vieux avait 56 ans; deux autres avaient respectivement 42 et 40 ans. À l'opposé, les deux plus jeunes n'avaient que 15 ans. Dans l'ensemble, 23, 8% des zouaves avaient 18 ans et moins; il y en avait 16 de 16 ans, 39 de 17 ans et 60 de 18 ans.

Le total de 507 zouaves qui apparaît dans le tableau qui suit comprend H.-B. Sainte-Marie et quatre zouaves qui s'enrôlèrent deux fois. En soustrayant les recrues du septième détachement, qui ne se rendirent que jusqu'à Brest, le nombre de Québécois qui servirent comme zouaves pontificaux à Rome s'élève à 388.

Leur jeune âge devait être un indice de leur bonne condition physique, d'autant qu'ils étaient tous examinés par plus d'un médecin avant le départ. Cela n'empêcha pourtant pas les fièvres romaines de les atteindre. Huit en sont morts à Rome et quelques-uns en mourront quelques années plus tard. En novembre 1868, une quinzaine d'entre eux étaient à l'hôpital à cause de cette maladie. Le mal était-il inévitable? De l'opinion des zouaves, il était aggravé par une nourriture insatisfaisante en quantité et de mauvaise qualité. Quoi qu'il en soit, il est difficile de conclure à des carences physiques à partir de pareils indices. Le contraire est plus plausible puisque de nombreux écrits dont nous analyserons plus loin la teneur, louent leur vigueur et qu'une forte proportion d'entre eux avait déjà fait du service militaire comme cadets ou dans la milice.

Tableau 1
Effectifs et âge moyen
des détachements zouaves

Détachement	Nombre total	Âge moyen
Premier	133	23,05
Deuxième	23	20,2
Troisième	28	22,03
Quatrième	48	21,04
Cinquième	92	21,2
Sixième	37	21,0
Septième	114	21,8
Partis seuls	32	21,9
Total	**507**	**21,3**

Les statistiques sur ce dernier point sont partielles; elles permettent tout de même une approximation valable. D'après un document compilé en 1880 par Alfred LaRocque fils, 48 (21,1%) des 227 anciens zouaves touchés par son enquête avaient obtenu avant le départ un certificat de première ou de deuxième classe à l'école militaire, sans compter ceux qui dans la milice avaient servi contre les féniens ou s'étaient entraînés comme réservistes[1]. D'autre part, un rapport du comité intitulé: *Tableau montrant le nombre de candidats parfaitement recommandés au comité* (...), daté du 8 février 1868[2], indique que, sur le total de 103 candidats acceptés à ce moment-là pour former le premier détachement, 36 étaient cadets et 39 avaient fait des exercices militaires. Une lettre parue dans les journaux ajoute à ces statistiques: 50 (37%) des 135 hommes du premier détachement étaient diplômés des écoles militaires[3]. En admettant la possibilité que les recrues des autres détachements n'aient pas été aussi qualifiées[4], nous croyons cerner de près la réalité en affirmant que 50% des zouaves étaient cadets ou avaient subi un entraînement militaire avant le départ.

La provenance géographique par paroisse et par diocèse des volontaires n'est pas facile à identifier, même si chacun a indiqué sur la fiche d'enrôlement à Rome son lieu de naissance et de résidence avant le départ du Canada. En s'en tenant au lieu de naissance, le risque d'erreurs est grand, car cette période est marquée par une migration importante vers les villes et les terres de colonisation. L'indication du domicile déclaré n'est pas plus sûr: un grand nombre d'étudiants et de commis résidaient au moment de l'engagement à l'extérieur de leur paroisse et même de leur diocèse. Analyser ces données serait inutile puisque c'est au niveau de leur région d'origine qu'individuellement les zouaves influencent par l'exemple et par leurs écrits la diffusion de l'ultramontanisme. Ainsi tel volontaire, résident de Yamachiche mais étudiant à Montréal avant son départ, voit sa correspondance publiée dans les journaux de Trois-Rivières et son exemple cité du haut de la chaire de sa paroisse et de celles des environs. C'est pourquoi nous nous en tiendrons ici aux chiffres et renseignements déjà publiés dans les journaux et les brochures.

De Bellefeuille, dans son ouvrage *Le Canada et les zouaves pontificaux*, répartissait ainsi les 232 volontaires des quatre premiers détachements: 107 (46,1%) du diocèse de Montréal, 44 (18,9%) de celui de Québec, 37 (15,9%) de Trois-Rivières, 34 (15,08%) de Saint-Hyacinthe, 6 (2,6%) de Rimouski et 4 (1,7%) d'Ottawa[5]. Par ailleurs des données glanées ici et là concernant le diocèse de Trois-Rivières indiquent qu'il avait fourni 18 (19,6%) des 92 volontaires du cinquième détachement, 8 (21,6%) des 37 du sixième et 24 (21,2%) des 113 du septième. Au total, à peu près 92 zouaves, soit 18,2%, provenaient de ce diocèse[6]. Le cas de Trois-Rivières confirme la possibilité d'étendre à l'ensemble des détachements les proportions par diocèse établies à partir des chiffres de de Bellefeuille portant sur les quatre premiers détachements. Dans ce cas, il faudrait diminuer quelque peu le pourcentage accordé à Montréal et augmenter proportionnellement celui des autres diocèses.

La provenance par paroisse et l'équilibre dans la représentation entre les campagnes et les villes, voilà deux questions auxquelles nous aurions aimé répondre. Il serait vain cependant de rechercher une évaluation, même approximative, dans la documentation disponible. Soulignons toutefois à nouveau la volonté de Mgr Bourget, réitérée par les membres du comité aux évêques et aux curés, de faire représenter chacune des paroisses de la province de Québec. À Trois-Rivières, par exemple, Mgr Laflèche se montrait soucieux de faire respecter

cette intention. Au curé de Louiseville qui lui offrait quatre volontaires, il écrivit d'en choisir deux afin de laisser la place aux autres
paroisses[7]. Agissait-on de la même façon ailleurs? Pourquoi pas?
N'était-ce pas un moyen efficace de sensibiliser la population aux malheurs de Pie IX et d'accroître le montant des quêtes pour le pape?

Professions

À part les zouaves du septième détachement, tous les autres, sauf
un, ont inscrit une profession sur leur fiche d'enrôlement[8]. Nous avons
ainsi compilé 387 professions. Parmi eux, il y avait douze avocats, quatre notaires, un dentiste, un opticien et cinq enseignants. Nous les
regroupons ici, tout en reconnaissant que les enseignants, et peut-
être le dentiste et l'opticien, n'ont pas le statut social des avocats et
notaires. Ces professions représentaient 5,9% de l'ensemble des
zouaves des six premiers détachements. Les étudiants, au nombre de
130, forment 33,6% de l'ensemble. Puis, par ordre d'importance
numérique, suivent les 78 commis (20,2%), les 74 gens de métiers
(19,1%)[9] et les 56 ouvriers agricoles (14,5%), auxquels il faut ajouter les
15 propriétaires fonciers qui, pour la plupart, sont des fils d'agricul-
teurs possédant une parcelle de terre. Une vérification de leurs professions au retour indique qu'aucun de ces propriétaires fonciers ne vit de
sa terre. Puisque huit d'entre eux se regroupent dans le premier détachement, il est fort plausible que ces gens n'ayant pas de métier précis,
et à court d'idées devant le secrétaire qui remplissait les fiches d'enrôlement, aient prétexté la possession d'une parcelle de terre pour afficher ce titre, qui en Europe avait une valeur sociale certaine[10]. Enfin 12
(3,1%) zouaves se disaient commerçants. Étaient-ils propriétaires de
leur commerce? Il semble que oui, bien que le peu que nous connais-
sions de ces gens à leur retour nous laisse croire en la possession de
petits commerces interrompus pour la durée de l'engagement[11].

Quoiqu'il ne faille pas toujours attacher une valeur certaine à chacune des professions déclarées tant la jeunesse de plusieurs zouaves est
un indice sûr qu'ils commencent à peine à travailler, nos statistiques
n'en indiquent pas moins leur appartenance sociale. Et il importe
d'établir en quoi la profession des zouaves pouvait favoriser leur formation ultramontaine et la diffusion de cette idéologie dans les divers
groupes sociaux au Québec.

Pour vérifier la valeur des données, il est utile de comparer même sommairement la profession déclarée au départ avec la première et la deuxième, le cas échéant, au retour. Nous pouvons supposer que les gens de métier ont conservé la même occupation; cela cependant n'est pas vérifiable avec le peu de données que nous avons à leur sujet. L'ignorance de leur condition est toutefois révélatrice du fait qu'ils n'ont pas accédé à des emplois socialement considérés, car l'Union Allet, leur association, ne perdait jamais une occasion de fournir des renseignements sur la réussite sociale de ses membres. Ainsi elle signalait que deux d'entre eux étaient entrés dans une communauté de frères et que deux autres, meublier et carrossier, étaient devenus propriétaires d'atelier. Les commis et les ouvriers agricoles présentent à plus d'un égard des caractéristiques différentes des gens de métiers même si, dans l'ensemble, ils appartiennent aux groupes populaires. Que nous ignorions l'occupation au retour de 57% des commis et de 75% des ouvriers agricoles en est un indice. Par contre, parmi ceux dont nous connaissons les activités, cinq commis et quatre ouvriers agricoles devinrent fonctionnaires. Les autres exercèrent des professions diverses, le plus souvent reliées au commerce — pour la plupart en tant que propriétaires — dans le cas des commis et très peu souvent reliés à l'agriculture dans le cas des ouvriers agricoles. Ainsi, contrairement aux gens de métiers, la pratique de l'emploi de commis ou d'ouvrier agricole peut être une activité de jeunesse qui n'exclut pas une ascension sociale. Il en est de même des étudiants, qui accèdent en majorité aux professions libérales.

Nous pouvons donc déduire de ces comparaisons que les professions déclarées par les zouaves à l'engagement, prises globalement et à l'exclusion des étudiants, sont des indices assez sûrs de leur appartenance sociale, que peu d'entre eux, toujours à l'exception des étudiants, ont des chances d'accéder à des emplois considérés si ce n'est dans le commerce et qu'enfin, par rapport à la stratification sociale québécoise, il est évident que le groupe des étudiants et des commis est surreprésenté.

Degré d'instruction

Cette dernière constatation s'explique aisément par la volonté des membres du comité de recruter des volontaires dont l'éducation ferait honneur aux catholiques du Québec. Une note de Mgr Bourget corrobore cette intention, mais laisse entendre que les sixième et septième détachements échappaient à cette règle. S'adressant alors au chanoine Paré de l'évêché, il recommandait de faire engager « de bons jeunes gens de la campagne ayant la petite éducation qui se donne dans toutes les paroisses[12] ». Comment vérifier les qualifications des recrues du septième détachement? Les événements ne leur ont pas laissé le temps de s'enrôler. Encore une fois nous recourons à l'absence de renseignements sur leurs activités au retour dans plus de 95% des cas pour conclure à leur humble condition sociale et à leur faible degré d'instruction. Conclusion confirmée par une lettre de l'aumônier Moreau, qui avait charge de les conduire à Rome, affirmant que « le plus grand nombre (était) sans instruction[13] ».

Quant au sixième détachement, composé de 37 recrues, la proportion des étudiants (39,7%) au nombre de 14 et des commis (16,2%) au nombre de 6 à qui on accorde ici un degré d'instruction supérieur à celui de l'école primaire, est aussi élevé que dans les autres détachements. Le tableau qui suit permet d'en juger.

Tableau 2
Zouaves dont le degré d'instruction est susceptible d'être supérieur à celui de l'école primaire

	Professions identifiées	Professions libérales	Étudiants	Commis	Autres*	Total	%
1er dét.	132	10	44	21	7	82	62,1
2e dét.	23	1	5	11	2	19	82,6
3e dét.	28	2	13	7	2	24	85,7
4e dét.	48	0	12	11	7	30	62,5
5e dét.	92	1	29	19	4	53	57,6
6e dét.	35	0	14	6	2	22	62,8
avant	9	3	4	0	2	9	100,0
après	20	1	9	3	1	14	70,0
Total	**387**	**18**	**130**	**78**	**27**	**253**	**65,3**

* Imprimeur, arpenteur, marchand, secrétaire, enseignant, journaliste, sténographe ou typographe.

C'est donc près des deux tiers des zouaves québécois qui étaient susceptibles d'avoir un degré d'instruction supérieur à celui de l'école primaire. Un article de *L'Univers* reproduit dans les journaux du Québec établissait que deux volontaires seulement sur les 200 premiers ne savaient ni lire ni écrire et que 58,5% de l'ensemble avaient fait des études classiques.

Motifs d'enrôlement

Les partisans du pouvoir temporel du pape contre la volonté italienne d'annexer les États pontificaux soutenaient que ce pouvoir était nécessaire à l'autonomie et à l'entière réalisation du magistère spirituel. Quels types de soldats pouvaient donc servir dans une armée au service d'intérêts spirituels? Le courage, la dextérité, la discipline et l'expérience militaire ne suffisaient pas. Il fallait surtout avoir une conduite morale exemplaire, car chaque manquement risquait d'entacher la cause défendue. Or les tirailleurs franco-belges avaient laissé à l'armée pontificale une réputation peu enviable. Buveurs, peu disciplinés et mal engueulés, plusieurs de ces anciens militaires engagés au service du pape par dégoût de la vie civile ou dans l'espoir de se battre furent licenciés avec leur corps en janvier 1861[14].

La presse libérale fit porter cette réputation à leurs remplaçants, les zouaves pontificaux. Non sans raison, car en dépit d'efforts sérieux pour recruter une jeunesse disciplinée, d'un catholicisme éprouvé et totalement dévouée à la cause, il s'était glissé des indésirables dont les frasques alimentaient les écrits de l'opposition.

Si on excepte les libéraux radicaux et les protestants, à peu près personne, et surtout pas le clergé, ne prêtait foi à ce qu'on jugeait être des calomnies des ennemis du Saint-Siège. Il fallut le constater pour le croire. L'aumônier Moreau observa à son arrivée à Rome: « Ah! je plains Antonelli et le ministre de la Guerre. C'est triste chose que d'être obligé de recevoir les services de ces Français; je suis à peu près convaincu déjà que la grande partie de ces grands défenseurs de l'Église française, sont dans cette cause autant pour le roi de Naples et les Bourbons que pour Pie IX[15] ». Il ajoutait dans une autre lettre: « l'organisation et la discipline laissent beaucoup à désirer dans le département des armes[16] ». Fautes mineures, si c'en étaient. Mais les remarques d'un jeune zouave, Denis Gérin, étaient plus accablantes:

« Jusqu'ici je croyais que l'on avait calomnié les zouaves ou que l'on s'était trompé en disant qu'il y avait presque autant de mauvais que de bons. Au dépôt d'où je viens de sortir (...) la plupart étaient des braves gens. Beaucoup vivaient plutôt comme des religieux que comme des soldats. Quelles furent ma surprise et ma douleur en arrivant à ma nouvelle compagnie de voir la triste réalité (...) Oui il y a de la canaille et de la fine canaille, et cela parmi les zouaves, les défenseurs de l'Église et de son vicaire. Je suis seul de Canadien dans une chambre remplie de Hollandais et de Nîmois, et les Nîmois ont depuis longtemps une réputation qui les fait sentir mauvais à 80 lieues à la ronde[17] ». Il décrivait ensuite leurs beuveries et tout ce qui s'ensuivait pour ajouter avec regret: « Il y a des bons naturellement, mais je doute qu'ils soient en grand nombre   dans cette compagnie ».

Le comité d'organisation ainsi que les évêques Laflèche et Bourget furent vite informés de cette situation par Édouard Barnard qui avait profité de l'occasion pour les conseiller sur le choix des candidats. Il écrivait à Laflèche: « Je sais aussi qu'on ne se procure pas facilement (à Rome) des hommes vraiment dévoués qui s'engagent uniquement par devoir de religion. C'est plutôt le contraire[18] ». À Bourget, il disait: « Malheureusement l'armée du Saint-Père n'est pas toute composée de la classe d'hommes qu'on devrait y voir[19] ». Il lui expliquait plusieurs désertions par un recrutement trop hâtif et un choix peu judicieux. Même les nouvelles recrues, ajoutait-il, « quoique choisies avec beaucoup plus de soins, laissent beaucoup à désirer ». Par contre, au dire de Barnard, si les hommes d'élite étaient « loin d'être en majorité » dans l'armée du pape, les Québécois du premier détachement échappaient à ce jugement. Et le zouave Gérin partageait cet avis en jugeant les compatriotes de sa compagnie: « les plus religieux et exacts à leur devoir ».

Pourtant le désir de visiter l'Europe, le goût de l'aventure, de l'estime et du prestige étaient des motivations bien légitimes, quoique peu élevées en regard de la cause, auxquelles les Québécois n'échappaient sans doute pas. Examinons quelques cas.

Admettons tout de suite l'impossibilité de discerner une cause déterminante dans l'ensemble des motifs qui ont pu inciter le zouave à s'enrôler. Intérêts matériels quelconques ou amour du pape, les deux motifs ne sont pas contradictoires, et il faudrait une documentation précise et abondante pour déterminer l'importance de chacun. Le cas déjà cité d'Édouard Barnard est un bel exemple. Combien d'autres s'engagèrent pour les mêmes raisons?

Il y avait sûrement son frère James, qui était conscient que le service dans l'armée pontificale était source de prestige, d'honneur et de facilités matérielles au retour. D'autres, plus d'une dizaine parmi la trentaine de témoignages recueillis, affirmaient dans leur correspondance vouloir mourir pour la cause catholique[20]. Voici le témoignage de Gualbert Gervais à ses parents: « Il m'est bien dur de quitter une maison où j'ai eu tant de consolation, mais l'Église m'en accordera de nouvelles, elle sera ma mère, je veux être son serviteur, son enfant. Adieu donc chers parents, peut-être à jamais sur cette terre, mais travaillons tous pour nous revoir là-haut où nous sommes tous appelés[21] ».

Des jeunes à la recherche de « la palme du martyre », comme le répétaient si souvent les évêques, certains convaincus d'accomplir une mission, d'autres, plus nombreux, faisant simplement leur devoir de catholiques, tel Odilon Martel écrivant dans ses notes de voyage être allé à Rome non « pour les richesses mais pour être zouave », c'est-à-dire se dévouer[22], voilà quelques-unes des motivations qui faisaient particulièrement honneur à la cause pontificale. De nombreux volontaires étaient attirés par la perspective de se perfectionner dans l'art militaire et ainsi obtenir une situation enviable au retour. Le comité, conscient de cet attrait, organisait sa publicité en ce sens. Certains n'avaient de choix qu'entre l'émigration aux États-Unis et l'engagement dans l'armée du pape[23]. Pascal Comte s'était enrôlé par repentir du meurtre de son enfant, et sans doute aussi pour se faire oublier[24]. Napoléon Renaud disait vouloir faire pardonner les scandales causés par ses deux frères, qui avaient déshonoré leur nom à Montréal. Godefroy Demers, entré chez les frères trappistes au retour, racontait, non sans humour, s'être engagé par goût de l'aventure. Sa motivation ne sembla pas influencer sa conduite à Rome, contrairement à deux autres qui furent démasqués par l'aumônier Moreau et sévèrement punis: « J'ai cru devoir (renvoyer) ces deux derniers à leurs frais, écrivit-il à Bourget, vu que tous deux paraissent avoir trompé le comité et n'être venus ici que pour faire un voyage; qu'ils le fassent à leurs dépens[25] ».

Enfin, il y avait sûrement ceux que l'exemple entraînait. Bourget parlait même d'un « élan, d'une ardeur et d'un enthousiasme irrésistibles ». Combien de ceux-là avaient de profondes convictions? On peut certes considérer comme un signe de la légèreté de leur engagement le désistement d'une trentaine de volontaires du premier détachement quelques jours avant le départ et la fuite de deux autres au moment de l'embarquement à New York. Deux zouaves du quatrième détachement et un du septième firent de même, alors que quelques-uns attendirent d'être à Rome avant de se déclarer malades et se faire ainsi rapatrier.

Cette énumération de motifs et cet aperçu beaucoup trop rapide des sentiments de certains zouaves sont loin de fournir un éclairage satisfaisant de leur type moral. Nous y avons discerné une gamme importante de motivations dont l'importance relative pouvait varier d'un individu à l'autre. La majorité avait-elle le désir de servir principalement la cause catholique? Il nous l'a semblé; mais comment se prononcer avec prudence à partir d'une documentation si partielle? Si nous en savions davantage sur les conditions économiques des divers groupes sociaux et sur le marché du travail, peut-être pourrions-nous nous livrer à des hypothèses sur le grand nombre de commis[26]. Il est pareillement probable que les pressions démographiques, tout autant que la baisse des prix agricoles, entre 1867 et 1869[27], sont en partie à l'origine du recrutement d'un fort contingent d'ouvriers agricoles. L'encombrement du notariat, et peut-être de l'ensemble des professions libérales, à la fin des années 1860[28], ne joue-t-il pas dans le même sens pour les diplômés des collèges, dont il ne faut pas oublier que, plus que d'autres, ils subissaient un endoctrinement extrêmement mobilisateur? L'étude des modalités d'encadrement et de surveillance à Rome, nous permettra de cerner un aspect important de leur psychologie et d'éclairer un peu plus ce portrait.

Chapitre 7

L'encadrement

Les directives de Mgr Bourget

« Rome, de dire Bourget aux zouaves, est comme le paradis de la terre. La présence du Souverain Pontife, les temples richement ornés, les fêtes pompeuses qui se succèdent sans interruption, les chants harmonieux qui sont comme les échos des cantiques du ciel, les institutions sans nombre faites pour conserver la foi, propager la piété et exercer la charité, et les admirables Quarante Heures qui font le tour des églises de la cité, offrent aux chrétiens de quoi se fortifier dans la pratique du bien[1] ». Lui qui s'y était rendu à plusieurs reprises depuis sa nomination à l'évêché de Montréal, qui en avait pris la défense contre ses détracteurs et qui en avait fait des descriptions touchantes à ses diocésains, n'était pas sans penser qu'un séjour dans la ville éternelle serait la plus merveilleuse école de formation ultramontaine, à la condition toutefois que les zouaves y soient bien dirigés. D'ailleurs, il avertissait les organisateurs du mouvement que, pour atteindre les objectifs, les volontaires devaient être « aussi bons chrétiens que bons soldats ». Il répétait aux aumôniers de considérer comme leur « premier devoir » de les « ramener dans leur patrie et de les remettre à leurs parents encore meilleurs qu'ils ne l'étaient[2] ». Bourget faisait ainsi de la surveillance et de l'encadrement des volontaires sa principale préoccupation.

Le premier moyen imaginé par l'évêque pour encourager ses zouaves à devenir à Rome des exemples pour le monde catholique est une longue exhortation, rédigée sous forme d'allocution, à l'occasion du départ du premier détachement, qu'il leur remit en main propre au moment où chacun s'agenouillait devant lui pour recevoir sa bénédiction. Il y louait la grandeur de leur geste et explorait pour eux les divers moyens de rendre leur séjour à Rome le plus utile pour eux-mêmes, leur pays et leur Église. Ne laissant rien au hasard, il les conseillait sur la manière de voyager, de s'acquitter de leurs devoirs à Rome, de s'instruire, de se récréer et leur suggérait même d'informer le comité de leurs découvertes afin que leurs compatriotes en profitent.

Si les détails pratiques n'abondaient pas, c'est que Mgr Bourget avait réservé la tâche de surveillance aux aumôniers, à qui il remettait une note, la veille du départ, contenant dix-neuf recommandations écrites à la hâte et sans ordre, mais qui ne leur en indiquait pas moins avec précision les moyens concrets de faire de leur séjour à Rome un succès.

Le voyage était sa première préoccupation. Il conseillait aux aumôniers, afin que les zouaves « puissent s'édifier mutuellement », de leur faire réciter chaque jour le chapelet et leurs prières du matin et du soir; de leur faire entendre la messe, si possible, et une lecture pieuse[3]. Le dimanche, outre la messe et l'instruction, il conseillait de faire chanter des psaumes et des cantiques et d'offrir la confession et la communion « à ceux qui en auraient la dévotion ». « Pour charmer les ennuis du voyage, surtout en mer, poursuivait-il, (faites) chanter nos chansons patriotiques, en accompagnant les voix de quelques instruments de musique. Ces concerts (...) produisent sur leur âme de merveilleux effets ». Il ajoutait dans son allocution: « C'est ainsi que voyagent les zouaves pontificaux » en plus d'en retirer « d'ineffables consolations », ils laissent « de profondes émotions » un peu partout, au Québec « sur ceux que l'exemple n'aurait pas encore ébranlés », sur le bateau, dans les ports et les différents pays traversés. Et « comme le feu embrase le feu », de conclure l'évêque, l'exemple des Québécois pourrait bien « en quelque chose contribuer au recrutement de l'armée pontificale[4] ».

À Rome, les aumôniers devaient veiller à ce que les zouaves soient suffisamment regroupés « pour être toujours sous leur surveillance ». La visite des monuments historiques semblait d'une importance capitale: faites-les se préparer, conseillait-il, en lisant avec application ce qu'en disent les bons écrivains; réunissez-les en grand nombre, mais pas trop à la fois parce qu'autrement il y aurait « confusion et peu de profit réel »; obtenez les services d'un jésuite ou d'un autre « pour vous donner les explications sans lesquelles les visites seraient inutiles »; tâchez, si possible, qu'après chaque visite, ils se réunissent pour se communiquer leurs impressions et pour préparer les rapports qu'ils voudront bien envoyer au pays, car, ajoutait-il dans son allocution, il faut que « votre pays entier profite de vos recherches scientifiques ».

Bourget recommandait aussi aux aumôniers de les occuper d'une manière utile et agréable: « de cette façon, vous leur ferez aimer Rome, précisait-il, et ils se conserveront dans leurs bons principes; de fournir à ceux qui en ont les aptitudes les moyens de s'instruire en peinture, en musique, en autres beaux-arts ou en certaines sciences, ils seront ensuite plus utiles à leur patrie. Qu'ils se rendent aussi « de mutuels services, se consolent dans leurs peines, se visitent dans leurs indispositions ou maladies et s'entraident dans leurs besoins et difficultés. Soyez attentifs à les éloigner des occasions dangereuses et à leur procurer des relations intéressantes, poursuivait-il, car en se mettant en rapport avec les bons jeunes gens de tous les pays, ils acquerront des connaissances qui leur serviront plus tard lorsqu'ils seront de retour. Préparez-les aux audiences du Saint-Père en les faisant se pénétrer de tous les sentiments de foi et de dévotion qui les feront participer plus abondamment aux grâces attachées à ces visites. Comme de raison, enfin, recommandez-leur la fréquente communion: c'est le grand moyen de les conserver ».

Au sujet de leur correspondance qu'il souhaitait « active », il conseillait qu'elle se fasse avec le comité « pour ne laisser publier que ce qui pourra contribuer au succès de l'Oeuvre ou des Zouaves ». Aussi souhaitait-il la formation d'un bureau de rédaction parmi les zouaves, ce qui conférerait à leurs écrits un caractère officiel. Sans doute considérait-il cette censure comme un moyen exceptionnel, puisqu'il ajoutait à la suite cette conclusion qui aurait dû normalement figurer à la fin de sa lettre: « Tous les moyens possibles doivent être pris pour que ce voyage soit des plus intéressants pour chacun de nos Volontaires, et pour tout le Canada qui recevra par eux toutes les bonnes impressions ».

En somme la surveillance exercée par l'évêque de Montréal et les aumôniers devait porter autant sur la conduite des zouaves que sur la formation de l'opinion publique. À défaut d'être exemplaire, il fallait au moins que leur conduite paraisse tout à fait et toujours édifiante. Ils étaient les soldats et les pèlerins d'une nouvelle croisade.

La vie quotidienne à Rome

Les membres du comité s'étaient bien gardés de cacher ou de minimiser les difficultés et les épreuves d'une vie active sur la ligne de feu. Qui s'engageait y était moralement et physiquement préparé. Mais qui donc pouvait penser se rendre sur les champs de bataille pour y passer deux ans de vie de caserne, de marches, de combats simulés, d'exercices et surtout d'attente impatiente d'un ennemi que l'on disait barbare et omniprésent mais toujours introuvable? On ne s'étonne donc pas que dans leurs lettres les zouaves déplorent avec tant d'insistance la monotonie de la vie de caserne et l'ennui provoqué par la solitude ou l'oisiveté. Dans leurs lettres donc, pas de description de combats, si ce n'est celle des chasses aux brigands, rarement fructueuses, ou des rappels nostalgiques des affrontements de Mentana ou de Monte Rotondo, mais des narrations serrées de leur vie quotidienne, assorties de détails, mettant souvent l'accent sur les rares exploits individuels suceptibles d'accroître la fierté du lecteur.

Au camp, à Rome, les zouaves se levaient à trois heures du matin. Ils subissaient six heures d'exercices par jour et avaient cinq milles de marche à faire pour se rendre au lieu d'entraînement et en revenir. Le reste du temps se passait en loisirs, en revues ou encore à astiquer l'équipement à propos duquel, écrivait-on fréquemment, les sous-officiers étaient très sévères. D'après le correspondant du *Nouveau-Monde*, ils étaient dirigés « avec une sévérité plus grande que dans les régiments les plus sévères de l'armée française ». Cela a son bon côté, ajoutait-il, « nous serons comme pénétrés de cet esprit d'ordre et de discipline qui est la base non seulement de toute armée mais aussi de toute société religieuse et civile[5] ». En garnison, que ce soit au camp d'Annibal, à Velletri ou ailleurs, la vie n'était pas moins dure. Si elle était encore moins appréciée à cause de l'impossibilité de visiter Rome ou de fréquenter les camarades québécois, elle avait parfois un côté attrayant pour ceux que le feu n'effrayait point: la chasse aux brigands. Pour se rendre aux endroits de campement, une marche de 15 à 30 lieues, sac au dos, rompait à la discipline. S'il était toujours possible de déposer son sac sur le dos d'un mulet pour parvenir à terminer la marche, peu de Québécois, écrivait-on, consentaient à le faire tant l'orgueil et la fierté étaient stimulants. Ils se graissaient les pieds, les ampoules pointaient mais blessaient moins. D'ailleurs, il y en avait toujours un pour entonner le chant: « En avant marchons, le pape nous regarde » et faire ainsi oublier l'épuisement physique que l'on prenait plaisir le lendemain à raconter comme un exploit quasi héroïque[6]. De rares affrontements avec ceux qu'ils appelaient les brigands, souvent des patriotes bataillant pour la cause italienne, leur permirent de faire le coup de feu. Mais la plupart du temps, l'aventure se terminait par une longue marche en montagne, exténuante et infructueuse. S'il leur arrivait d'en tuer, les corps étaient exposés sur la place publique du village: que cela serve d'exemple!

Après cinq mois de vie de caserne, l'ardeur et le dévouement inconditionnels des débuts laissaient graduellement la place aux critiques. Les exercices sous un soleil ardent, les nuits fraîches, les longues marches inutiles, l'entraînement, les corvées, la routine, l'inconfort des casernes où pullulaient puces et poux, la rareté du tabac et surtout la nourriture provoquaient des murmures que de rares lettres transmettaient aux journaux du Québec. Pour les membres du comité et les aumôniers, il était grand temps d'intervenir.

Le bruit courait au Québec que Arthur d'Estimauville ne serait pas mort des fièvres romaines s'il avait été mieux nourri. Tous d'ailleurs constataient que la maladie n'atteignait que les plus pauvres, ceux dont les ressources personnelles ou familiales ne permettaient pas un repas par jour au restaurant[7]. Le « rata »comme on l'appelait, c'est-à-dire le seul repas consistant, était servi à trois heures et demi de l'après-midi. C'était une sauce épaisse au riz mêlé de haricots dans laquelle on avait ajouté du lard. Mais ce porc, au dire de Taillefer, « parce qu'il n'a pas été engraissé aux pois », fondait en bouillant, de telle sorte que de rares chanceux pouvaient en trouver un morceau dans leur gamelle. On y ajoutait parfois des pommes de terre; par bonheur pas trop souvent, car la corvée qui les précédait ne les faisait point apprécier. Ce repas était précédé d'un café au lever, avec crouton de pain si l'individu avait eu la prudence d'en conserver un de la veille, puis à neuf heures et demi, d'un bouillon au chou ou au pain dans lequel se trouvait occasionnellement un morceau de viande. Pour des gens habitués à trois repas avec viande par jour, le menu était nettement insuffisant. Même le plus chaud soleil n'arrivait pas à chasser un appétit tenace que seuls les plus fortunés pouvaient satisfaire[8].

Les parents des zouaves s'alarmaient; certains voulaient faire revenir leur fils[9]. Emery Perrin, le correspondant de *L'Ordre*, fut le premier à faire part officiellement des plaintes de ses camarades. Il fut jugé irréfléchi et s'attira les reproches et les blâmes de ses camarades. Une querelle épistolaire entre zouaves s'ensuivit, qui fut vite enterrée par des écrits plus nuancés ou franchement favorables. Un tel affirmait que la nourriture était bonne. L'aumônier Lussier eut l'occasion — ce n'était pas coutume — de déguster le rata aux haricots. Bien que ce fût le mets le plus critiqué, il déclara regretter ne pas avoir un tel repas chaque jour[10]. Pour tel autre, la qualité de la nourriture dépendait des caporaux d'ordinaire et variait d'une compagnie à l'autre. Le zouave Gérin était catégorique: personne ne souffrait de la faim. Par contre, plusieurs, dont l'abbé Suzor, aumônier du quatrième détachement, soutenaient qu'une nourriture plus abondante serait néfaste sous un tel climat. Le problème s'était ainsi déplacé. Plus question de trancher ce débat confus sur la qualité de la nourriture[11], mais plutôt de tenter d'effacer le tort que ces critiques avaient pu causer à l'administration pontificale. Gérin confiait à Mgr Laflèche: « L'on craint ici que *Le Pays* profite de cette circonstance (mort de d'Estimauville, cousin d'Arthur Buies) pour déblatérer contre l'oeuvre des zouaves et la nourriture que l'on nous sert[12] ».

Les autorités ecclésiastiques sont-elles intervenues pour dicter la conduite à suivre en cette question? La documentation consultée ne nous permet pas une affirmation catégorique. Cela cependant fait peu de doutes, car les directives de Bourget concernant le contrôle des écrits et les tentatives de Moreau pour constituer une sorte de bureau de presse trouvaient dans cet exemple un beau cas d'espèce pour prouver l'utilité de la censure. De plus, se peut-il que la tâche de faire une mise au point dans la presse québécoise ait été dévolue à Joseph Taillefer, doyen des zouaves et commandant du premier détachement? Dans une longue lettre adressée à son ami Royal, du *Nouveau-Monde* et présentée comme vengeant les zouaves « de quelques mots d'impatience (...) que des amis trop zélés ont eu l'indiscrétion de publier », Taillefer écrivait regretter de voir dans les journaux du pays des discussions entre les zouaves pontificaux. « Pourquoi ces plaintes, pourquoi ces critiques », questionnait-il. C'est oublier « que dans notre position donner la moindre prise à la critique contre le gouvernement pontifical c'est déjà donner un commencement de triomphe aux ennemis que nous sommes venus combattre ». Poursuivant sur le même ton et reprenant les clichés des discours à la gloire des zouaves: « braves enfants », « hommes au coeur noble et généreux », « cause sacrée de l'Église », « sollicitude paternelle de Pie IX », il concluait: « celui qui voudrait rendre un mauvais service à l'ami qui lui écrit n'aurait qu'à donner publicité aux commentaires, aux critiques que quelques zouaves pourraient faire à un intime[13] ».

Cette correspondance de Taillefer et quelques autres lettres avaient fait taire les critiques. Mgr Bourget écrivait alors à l'aumônier que ces écrits étaient arrivés à point, « car les rapports différents (...) avaient fait d'assez mauvaises impressions[14] ». Moreau lui répondit qu'il avait contribué à ce résultat en faisant lire aux zouaves la lettre de Taillefer. Toutefois, il ajoutait, sans doute pour insister: « nos jeunes gens souffrent (...) ceux qui peuvent par leur bourse se payer le luxe d'un ou deux repas par jour en sus de la gamelle se portent très bien[15] ». Ce problème grave demeurait, et c'est au cercle des zouaves que se trouvait la solution.

Le cercle, lieu de rencontre des zouaves québécois, avait d'abord été aménagé dans l'appartement de l'abbé Moreau, situé dans la maison des pères de Sainte-Croix. Outre ses deux chambres, il disposait d'une grande salle où les zouaves venaient lire et écrire. L'aumônier tenait aussi confessionnal à l'église Sainte-Brigitte, adjacente à son appartement. Quand Barnard arriva à Rome, il convint avec Moreau de doter les zouaves d'un nouveau cercle plus luxueux et plus confortable à l'exemple des Français, des Belges, et des Hollandais qui, suivant leur expression, habitaient « de véritables palais ». Le 18 mai, ils annonçaient être sur le point de louer le palais Spinola, en plein coeur de Rome, « tout près du Séminaire français, de la Minerve et des Jésuites ». Il y avait des salons pour les zouaves, des appartements pour l'aumônier et aussi des chambres à louer pour ceux qui en avaient les moyens. Une chambre était aussi réservée aux visiteurs canadiens. Bref, cela devait constituer « une oasis canadienne au milieu de la capitale de la catholicité ».

Le coût de location était passablement élevé, 2 000 francs par année sans compter l'ameublement et les charges, mais non exagéré, d'écrire Moreau, compte tenu de la réputation des Québécois et de la position à tenir. Argument majeur: s'ils sont aussi exceptionnels qu'on le dit, il ne faut « rien négliger pour les conserver ». Un cercle attrayant pouvant fournir des distractions et des moyens de s'instruire éviterait les tentations.

Bourget, d'abord un peu déçu de l'abandon de la maison des pères de Sainte-Croix qu'il comptait acheter pour en faire le Séminaire canadien à Rome, félicita Moreau de sa nouvelle acquisition et lui conseilla de donner à la « salle de lecture toutes les allures canadiennes, de la tenir bien propre et aussi ornée que possible... d'y voir exposés quelques beaux tableaux de la Vierge, des anges et des saints et particulièrement de saint Jean-Baptiste » qu'il s'apprêtait à faire fêter à Rome en même temps qu'au Québec[16]. Barnard apporta une touche personnelle à cet aménagement. Il fit graver sur un mur cette sentence de saint Paul: « Juvenes hortare ut sobrii sint[17] ». Il est vrai que le vin était la seule boisson recommandée durant les mois de chaleur.

En septembre 1869, l'attente des volontaires du cinquième détachement incita Alfred LaRocque, trésorier et représentant du comité à Rome, à demander la permission de faire des agrandissements au palais Spinola[18]. Suivant ses prévisions budgétaires, il en coûterait environ 1500 francs pour convertir les écuries, généralement très sales et placées presque à l'entrée du cercle, en deux salles, l'une de jeu, l'autre de réunion. Le danger qu'un garibaldien dépose une bombe dans ces écuries mal surveillées était un autre argument avancé par le trésorier pour faire ces dépenses coûteuses. Bourget et Moreau approuvaient, le comité n'avait donc plus qu'à accepter; les réticences furent d'autant moins grandes que LaRocque avait su jouer sur les cordes les plus sensibles de la fierté nationale[19].

En plus des deux nouvelles salles, le cercle des zouaves comptait aussi des pièces destinées à la lecture, l'écriture, la conversation, la danse et la musique, un fumoir et un réfectoire. Toutes propres, bien tenues et bien éclairées. Quelques chambres avaient été décorées pour recevoir les évêques, les fauteuils des salles avaient été renouvelés ou recouverts à neuf. Un établissement « fort luxueux » au jugement d'un observateur, de plus pourvu d'un cordon bleu réputé. Son pain entre autres faisait accourir les zouaves étrangers[20]. C'est ainsi qu'avaient été résolus la question de la nourriture et les autres désagréments de la vie de caserne. En février 1869, Bourget avait rédigé à nouveau à l'intention des aumôniers une liste de dix-sept recommandations pour mieux surveiller les zouaves, dont la première portait sur les moyens à prendre pour améliorer leur sort. Il disait en substance de veiller à leur « faire donner un repas convenable à la place de ce qui s'appelle la rata »; si cela s'avérait impossible, d'utiliser une partie des collectes

« Le vin était la seule boisson recommandée durant les mois de chaleur »
(Supplément de *L'Avant-Garde*, ACAM)

faites dans le diocèse de Montréal pour leur servir un repas au cercle. Deux mois plus tard, les Québécois pouvaient manger leurs trois repas au cercle, dont au moins un pour seulement quelques sous.

Ce cercle, pour lequel on ne ménageait aucune ressource financière, était devenu le lieu privilégié des loisirs. Des jeux variés, des instruments de musique, dont au moins quelques violons et un piano, avaient été achetés sans compter les cadeaux que les nombreuses lettres sollicitaient à tout instant. Gustave Drolet, de retour au pays, leur fit parvenir deux douzaines de crosses. D'autres leur avaient envoyé des ballons, des livres, des abonnements aux journaux de la province, du tabac ou encore du sucre du pays. À chaque visite d'un compatriote — elles étaient fréquentes au moment du concile — les zouaves se réunissaient pour déballer les cadeaux et la correspondance. Le comité spécial formé au Québec pour collecter du tabac avait toujours de quoi satisfaire ceux que les parents et les amis avaient oubliés.

La bibliothèque s'était constituée lentement au rythme des dons. Trop lentement, car les zouaves se plaignaient du peu de livres disponibles. En 1870 encore, elle ne comptait pas plus de 100 volumes[21], judicieusement choisis pour édifier des soldats du pape. Mgr de Ségur et le comité de Paris firent don d'une trentaine de volumes avec promesse d'en envoyer d'autres. Un prêtre du Québec leur fit parvenir les deux derniers volumes de L'Écho de France, souhaitant que la lecture de « ces pages choisies avec un soin scrupuleux les intéressera et même leur fera un peu de bien au milieu des agitations du camp[22] ». Et l'illustre Louis Veuillot, qui les honora de sa visite, leur présenta la monumentale Histoire de l'Église catholique, de Rohrbacher. Mgr Laflèche se trouvait là. Lui qui en avait fait sa lecture de chevet durant ses années de mission dans l'Ouest canadien et qui s'en était considérablement inspiré pour rédiger ses Considérations[23], jubilait en voyant et entendant Veuillot qualifier cet interminable ouvrage d'« Histoire du monde travaillée par Dieu » et de « monument le plus considérable de notre époque ». C'était, disait-il, pour se « rendre utile aux hommes du barreau, de la chaire, aux écrivains et à tous les ambitieux » parmi les zouaves qu'il leur présentait cet ouvrage auquel il attachait une « importance prodigieuse » et qu'il ne cessait « de recommander à la jeunesse studieuse », car c'était un lieu d'apprentissage de connaissances variées « en histoire, en philosophie, en politique, en théologie, etc. ». L'ouvrage peut toutefois paraître trop long, d'ajouter le publiciste qui les encourageait à la persévérance en comparant leur future lecture à une visite en voiture d'où du même siège l'on passe d'un paysage à l'autre.

Autant que la visite de Louis Veuillot, celle des prélats canadiens, des membres du clergé ou de quelques laïcs étaient chacune à leur façon l'occasion de débordements d'enthousiasme, d'épanchements et d'émotions fortes qui valaient bien mille autres loisirs. Une visite importante donnait lieu à une réception officielle avec banquet, discours, musique et danse; une autre visite, celle d'un professeur de collège par exemple, faisait se rassembler ses anciens élèves et ses amis pour jouer aux cartes, chanter, discuter, mais surtout évoquer nostalgiquement les bons moments de la vie au Québec.

Voilà ce qu'était le cercle canadien: un lieu de rencontre, de loisir et d'instruction, qui abritait la quasi totalité des activités des zouaves à Rome. C'est là qu'ils se préparaient à assister aux cérémonies religieuses, aux retraites, aux offices du mois de Marie et du carême, aux audiences accordées par Pie IX ou encore aux visites des églises et des monuments historiques qui tinrent tant de place dans leur vie quotidienne. C'est aussi là que Mgr Bourget et les membres du comité, constatant qu'une vie de caserne trop pénible risquait de compromettre les résultats de l'oeuvre, leur fournirent de meilleures conditions matérielles. C'est surtout là qu'ils fraternisaient, s'entraidaient, s'encourageaient et se corrigeaient réciproquement et où les aumôniers pouvaient exercer sur eux une surveillance efficace. Le cercle des zouaves tenait en quelque sorte la place du séminaire au Québec.

La surveillance

Chaque détachement de volontaires était accompagné d'au moins deux prêtres. Le premier en comptait trois: l'abbé Joseph Alarie, du grand séminaire de Montréal, Edmond Moreau, l'aumônier en titre, et son assistant, l'ancien vicaire de Boucherville, Eucher Lussier. Ces deux derniers devaient assister les zouaves à Rome pendant tout leur séjour[24]. Le cinquième était escorté de deux prêtres, et de dix autres membres du clergé américain qui faisaient la traversée. Si tous n'avaient pas la responsabilité de surveiller les zouaves, leur présence contribuait tout de même à créer une atmosphère à laquelle il était difficile d'échapper.

En voyage, la discipline relevait ordinairement de l'aumônier et du commandant de la compagnie. Le premier devait rédiger à l'intention du comité un rapport détaillé de leurs activités et décrire dans les moindres détails les gestes ou activités répréhensibles. Il devait surtout veiller à éviter les faux pas. La lecture et les jeux étaient les loisirs les plus courants. Les zouaves passaient aussi un temps considérable, surtout le dimanche, à prier, chanter des hymnes, des cantiques et des chants patriotiques. Le soir, avant le coucher, ils se réunissaient sur le pont pour entonner *l'Ave Maris Stella*.

Un détachement eut à souffrir de l'interdiction du capitaine de faire toute démonstration religieuse en public. Sur un autre vaisseau, les Québécois se faisaient siffler et huer quand ils chantaient leurs hymnes et leurs cantiques. « Nous ne bronchons pas, d'écrire Norbert Duguay, ancien séminariste, nous commençons en cela notre apprentissage[25] ». Le troisième détachement, conduit par l'abbé Routhier, fut soumis à une discipline particulièrement sévère. À New York, « pour éviter les abus », Routhier fit embarquer ses zouaves une journée avant le départ; et, alors qu'ils arrivèrent au Havre à 2½ heures de l'après-midi, il leur refusa, en dépit des murmures, la permission de quitter le navire en attendant l'embarquement pour Paris. Il disait noter « en détail les fautes commises », et comme il était passablement sévère, il écrivait avoir affaire à de « tristes gibiers » jusqu'au moment où, rendu à Rome, il dut admettre que ses hommes avaient « très bien fait les choses ». En fait, un rien le piquait et il supportait mal qu'on ne pense ni n'agisse comme lui. Obligé sur le navire de supporter la conversation d'un franc-maçon, il notait dans sa correspondance: « je tremblais malgré moi et j'étais tenté de demander à Dieu de l'écraser ». Il suffisait qu'un zouave s'oublie une fois dans sa conduite pour aiguiser son réflexe: « je redouble de surveillance. Je surveille plus (...) cependant je leur laisse leur liberté[26] ».

Les autres aumôniers furent plus compréhensifs, sans toutefois laisser les recrues agir à leur guise. L'abbé Suzor, en menaça quelques-uns de les dénoncer au comité s'ils n'amélioraient pas leur conduite avant l'arrivée à Paris. Quant à Edmond Moreau, cantonné à Brest puis à Lesneven avec les recrues du septième détachement, il leur dressa un programme d'activités qui les tenaient occupées toute la journée: exercices militaires, promenades, jeux, prières, chansons. Il veilla surtout à ce que leur conduite soit un sujet d'édification pour la population. Il reste qu'il n'était pas facile de déroger à la ligne de

Gourbis et tente du lieutenant-colonel de Charette
au camp de Rocca di Papa, 1868
(Supplément de *L'Avant-Garde*, ACAM)

conduite commune; rien ne passait inaperçu. On leur avait tant vanté
la grandeur de leur mission que plusieurs croyaient de leur devoir de
dénoncer leurs camarades à l'aumônier ou encore de les corriger personnellement. Les « bêtes noires » étaient vites toisées, comme il
appert de cette remarque de Denis Gérin: « Nous sommes 30 zouaves,
parmi lesquels plusieurs vrais gentilshommes, de bons jeunes gens et
comme presque partout des médiocres: deux ou trois me paraissent
bien mal élevés[27] ».

Après avoir tant idéalisé Rome, les membres du clergé québécois
qui s'y rendaient étaient toujours surpris de constater que la présence
du Vatican ne transformait pas pour autant la nature humaine. Ainsi
l'abbé Routhier regrettait que la vie à Rome ne puisse être, pas plus
qu'au Québec, « un séjour de sanctification pour celui qui est faible et
qui a des habitudes[28] ». De son côté, Bourget répétait à l'intention
d'une recrue les propos que Pie IX lui adressait lors de sa première
visite: « Tout n'est pas saint dans la ville sainte », et lui énumérait
ensuite les dangers qui « soumettent la vertu d'un jeune homme à de
terribles épreuves »: les prostituées engagées par les Piémontais pour
corrompre les zouaves, l'intempérance dans laquelle d'autres zouaves
les entraîneront « pour mieux ridiculiser les Canadiens dont on est
jaloux », le respect humain face aux railleries de ceux qui voudront les
inciter à la débauche[29]. Les volontaires étaient prévenus avant leur
départ et les aumôniers recevaient la recommandation de les faire
échapper à ces dangers.

Mais à Rome, la surveillance exercée par les aumôniers ne pouvait
être aussi étroite que sur les navires. Les exigences de la vie militaire les
empêchaient une bonne partie de la journée de suivre les zouaves, et
quand ils étaient en garnison hors de Rome, ils ne pouvaient les visiter
qu'une ou deux fois par mois. Les autorités militaires, soucieuses
d'épauler leur travail, consentaient à exempter les Canadiens les jours
de la visite de l'aumônier. À défaut de pouvoir obtenir la permission de
les regrouper dans un même bataillon, Moreau avait réussi à placer
ceux « à qui la surveillance serait utile » sous les ordres du sous-
lieutenant Hugh Murray, à son dire « très bon » et désireux de s'intéresser à eux. On peut penser qu'il usa de la même tactique un peu plus
tard quand s'accrut le nombre des gradés. De plus, certains zouaves
étaient l'objet d'une surveillance spéciale suivant leur conduite ou les
recommandations du comité, des parents ou du curé de la paroisse. Par
exemple, Marcel Bourget, le neveu de Monseigneur, avait causé l'in-

Le gourbi des zouaves québécois au camp d'Annibal,
16 août 1868. Certains posent avec leur crosse.
(Drolet, *Zouaviana. Étape de vingt-cinq ans*)

quiétude de sa famille par des lettres exagérées, disait-on, sur l'état de la nourriture, à tel point que l'évêque se repentait de l'avoir fait accepter parmi les volontaires. Moreau, qui avait charge de lui verser les traites familiales, écrivit à Bourget: « Je lui poserai pour condition au prochain versement qu'il répare la mauvaise impression qu'il a causée dans sa famille[30] ». Le père d'Alfred LaRocque questionnait l'aumônier: « Alfred que fait-il? (...) il y a tant de mauvaises occasions devant lui (...) Se conduit-il vraiment bien? A-t-il un confesseur? Profite-t-il un tant soit peu des avantages de Rome? (...) Dites-lui de ne pas oublier qu'il y a des balles plus dangereuses que celles de Mentana et qu'il en siffle de tous côtés[31] ». Moreau s'en occupa, et, de concert avec Mgr Bourget, il conseilla au « héros de Mentana » de retourner au pays et de se marier « le plus tôt possible » car, précisait-il à son père, « le genre de vie qu'il mène ici avec ses anciens camarades d'armes ne peut être que défavorable à son avenir (...) cette vie est très peu réglée et beaucoup dissipée[32] ». Enfin, dernier exemple, celui du zouave Sincennnes qui, congédié du régiment, consentit à faire une retraite de huit jours au noviciat des jésuites sur les pressions répétées de Moreau.

Les longues soirées du cercle étaient certainement le lieu et l'occasion pour l'aumônier de remettre ses protégés dans la bonne voie. Si de temps à autre il fallait se « ressourcer », l'aumônier leur choisissait un prédicateur réputé. Les évêques canadiens venaient souvent prêcher. Et en 1869, Mgr Bourget dirigea une retraite où il s'attacha à leur rappeler la grandeur de leur vocation.

Il est un point auquel le comité, les aumôniers et l'évêque de Montréal attachaient une importance particulière: c'est celui de leur correspondance. Le débat dans les journaux au sujet de leur situation matérielle avait choqué Mgr Bourget. Qu'en même temps la presse québécoise n'ait pas eu de scrupule à publier *in extenso* les lettres des zouaves où ils racontaient naïvement des anecdotes susceptibles de discréditer l'administration romaine fut suffisant pour qu'il sentît le besoin de répéter et préciser les conseils, adressés aux aumôniers, de censurer leurs écrits. Un mois après leur arrivée à Rome, il recommandait donc à nouveau aux aumôniers de porter attention à tout ce que les zouaves écrivaient à leurs parents et amis. Cette correspondance, constatait-il, suscite dans les journaux un vif intérêt. (...) « On se hâte de publier (...) des extraits de leurs lettres, quelques fois leurs lettres entières. Si donc on y remarquait des contradictions, leurs lettres perdraient nécessairement beaucoup de leur prestige, ce qui serait un malheur ». C'est pourquoi il conseillait à nouveau la constitution d'un bureau de presse: tous les zouaves se réuniraient fréquemment et dicteraient à des secrétaires les renseignements à transmettre au comité de Montréal. « Cette manière de procéder, à son avis, ou tout autre (...) jugée préférable produirait indéniablement les plus heureux résultats. ».

L'aumônier Moreau souhaitait-il vraiment réaliser ce plan? Il ne nous semble pas. Même s'il écrivait, trop modestement à notre avis, n'avoir « pas assez d'esprit pour réussir », il avait en fait accompli beaucoup mieux, tout en donnant à chacun l'impression de garder sa liberté, puisqu'il réussit à obtenir des quatre correspondants avec la presse québécoise qu'ils lui fassent lire leurs articles avant de les expédier aux pays, à l'exception évidemment des jours où ils se trouvaient en garnison. Mais la chose la plus difficile à réaliser, de l'avis de Moreau, était de contrôler les écrits des autres zouaves. « Plusieurs fois, écrivait-il, je leur ai donné des avis sur le fond et le ton de leurs lettres; mais en écrivant à leurs parents, ils pensent que tout restera secret, et les journalistes avides de ce qui même n'est pas bon enlèvent ces lettres des familles et font lire les sottises à nos jeunes gens[33] ». Une partie des torts revenait ainsi aux journalistes pour lesquels il souhaitait une surveillance aussi étroite que pour ses zouaves. La lettre de Taillefer, composée quelques semaines après le débat sur la nourriture, visait justement à réclamer aux journalistes et aux parents de taire ce qui pourrait être préjudiciable au mouvement. Le mot d'ordre a peut-être aussi circulé parmi les membres du clergé de ne pas faire écho aux indiscrétions des zouaves. En tout cas, Mgr Laflèche censura personnellement une lettre de Gérin, traitant entre autres de la nourriture, avant de l'envoyer au *Journal des Trois-Rivières*.

Bourget revint sur le sujet une dernière fois en février 1869, à l'occasion de la formulation de ses 17 suggestions pour améliorer le sort des zouaves. Le 15e point se lisait comme suit: « Diriger ces bons enfants pour que leur correspondance entretienne dans notre pays le zèle pour la cause pontificale et y fasse faire tous les sacrifices possibles pour qu'ils triomphent de tous les obstacles qui leur sont suscités ». Mais, depuis l'automne 1868, il était très rare de trouver dans la correspondance des zouaves des notes discordantes. Du reste, un correspondant admettait que certains camarades s'étaient fait « pincer pour avoir annoncé des rumeurs qui ont eu mauvaise chance[34] ». Et Émery Perrin, correspondant de *L'Ordre*, celui-là même qui s'était fait critiquer pour ses indiscrétions, reprend à son tour énergiquement le correspondant du *Nouveau-Monde*, Casimir de Hempel, qui a eu le malheur de raconter avoir reconduit « clopin-clopant » des camarades après la fête de la Saint-Jean-Baptiste à Rome.

Ce souci d'influencer l'opinion publique sur les facettes multiples de la question romaine s'étendait même à la surveillance au Québec de ceux que la maladie ou l'indiscipline avaient obligés de quitter Rome. L'évêque de Montréal affirmait craindre qu'ils ne « fassent de mauvaises impressions sur notre population et paralysent les bons effets qu'ont pu produire jusqu'ici les lettres de nos braves jeunes gens ». « Nous les suivons de près, confiait-il à Moreau, pour relever leurs erreurs, s'il leur arrive d'en commettre[35] ».

Piété et dévotions

Le mouvement des zouaves pontificaux québécois revêtait un caractère fondamentalement religieux, non seulement parce qu'il était organisé par le clergé, ou que la cause défendue était considérée comme étroitement liée à la religion, ou encore parce que le mouvement, à court et à long terme, allait influencer considérablement l'avenir du catholicisme au Québec, mais surtout parce que chacune des étapes de l'organisation et de la vie quotidienne des zouaves était ponctuée d'actes religieux. La vie à Rome, comme le disait l'un d'eux, « sanctuaire de piété et de sainteté », où « les fêtes succèdent aux fêtes », contribuait pour beaucoup à créer cette atmosphère religieuse, de telle sorte qu'il semblait à plusieurs qu'il y était plus facile de se sauver. Cependant l'atmosphère religieuse qui imprégnait leurs activités à Rome dépendait surtout des initiatives de Mgr Bourget et des aumôniers dont les tâches d'encadrement et de surveillance s'étendaient principalement à ce domaine.

Au dire de Mgr Bourget, le zouave devait être un « bon catholique ». Il est aisé de découvrir la signification de cette expression à travers les nombreux avis et conseils adressés à l'aumônier. On se souviendra d'ailleurs qu'il avait prescrit au départ de nombreux actes de piété qui, observés rigoureusement, ne devaient pas laisser passer une journée sans qu'une prière de groupe soit prononcée. Il recommandait de plus la communion fréquente. Maintes fois par la suite il revint sur ces avis.

Outre le culte de Pie IX que les volontaires vénéraient à l'égal d'un saint, la dévotion mariale et la communion fréquente nous paraissent avoir été les deux dévotions les plus pratiquées à Rome. Consacrés à la Vierge avant le départ, incités à entonner l'*Ave Maris Stella* au départ du train de Montréal puis chaque soir pendant le voyage, munis d'un chapelet béni par le pape[36], les zouaves avaient donc été bien préparés par les dirigeants à pratiquer cette dévotion. Du reste, Mgr Bourget qui en avait fait sa dévotion particulière, ne ménageait rien pour les encourager. Il fit parvenir à chacun d'eux un petit livre intitulé *Notre-Dame des Soldats*, qui, disait-il, « nourrira (...) la vraie dévotion à Marie qu'ils ont sucée au sein de leur mère ». Pas étonnant dans ce cas que leur mois de Marie à Rome ait été jugé le plus beau et le plus édifiant par les aumôniers militaires et quelques autres personnalités religieuses, ni qu'ils se soient surpris à parler en groupe « de la sainte Vierge et de la bonne cause », ce que, de dire l'un d'eux, ils étaient loin de faire au Québec. Les exercices du mois de Marie avaient lieu chaque soir à l'Église Sainte-Brigitte. Un petit sermon d'environ un quart d'heure était suivi d'oraisons et de « chants de cantiques et de motets du pays ». Le zouave Desjardins, musicien, dirigeait le choeur. Tous, semble-t-il, y assistaient avec ferveur. S'il arrivait que quelqu'un s'abstienne, Moreau, toujours vigilant, s'empressait de le rappeler à l'ordre. Les aumôniers annonçaient donc avec joie: « Le mois de Marie est toujours régulièrement suivi (...) et contribue beaucoup à conserver l'esprit de famille parmi eux ». « Il y a chez les zouaves un zèle pour assister aux exercices que plusieurs (...) n'apportaient certainement pas quand ils étaient au Canada[37].

Après une année de vie à Rome, ce culte devint chez certains de plus en plus profond. On disait par exemple de Marcel Bourget qu'il avait volé la dévotion de son oncle l'évêque. Il avait fait une petite niche au-dessus de son lit et durant le mois de mai il renouvelait les roses chaque jour. À la fin du mois, ses camarades et lui couronnèrent la Vierge. Une niche semblable dans la chambre de Gervais attirait « beaucoup d'amateurs ». Plusieurs autres et sans doute aussi les mêmes vénéraient plus particulièrement une statue de la Vierge échappée miraculeusement, disait-on, au saccage d'une église par les troupes garibaldiennes. Ils s'y rendaient prier chaque jour. Parfois aussi, en garnison hors de Rome, il arrivait qu'à l'instigation de quelques-uns, ils se rassemblent tous dans l'église du village pour y réciter le chapelet et les litanies de la sainte Vierge. Enfin, dernier exemple de la profondeur de cette dévotion, celui de Gédéon Désilets qui, sur le bateau du retour, alors que la tempête faisait craindre le naufrage, fit promettre à ses camarades d'offrir un ex-voto à la Vierge s'ils étaient épargnés. Depuis, la réplique miniature du navire *Idaho* est suspendue à la voûte de l'église Notre-Dame du Bon Secours de Montréal où, chaque année, pendant longtemps les zouaves sont allés se recueillir.

Les exercices du mois de Marie étaient de plus l'occasion d'inciter les zouaves à communier fréquemment. En général, encore à cette époque, même les catholiques fervents se contentaient de la communion annuelle sans que le clergé trouve à redire. Cependant Mgr Bourget et d'autres ecclésiastiques accentuaient leurs efforts pour introduire l'habitude de la communion fréquente. Dans ce but, l'évêque adressait une lettre aux journaux dans laquelle il citait les zouaves en exemple. Dans les collèges classiques, les prêtres commençaient à conseiller à la jeunesse la communion hebdomadaire. Il faut dire qu'une communion mensuelle était jugée par le clergé comme une conduite excellente. Il semble de plus que la réception de ce sacrement, même chaque semaine, était toujours précédée de la confession.

Plus de la moitié des zouaves se confessaient et communiaient chaque mois. Les autres, moins fréquemment, mais déjà l'événement était quelque peu extraordinaire[38]. Dans le cas de cette pratique comme dans les autres, Moreau et Lussier veillaient. Ils comptabilisaient, notaient les noms de ceux qui s'abstenaient trop souvent et pouvaient ainsi les corriger au besoin. Sur le bateau, Lussier était réjoui par le « spectacle délicieux » d'une trentaine de zouaves qui communièrent à la dernière messe du voyage du premier détachement. Deux semaines après leur enrôlement à Rome, Moreau remarquait avec satisfaction: « plusieurs ont déjà communié deux fois depuis leur arrivée[39] ». Il pouvait être aussi beaucoup plus précis; après une visite au camp de Monte Rotondo il écrivait: « tous se confessent à l'exception d'un seul ». À la fin d'août 1868, il avait compté que « pas moins d'une centaine » de zouaves s'étaient confessés durant le mois d'août, quelques-uns trois ou quatre fois. Toutefois la correspondance des années 1869-1870 ne dit mot de cette pratique; sans doute que l'habitude de la communion fréquente était si bien établie chez la majorité d'entre eux que les dénombrements ne suscitaient plus grand intérêt.

Ces deux dévotions, le culte de Marie et la communion fréquente, furent l'occasion de développer à Rome une forme particulière de

piété, peut-être calquée sur celle des Italiens. Le recueillement intérieur se manifestait par des signes extérieurs dont les larmes étaient
sans doute le dernier et le plus visible des effets. En cela, les zouaves
prenaient aussi exemple sur leurs aumôniers et leur évêque: Après que
Lussier eut raconté à Bourget qu'il n'avait « pu retenir d'heureuses
larmes en (leur) donnant le pain des forts », celui-ci répondit:
« Comme vous, je n'ai pu retenir mes larmes en voyant paraître à la
Sainte Table une trentaine de nos zouaves (...) pour commencer le
beau mois de Saint-Joseph[40] ». D'ailleurs les conseils que leur adressait le cardinal Barnabo lors d'une visite avaient de quoi leur inspirer
un pareil comportement: « Quand vous aurez reçu Jésus dans vos
coeurs, disait-il, laissez libre cours à votre amour. — Parlez-lui comme
un enfant parle à son père, comme un ami parle à son ami après une longue absence (...) N'oubliez pas non plus la mère de Jésus (...) En com-
muniant imaginez-vous que ce n'est pas la main du prêtre mais celle de
(Marie) qui pose l'hostie sur vos lèvres[41] ».

Au nombre des autres dévotions pratiquées par les zouaves à
Rome, outre celles recommandées par Mgr Bourget, il y avait surtout
les reliques et autres objets de vénération que leurs nombreuses visites
de monuments historiques et d'églises leur faisaient découvrir. Les
descriptions qu'ils en ont laissé font parfois hésiter entre foi, supersti-
tion et crédulité.

Durant la semaine sainte, ils se rendaient aux catacombes et visi-
taient les églises où l'on avait exposé de multiples reliques. Le zouave
Charles Guilbault en fait ici une description à l'intention du directeur
du collège de l'Assomption et de ses amis: « ... je ne vous ai pas encore
parlé des reliques précieuses et autres objets sacrés exposés à notre
vénération pendant le carême et surtout la Semaine sainte. Quel sanctuaire de piété et de sainteté que Rome. Vous pouvez de ce temps-ci
vénérer un vrai clou de la croix; vous voyez la moitié de la croix du bon
larron; la vraie colonne à laquelle Notre Seigneur a été attaché; la table
sur laquelle St. Charles Borromée donnait à manger aux pauvres; les
têtes de St. Pierre et de St. Paul. Vous pouvez monter à genoux l'escalier que (Jésus) a monté lorsque tout couvert de sang après la flagellation, il fut conduit à Pilate, et les catacombes, et les os des saints exposés
à profusion partout, dans toutes les églises[42] ». L'année précédente
Gédéon Désilets avait laissé cette description d'une de ses visites de la
semaine sainte: « Nous laissâmes St. Pierre à 2 heures P.M., pour St.
Jean de Latran. Nous arrêtâmes en chemin à St. Côme et Damien sur le

Forum, puis à St. Clément. De St. Jean de Latran nous allâmes monter à genoux la *Scala Santa* où l'escalier du Prétoire, puis vénérer les reliques au *Sancta Sanctorum*. De là, nous nous rendîmes à Ste. Croix en Jérusalem, ensuite à Ste. Marie Majeure et à diverses autres églises en revenant. Voici quelques-unes des saintes reliques que nous avons vénérées: à St. Pierre, la Vraie Croix, la lance qui a percé le côté du Sauveur, le voile de Ste. Véronique etc; à St. Jean de Latran, la table de la Ste. Cène, les têtes de St. Pierre et de St. Paul; au *Sancta Sanctorum*, outre le Saint Escalier, un portrait de Notre Seigneur peint pendant qu'il était sur la terre et apporté miraculeusement à Rome (...), un cheveu de J.-C., mille autres reliques; à Ste. Croix en Jérusalem, un des clous qui servit au crucifiement, deux épines de la couronne, le doigt de St. Thomas; à St. Praxède, la colonne de la flagellation, etc.[43] ».

Il y a peu de volontaires qui ne soient allés baiser les chaines de saint Pierre ou qui n'aient gravi à genoux la *Scala Santa*. L'un d'eux écrivait naïvement à ses parents que, trois jours après son arrivée, il était descendu à la prison Mamertine où saint Pierre en captivité avait fait sortir du rocher une fontaine dont il avait bu de l'eau. Il avait aussi vu « à un endroit de la muraille (...) les traits de sa figure (...) imprimés dans le roc, au moment qu'on lui souffletait la figure ». C'était, disait-il, « un lieu bien propre à y puiser le goût du martyre[44] » Le même zouave et sans doute beaucoup d'autres se rendirent le vendredi suivant assister au chemin de croix du Colisée qui se faisait chaque semaine.

Leur zèle et leur enthousiasme à visiter les églises et les reliques — Rome, au dire de Bourget, était un immense reliquaire — durant le carême et la semaine sainte étaient d'autant plus grands qu'ils avaient été préparés à cette période spéciale de sanctification par une retraite de cinq jours décrétée par les autorités militaires. Mgr Bourget avait prêché celle des Québécois en 1869: messe et sermon le matin, bénédiction du saint Sacrement et autre sermon en fin d'après-midi. Toute la journée, l'évêque restait à leur disposition dans ses appartements. En fait, à en juger par les épithètes dont ils se servirent pour décrire les églises et les cérémonies religieuses, les zouaves étaient émerveillés: splendeur inouïe, costumes d'apparat, offices grandioses, touchantes et pompeuses cérémonies, chants graves et tristes des ténèbres, et bien d'autres expressions qui traduisaient leur éblouissement.

Afin de stimuler les dévotions, Bourget distribuait des reliques au départ des volontaires. Ceux du sixième détachement reçurent chacun une relique de saint Ténise, « connu et vénéré dans le diocèse » et de saint Zénon, qui l'année précédente, à l'occasion de sa présentation aux fidèles, avait fait l'-objet d'un triduum de prières. En peu de temps son culte était devenu très populaire, car il avait la réputation d'opérer des miracles. Pas moins de 100 000 personnes, d'écrire le vicaire général Truteau, avaient assisté à la procession de ses reliques à travers les rues de Montréal. Les habitants du faubourg Québec transportèrent des paniers remplis d'objets de piété qu'ils faisaient toucher à la châsse de saint Zénon[45]. Un autre zouave vénérait particulièrement le bienheureux Benoît-Joseph Labre dont il avait fait son protecteur. Gédéon Désilets disait prier avec confiance la sainte Vierge, saint Joseph, son patron, et les saints Anges. Il s'était fait recevoir du Rosaire chez les dominicains et avait fait parvenir à son frère des médailles et une relique — « un morçeau de pantalon » — qu'il devait partager entre les membres de la famille[46]. Reliques, médailles et chapelets bénis par le pape affluaient au pays par l'intermédiaire des zouaves. Enfin terminons cette liste de témoignages évocateurs de la multitude des dévotions des zouaves à Rome par l'exemple des 17 volontaires qui, avant leur retour, allèrent communier à la chapelle de Saint Louis de Gonzague et mirent leur voyage et leur avenir sous sa protection.

Parmi les nombreux exercices religieux organisés ou commandés par les aumôniers ou l'évêque de Montréal, quelques célébrations méritent d'être ici notées: le jubilé de la fin de 1869, par exemple, sorte de retraite de plusieurs jours, fut l'occasion d'émotions profondes, en partie à cause de la présence du cardinal Barnabo et de tous les évêques canadiens et aussi grâce aux prédications de Mgr Laflèche et du chanoine Fabre; la célébration de la fête de saint Joseph, qui, après la messe, les prières et les dévotions à ce « protecteur de la jeunesse », donnait lieu à des réjouissances au cercle; la Saint Jean-Baptiste, qui revêtait à Rome un apparat exceptionnel, car Mgr Bourget voulait par ce moyen faire du mouvement zouave une oeuvre nationale.

En somme, la piété des zouaves trouvait à Rome de multiples occasions de se manifester et surtout de progresser. L'aumônier Moreau en témoignait dans une lettre à son évêque: « Je crains moins pour nos jeunes gens que je ne craignais dans le principe ». Leur attitude avait dissipé toutes ses inquiétudes. Il s'exclamait, après la visite d'une trentaine d'entre eux au camp de Monte Rotondo: « Le ministère est bien doux lorsqu'on a affaire à des âmes si dociles[47] ». Le zouave Denis Gérin illustrait et confirmait ce témoignage: par son exemple, puisque durant la visite à Rome d'un prêtre du séminaire de Nicolet, il servit sa messe tous les matins et affirmait d'autre part assister à la messe en semaine aussi souvent que le service militaire lui en donnait le loisir; par ses écrits, où il rapportait que ses compatriotes de la garnison de Tivoli étaient les plus religieux et que, parfois, ses camarades et lui discutaient de vocation, pouvant même prédire en août 1868 que plusieurs entreraient dans les ordres religieux. Ce n'était donc pas par pur hasard si, au camp de Rocca di Papa, la prière du soir pour tous les zouaves se faisait dans la partie du camp occupée par les Québécois.

Des témoignages aussi unanimes sur leur piété exemplaire n'ont, à nos yeux, rien de suspect. Au contraire, il était même assez normal que des volontaires choisis parmi plusieurs, bien encadrés et vivant au milieu d'une foule d'institutions religieuses, manifestent une telle ferveur. Toutefois ces témoignages ont le défaut de toute généralisation: ils nous font perdre le sens des proportions. Une étude de la conduite de certains d'entre eux nous permettra d'apporter les nuances nécessaires.

Écarts de conduite

À la connaissance de la surveillance exercée par le clergé sur les publications des zouaves dans les journaux, on s'explique aisément qu'il ne soit jamais fait mention de congédiement du régiment ou de rapatriement pour cause de mauvaise conduite. Règle générale, les journaux invoquaient les raisons de santé pour expliquer les rapatriements. Mais comme l'expliquait Gédéon Désilets à ses parents, ceux qui furent renvoyés pour ce motif étaient presque tous des individus qui auraient fait le déshonneur de leurs compatriotes[48].

C'est dans la correspondance privée, plus particulièrement dans celle des aumôniers, qu'il faut rechercher les informations sur le sujet. Encore faut-il se méfier des exagérations ou de la rigueur excessive d'un abbé Routhier et de quelques autres pour qui la moindre incartade était une faute grave. Distinguons ici, dans un premier temps, les oublis mineurs et occasionnels qui furent l'objet de réprimandes de la part des aumôniers. Nous verrons ensuite les cas d'expulsion.

Trois zouaves du troisième détachement se permirent d'aller au théâtre lors de leur passage à Paris. En soi, la faute n'était pas bien grave; mais, au jugement du clergé qui condamnait ce divertissement, surtout aux yeux de Mgr Bourget et des aumôniers qui proposaient en exemple la conduite des zouaves, le fait méritait d'être relevé. L'abbé Routhier qui dirigeait ce détachement s'en disait attristé. Quelques mois plus tard, Mgr Bourget adressait aux zouaves son mandement contre le théâtre, et l'abbé Moreau qui en fit la lecture au cercle précisait dans une lettre qu'il n'avait jamais eu de sa vie la pensée d'assister à une représentation théâtrale. Une opinion aussi tranchée nous informe amplement de la surveillance qu'il exerçait et des réprimandes qu'eurent à subir certains zouaves. Il reste qu'à Rome les représentations théâtrales étaient surveillées par un censeur officiel du gouvernement; les zouaves avaient donc la permission d'y assister.

L'abbé Routhier déplorait aussi le fait que deux de ses protégés, Henri Faucher et Thomas Michaud, soient sortis sans permission à Marseille et n'aient pu rejoindre le groupe à temps pour le départ. En les attendant sur le pont du navire, Routhier, agenouillé avec ses zouaves, leur fit chanter avec force l'*Ave Maris Stella* ». Toutefois, lorsqu'il apprit les relations de voyage des autres détachements, il jugea que les siens s'étaient très bien tenus. Le zouave Gervais se scandalisait que certains, malgré les interdits, jouent à l'argent au cours de la traversée, passent une partie de la nuit dans les cafés à Rome ou encore entretiennent, à la vue des jeunes italiennes, des discours licencieux.

Ces anecdotes ne mettent pas en cause la réputation des zouaves; elles attestent plutôt que les aumôniers et les quelques autres individus dont nous avons rapporté les témoignages considéraient l'oeuvre des zouaves comme un mouvement essentiellement religieux. Tout comportement pouvant porter ombrage au caractère édifiant de l'entreprise était alors considéré comme répréhensible. Notons aussi, à la suite de cette réserve, que les mêmes témoins confirment que ce sont les agissements d'une minorité.

L'ennui, la monotonie de la vie de caserne et la chaleur insupportable de l'été romain en démoralisaient plusieurs. En juillet 1868, l'aumônier notait que ceux qui avaient « le mal du pays semblaient être rendus à la phase la plus critique de leur maladie[49] ». Plusieurs sollicitaient leur congé. Moreau tentait de son mieux de les encourager. Il avouait avoir beaucoup de difficultés auprès des malades: « la pensée de s'en retourner au pays se fixe dans leur tête à ne plus l'en arracher; il y a eu plusieurs malades depuis quelque temps et j'ai eu un ministère difficile[50] ». Sa tâche était encore plus difficile auprès de ceux qui avaient pris l'habitude de s'enivrer. Malgré leur engagement à la tempérance, ils se remettaient à boire. Ce fut d'ailleurs la principale cause de congédiement.

Elzéar Hardy, de Québec, fut rapatrié pour cette raison. « Bien triste sujet, toujours ivre depuis son arrivée en Italie », d'écrire Moreau qui fit personnellement les démarches auprès du colonel pour obtenir son congé. Il portait le même jugement sur Félix Sincennes, du premier détachement, qui fut renvoyé après seulement cinq mois d'engagement. Il aurait été remercié bien avant si l'aumônier avait pu trouver facilement un « Raphaël » pour l'escorter au pays. Henri Faucher connut le même sort. « Il a bu et il boit », de commenter un membre du comité montréalais, déjà indisposé par le fait qu'il avait abandonné le groupe à Marseille et était arrivé à Rome avec cinq jours de retard. De plus, l'aumônier recommandait au trésorier du mouvement de ne pas rembourser ses frais de rapatriement, car il le soupçonnait d'avoir trompé le comité en présentant, au moment de l'engagement, un billet de médecin qui ne faisait pas état de sa « santé délabrée ».

D'autres cas de congédiement semblent aussi avoir été reliés à l'alcoolisme sans que les documents nous en fournissent la certitude. C'est le cas d'Alfred Renaud, fils de l'honorable Louis Renaud, dont Moreau écrivait qu'il « n'a pas été une acquisition précieuse[51] ». Il revint au pays après cinq mois d'engagement. Quand à Henri Munro, fils d'un médecin montréalais, il était complètement démoralisé et demandait son congé quelques mois après son arrivée. Moreau sollicitait la permission de le lui octroyer, car il était devenu la honte des Québécois en acceptant d'être le domestique d'un zouave anglais. « Il sirre (sic) les bottes et l'équipement tous les jours », d'écrire Moreau, ajoutant à l'endroit du comité montréalais: « Ah! on devra regretter d'avoir eu de la faiblesse pour certains messieurs qui cherchaient à se débarrasser de leurs enfants[52] ». Théophile Lavigne était des « plus mal tournés ». Moreau avait demandé son congé pour lui éviter « les galères », mais, après l'avoir obtenu, il s'était encore rendu coupable d'une faute qui lui mérita la prison. Il n'était plus zouave à ce moment; l'aumônier se félicitait que « la chose ne (soit) pas connue dans le régiment[53] ». Deux autres zouaves, Georges Lionais et Jules Verreault, ont encouru les sanctions sévères de l'aumônier. Le premier, au témoignage de Routhier, était « un jeune écervelé qui se vantait d'avoir obligé le médecin à lui donner un certificat de santé, qui traînait à l'hôpital depuis son arrivée et passait son temps à critiquer les autorités militaires »; il fut renvoyé à ses frais après deux mois. Il en fut de même du second, aussi soupçonné d'avoir voulu « faire un voyage ».

Quelques autres furent rayés des rôles pour des raisons disciplinaires. Le caporal Aristide Lavallée fut condamné à deux mois de prison et suspendu pendant six semaines pour avoir laissé un prisonnier s'évader. Un autre fut condamné à un mois de prison et congédié, sans doute pour une raison semblable. Au total, 29 volontaires regagnèrent le pays avant la fin de leur engagement. Une dizaine environ furent congédiés pour des raisons morales ou disciplinaires. Les autres invoquèrent des raisons de santé ou des raisons personnelles pour demander leur congé. Il reste que tous ceux qui furent congédiés à cause de leur conduite l'on été à l'initiative de l'aumônier, qui faisait lui-même les démarches auprès des autorités militaires pour obtenir la permission. Sans son intervention, quelques-uns d'entre eux seraient restés à Rome et auraient certainement été de bons soldats sinon des exemples édifiants pour la population québécoise.

La correspondance consultée nous permet de croire que les délits moraux étaient encore plus nombreux que les cas cités. Par exemple, à la garnison de Velletri, des Québécois s'autorisent de la conduite de deux officiers pour fréquenter les prostituées. Moreau constate alors avec étonnement que « plus d'un » ne voyait pas de mal à cela. Il jugeait cependant que ceux qui étaient « bons » avant de venir, même s'ils étaient terriblement exposés, n'avaient pas succombé. Routhier notait à son tour que « plusieurs (avaient) la triste habitude de la boisson. Hors cela, ajoutait-il, je puis me féliciter d'avoir de bien bons enfants ». Enfin citons Mgr Bourget qui, s'adressant aux membres du comité pour les inciter à la vigilance dans le recrutement, atteste, en les excusant presque, les vices de quelques-uns: « (...) il est arrivé que pour déshonorer les Canadiens dont on est jaloux, on se donne un misérable plaisir de chercher à les enivrer ou à les conduire en des mauvais lieux, pour avoir ensuite une raison de les tourner en ridicule[54] ».

Somme toute, en deux ans et demi de vie à Rome, de tels cas sont assez rares. Les aumôniers avaient beaucoup plus à craindre du mauvais exemple des zouaves étangers que de celui des leurs[55]. Il faut certes attribuer cette conduite exemplaire à la sélection rigoureuse des candidats suivant des critères moraux et à la surveillance des aumôniers qui réussirent à prévenir l'inconduite. Il est cependant remarquable que ces cas d'écart de conduite n'aient à peu près pas été connus au Québec. Les zouaves, à la suite des nombreuses directives de Bourget, avaient compris que l'objectif principal de leur mission était autant d'édifier leurs compatriotes que de défendre la papauté.

Chapitre 8

La diffusion d'une idéologie

Les départs et les retours successifs de sept détachements ont donné lieu à de nombreuses manifestations publiques dont la principale fonction fut de sensibiliser l'opinion publique à la cause pontificale. L'examen de ces festivités fait apparaître clairement les fonctions idéologiques que leur assignaient les organisateurs.

Manifestations et célébrations

Le départ du premier détachement avait été fixé au 19 février 1868. Cependant le comité organisateur décida de le rassembler à Montréal quatre jours avant le départ sous le prétexte que Mgr Bourget désirait leur prêcher une retraite. Connaissant le déroulement des manifestations montréalaises, la raison officiellement invoquée ne semble pas la plus importante. On cherchait surtout à profiter de l'occasion pour édifier les fidèles, raffermir les convictions ultramontaines, provoquer l'enthousiasme et collecter en même temps d'autres fonds pour le soutien de l'armée pontificale. À cet égard, le comité avait tracé aux volontaires un programme détaillé, chargé de fréquentes rencontres avec le public montréalais. À leur arrivée, le samedi 15 février, ils se rendirent à l'Institut canadien-français, où on leur remit

l'uniforme confectionné pour la circonstance par les soeurs de différentes communautés religieuses de Montréal. Le costume, faisait-on
remarquer, « inspire aux hommes l'idée de la discipline et leur
imprime l'esprit de corps ».

Même temporairement, pour la durée du voyage, car un autre
uniforme les attendait à Rome, on tenait à ce que les zouaves ne passent
pas inaperçus: le béret blanc et les guêtres blanches avaient cette parti-
cularité qui fit croire à des Parisiens malveillants qu'ils étaient en présence d'apprentis boulangers de passage dans la ville[1]. Pour le reste, le
costume consistait en « une tunique ample de drap gris, se boutonnant
au pantalon un peu large et de même couleur »; des parements bleu
foncé avaient été ajoutés au collet et aux manches; des courroies de cuir
jaune retenaient, roulée au dos, une couverture bleue et « servaient en
même temps de bretelles pour soutenir les pantalons ». Enfin, un sac à
provision en toile blanche complétait cet uniforme. Le lendemain
matin, pour la première fois costumés, ils assistèrent en groupe à la
grand-messe dans l'église du Gésu; deux zouaves firent la quête pour
le financement du mouvement. Débutait en même temps la retraite
des zouaves que les jésuites avaient bien voulu faire coïncider avec les
exercices du Triduum prescrit par Pie IX pour implorer Dieu qu'il
épargne l'Église des progrès de la révolution libérale. Les zouaves
mêlés aux fidèles, assistaient aux exercices communs, puis se retiraient
à l'occasion dans la sacristie pour y recevoir des « instructions appro-
priées ». Ces exercices se terminèrent le mardi matin, à huit heures, par
une messe où tous les zouaves présents, en uniforme, purent entendre
un sermon de Mgr Bourget et recevoir la communion de ses mains. À
ce moment, plusieurs d'entre eux ne purent contenir leur émotion que
Le Nouveau-Monde, avec un style de circonstance, rapporta ainsi:
« Les spectateurs eux-mêmes se sont trouvés visiblement émus en
voyant de grosses larmes dans les yeux et sur les mâles figures de plusieurs de nos guerriers se relevant de la table sainte[2] ». Le phénomène
mérite d'être noté car, depuis le réveil religieux de 1840, dont les manifestations avaient été rapportées avec une certaine exagération par *Les
Mélanges religieux*, il était assez rare de lire de tels comptes rendus dans
les journaux. Cette description semble marquer le début de l'expression d'une sensibilité religieuse particulière, très visuelle et extérieure,
peut-être calquée sur les habitudes italiennes dont les zouaves ont
fourni, nous l'avons vu, de si fréquents exemples.

Ils furent par la suite reçus à dîner au collège des jésuites, où les

Bas-relief du monument Bourget devant la cathédrale Saint-Jacques (Montréal)
par le zouave sculpteur Philippe Hébert
(David Ross, *The Journal of Moïse Cormier*.
Manitoba, Museum of man and nature, 1975)

étudiants réunis leur remirent la somme de $100, ce qui donna lieu à de nouveaux échanges de discours que rapporta la presse locale. Pendant ce temps, les soeurs de l'Hôpital Général travaillaient à orner l'église Notre-Dame pour la grande manifestation publique du soir. Rien n'avait été épargné pour en assurer le succès éclatant. Pour les gens de l'extérieur de Montréal, pour les parents et les amis des zouaves, la Compagnie de chemin de fer Grand-Tronc avait consenti à diminuer ses tarifs de moitié pour tous ceux qui se rendaient à Montréal entre le 15 et le 18 février. La semaine précédente un programme détaillé avait été distribué. Mgr Bourget avait fait lire une circulaire dans les différentes églises de la ville et de la banlieue afin d'exhorter à nouveau ses fidèles à assister à cet « office tout spécial et très solennel » dont il exposait les objectifs: « Il s'agit (...) de témoigner de notre profonde vénération, de notre vive sympathie et notre piété filiale envers l'auguste personne de N.S.P. le pape (...), de faire des prières publiques et solennelles, pour attirer les bénédictions du ciel » sur les zouaves. « Au secours de la prière et des hommes, nous joindrons celui de l'argent, qui est un troisième moyen, pour nous, de montrer notre attachement à notre immortel Pontife et à la noble cause qu'il soutient avec une vigueur toute apostolique[3] ».

Au programme, il y avait la bénédiction du drapeau des zouaves, le sermon de Mgr Laflèche et les exécutions de chants et de musique par près de 300 artistes qui s'étaient offerts bénévolement. Le spectacle promettait d'être captivant, car la réputation de l'orateur sacré, l'ambiance créée par les décorations de l'église auxquelles on travaillait depuis trois semaines[4], l'éclairage au gaz, la vue des zouaves costumés et la présence d'une bonne partie des membres du clergé des diocèses (plus de 200 prêtres) de Saint-Hyacinthe, Trois-Rivières et Montréal, invités pour le départ des zouaves et pour célébrer la fête de Mgr Bourget, ordinairement fixée le premier février mais retardée pour donner plus d'ampleur à la manifestation, avaient de quoi susciter l'intérêt général pour ce spectacle.

Les témoins s'accordent pour dire qu'au moins 15 000 personnes se réunirent dans l'église ce soir-là. Les zouaves firent leur entrée, accompagnés en procession depuis la salle de l'Institut canadien-français d'un corps de musiciens et des officiers de la Société Saint-Jean-Baptiste et des autres sociétés de bienfaisance et des sociétés littéraires. Ils se dirigèrent vers les marches du choeur et formèrent deux rangs entre lesquels les membres du clergé défilèrent jusqu'à

« Le costume confectionné par des religieuses de Montréal
pour les zouaves du premier détachement »
(APC, PA74140)

leurs places respectives. Seize zouaves avaient été placés deux par deux aux différentes portes de l'église pour faire la collecte. Ils reçurent $763. Puis vint le moment du sermon: Mgr Laflèche parla de l'Église catholique comme société militante, démontrant à travers les diverses luttes contre le paganisme, l'arianisme, le protestantisme, le voltairianisme et enfin le libéralisme sur lequel il s'étendait longuement, que chaque chrétien était un soldat. Sa conclusion portait sur la mission providentielle du peuple canadien-français, sujet qu'il avait déjà exposé dans une brochure parue deux ans auparavant[5]. Il ne put cependant se rendre jusqu'à la fin: la chaleur, la fatigue, sans doute aussi l'émotion, ne lui permirent pas de tenir plus d'une heure. Il faut dire que son discours était d'une longueur démesurée: il fut publié plus tard sous forme de brochure et occupait près de 60 pages d'une typographie serrée. C'est d'ailleurs dans cet ouvrage que les fidèles purent lire sa conclusion émouvante et si souvent citée par la suite: « Partez, maintenant, soldats du Christ et de la vérité, partez. Allez jusqu'à Rome, sur ce théâtre des grands événements de l'histoire, sur ce sol arrosé du sang des saints, dans cette ville dont le nom rappelle l'éternité. Allez-y défendre notre Père attaqué, notre Mère outragée, nos frères dépouillés et trahis. Allez prendre dans la milice sacrée du Pontife la place que le Canada doit revendiquer au milieu des nations. (...) Dites aussi à la vieille Europe, par vos actes plus encore que par vos paroles, que si par impossible elle n'a plus de place chez elle pour l'Épouse de Jésus-Christ qui l'a formée, nourrie et sauvée, il y en a en ces lieux; dites combien nous serions heureux de recevoir sur nos bords son auguste chef, et de lui offrir dans son exil, sur le sol hospitalier du Nouveau-Monde, l'air, l'espace et la liberté! (...) La cause du St-Père, c'est la cause du faible, c'est la cause de la vertu, c'est la cause de la justice, la cause de la propriété, du pouvoir et de la vraie liberté, la cause des âmes, des temps et des lieux, la cause de la société, de la Religion et de Dieu même, enfin la cause de tous et de tout[6] ».

Le drapeau des zouaves avait été dessiné par Napoléon Bourassa; d'un côté les armoiries pontificales, la tiare et les clefs brodées de fil d'or sur fond blanc, de l'autre la devise des zouaves canadiens, « Aime Dieu et va ton chemin », surmontée de deux feuilles d'érable croisées à la tige et, au milieu, un castor. Ce drapeau était placé à la croisée des transepts sur un trophée en forme pyramidale orné de verdures et d'autres drapeaux. L'aumônier Moreau alla le chercher, accompagné du curé Rousselot de la paroisse Notre-Dame, qui avait payé les frais de confection, et des membres du comité; ensemble, ils s'avancèrent vers le chœur où eurent lieu la bénédiction, puis le serment au drapeau dont les paroles furent prononcées par Mgr Bourget. Le serment que tous les zouaves répétèrent à la suite de leur évêque fut suivi du salut du saint-sacrement. La majeure partie de la foule se dispersa, d'autres escortèrent les zouaves jusqu'au local de l'Institut au cri de « Vive Pie IX, Vie le pape-roi! » Cela préludait à la manifestation du lendemain.

Le mercredi après-midi, quelques heures avant le départ, avait lieu le dîner en l'honneur de l'évêque de Montréal. De là, les convives, les zouaves et le clergé se rendirent à l'église Notre-Dame, où avait lieu la réunion d'adieu. Mgr Laflèche leur adressa à nouveau la parole, insistant sur le sens de leur contrat qui, en préservant la religion, sauvegardait ainsi la société dont elle était le rempart. Puis après s'être agenouillés devant leur évêque pour baiser l'anneau épiscopal et recevoir ses dernières instructions sous forme d'un sermon imprimé, à trois heures ils se dirigèrent en procession vers le parc Bonaventure, au son des cloches de toutes les églises, où une foule estimée à environ 20 000 personnes les attendait. Ils se frayèrent un chemin jusqu'au train, et quand le convoi s'ébranla, ils reçurent, suivant plusieurs témoins, une dernière acclamation générale de la foule.

Ces manifestations montréalaises sur lesquelles nous venons d'insister avaient été précédées, dans un très grand nombre de paroisses, de « cérémonies d'adieux » qui n'étaient pas moins propres à influencer la population des campagnes en faveur de la cause pontificale. À la Baie-du-Febvre, par exemple, au départ de Moïse Gouin, la fête avait duré toute la journée du 24 janvier. Dès neuf heures du matin, 50 jeunes hommes, drapeau pontifical en tête, s'étaient rendus à la demeure du futur zouave située à quelques milles du village. De là, ils l'escortèrent jusqu'à l'église. Après une allocution, le cortège formé d'une vingtaine de voitures se dirigea vers Nicolet. Les deux premières voitures étaient réservées aux porteurs du drapeau pontifical et d'un drapeau spécial dessiné pour la circonstance: d'un côté, une croix rouge sur fond blanc, de l'autre, les inscriptions suivantes: « Vive Pie IX. Succès à nos zouaves. À Rome ». Le zouave Gouin, son père et le curé se trouvaient dans la troisième voiture. Arrivés à Nicolet à l'heure du dîner, ils furent reçus, devant le séminaire, par la compagnie de Nicolet qui présenta les armes et par le directeur qui fit une autre allocution. Vers deux heures, après le repas, le cortège gonflé d'une dizaine d'autres voitures se dirigea vers la gare de Saint-Grégoire où il était attendu par une centaine de personnes; un notable de la Baie lut l'adresse de ses concitoyens; Moïse Gouin répondit, puis l'assistance chanta une chanson composée pour la circonstance. La foule se dispersa au départ du train, à six heures.

Des manifestations encore plus solennelles réuniront quelques semaines plus tard les paroisses de Bécancour, de Nicolet et de Saint-Grégoire. Le village de Saint-Grégoire, d'où s'effectua le départ, était décoré d'inscriptions, de drapeaux et de banderoles, et des groupes de musiciens venant des trois paroisses firent chanter l'assistance entre les diverses allocutions. Du côté de la rive nord, mêmes manifestations. Un volontaire quitta Batiscan au son des cloches et fut escorté par une file de voitures jusqu'à Champlain. À Trois-Rivières, la ville épiscopale, les journaux annoncèrent quelques jours à l'avance les préparatifs d'une « splendide démonstration » et invitèrent la population à « applaudir publiquement la noble détermination des jeunes zouaves[7] ». Après les bénédictions et les diverses allocutions au séminaire, à l'église paroissiale et à l'évêché, le cortège formé d'une centaine de voitures décorées de drapeaux et de banderoles, précédées des musiciens du collège et de la ville, se dirigea à travers diverses rues vers la gare du chemin de fer d'Arthabaska. Mais comme c'était la coutume depuis un certain temps, le train eut du retard et les volontaires de Trois-Rivières durent attendre le lendemain.

Les départs des trois détachements suivants, en mai et juin, furent l'occasion de semblables démonstrations. De Saint-Léon, les paroissiens accompagnèrent leur délégué jusqu'à Rivière-du-Loup. La voiture du futur zouave était tirée par deux chevaux et entourée de cinq cavaliers. L'importance de la cérémonie avait été rehaussée par l'allocution du député fédéral. Une file de voitures escorta le volontaire de Sainte-Geneviève jusqu'au quai de Batiscan. Accompagnée d'un harmonium et de violons, la foule chanta diverses chansons québécoises et, au départ du bateau, entonna l'*Ave Maris Stella*. En somme, d'un village à l'autre, le rituel changeait peu. Comme les journaux publiaient tous les communiqués émanant des paroisses, il sembla s'instaurer une sorte de rivalité à l'échelle de la région, de telle sorte que chaque paroisse se fit un devoir de célébrer avec autant d'éclat l'enrôlement d'un des siens[8].

À Montréal, dans le cas des deuxième, troisième et quatrième détachements, si les cérémonies furent moins longues qu'au départ du premier, elles revêtirent tout de même un caractère exceptionnel.

L'organisation et le départ du cinquième détachement marquaient, nous l'avons vu, la relance du mouvement sur une base permanente plus d'un an après le départ du quatrième détachement. Le comité organisateur désirait donc donner beaucoup d'éclat aux cérémonies afin d'impressionner le public. C'était dans ce but que Mgr Bourget avait décidé, au début de la campagne de recrutement de ce détachement, d'organiser une cérémonie grandiose pour remettre une décoration pontificale à Berthelet et de Bellefeuille. C'était aussi dans le but de rehausser l'effet produit sur l'assistance et d'accroître l'esprit de corps, que l'aumônier Moreau avait imaginé de costumer les zouaves de ce détachement. Mais l'argent manquait pour leur fournir un uniforme complet. On se limita au « képi ou casquette militaire avec broderies dorées sur le fond », au bas brun s'arrêtant au genou et aux « souliers forts ». Pour le reste, c'est-à-dire le pantalon remonté, la blouse, le gilet, la cravate, chacun portait ses vêtements personnels.

Le départ de Montréal du cinquième détachement avait été fixé au jeudi 30 septembre. La veille, les 92 zouaves choisis se réunirent, à sept heures du matin, à l'église Notre-Dame-de-la-Pitié pour y entendre la messe. On passa l'après-midi à remplir les formalités d'inscription et à uniformiser le plus possible les costumes. Le soir, Édouard Barnard et Charles Guilbault, commandants de ce détachement, leur firent faire des exercices militaires pour les préparer aux cérémonies du lendemain. Une grand-messe célébrée au Gésu par Mgr Taché marqua le début de cette journée. Ce dernier fit aussi un sermon pathétique, rappelant la devise des zouaves canadiens, « Aime Dieu et va ton chemin », inscrite sur une pierre par Watts Russel, mort à Mentana, écrivant de son doigt trempé dans le sang de sa blessure. « L'émotion était générale », d'écrire le rédacteur du *Nouveau-Monde*, sans que nous puissions accorder plus de crédibilité qu'il faut à ce témoignage tant la formule est usée et semble être devenue, en pareille circonstance, partie intégrante du style de ce journal clérical. À deux heures, les futurs zouaves étaient réunis à nouveau pour une dernière inspection et la bénédiction à la chapelle de l'évêché. Mgr Pinsonnault prêcha plus d'une heure, en présence de Mgr Taché, du curé Rousselot, des chanoines de l'évêché, des oblats, des jésuites, de quelques sulpiciens et des frères de Saint-Vincent-de-Paul avec leurs élèves. L'église était bondée; le reste de la foule attendait au dehors. Puis vint le moment des étreintes. Le traditionnel *Ave Maris Stella* qu'entonnèrent les volontaires sonna l'heure du départ.

Des fêtes similaires à celles de l'année 1868 se déroulèrent dans diverses paroisses de la province à la fin de septembre 1869. Elles se répétèrent à nouveau en août et septembre 1870 à l'occasion du départ des sixième et septième détachements. En trois ans, le rituel varia peu: allocution d'un notable ou du curé, adresse des concitoyens, réponse du volontaire, procession de voitures, escorte jusqu'au lieu du départ, chansons et acclamations. Même le contenu des discours était assez semblable. En général, les expressions « noble action », « courage infaillible », « attachement des Canadiens au pape », « vengeurs du sang canadien versé à Mentana », « honneur du Canada », « regrets de plusieurs concitoyens de ne pouvoir se rendre sur les champs de bataille » revenaient dans la plupart des allocutions. Toutefois, certaines paroisses se distinguèrent par le zèle de leurs habitants et l'éclat des cérémonies. Sainte-Monique, par exemple, avait fourni une escorte de 100 voitures jusqu'à Nicolet, où Mgr Laflèche les attendait; et 50 voitures de Champlain suivirent leur volontaire jusqu'à Trois-Rivières, soit une distance de plus de 12 milles.

À partir de mars 1870, à des intervalles d'à peu près un mois, la majorité des volontaires des trois premiers détachements ne renouvelèrent pas leur contrat et rentrèrent au pays. Le comité organisateur, assisté du clergé, avait préparé une réception triomphale aux quelque 90 volontaires du premier détachement. À New York, une délégation les attendait pour les accompagner jusqu'à Montréal. Ils furent ensuite applaudis à Saint-Jean par une foule de quelques milliers de personnes. Les deux résidants de l'endroit descendirent et le train poursuivit sa route jusqu'à Montréal. Là, au moins 12 000 personnes les auraient acclamés. Après les cérémonies religieuses, les défilés et les réceptions officielles, les zouaves de l'extérieur de la ville se dirigèrent vers leur région d'origine. Ceux des diocèses de Trois-Rivières, Québec et Rimouski empruntèrent le Grand-Tronc.

Décrivons ici les manifestations trifluviennes, elles illustreront amplement ce qui fut fait ailleurs dans les autres villes épiscopales et avec moins d'ampleur dans les villages. Deux bateaux, décorés de pavillons, quittaient le quai de Trois-Rivières avec à leur bord des dignitaires ecclésiastiques et la deuxième compagnie de volontaires de la ville, pour se rendre à la gare d'Arthabaska. À leur arrivée, ils saluèrent les zouaves par une décharge de fusils. Du côté de Trois-Rivières, quand on vit les bateaux repartir, les cloches de la ville sonnèrent à toute volée et la foule parquée sur les quais, sur la rue du Platon et aux

fenêtres des maisons voisines commença à les acclamer. À leur débar-
quement, la compagnie des cadets du collège, restée sur la rive nord,
échangea plusieurs salves avec la compagnie des volontaires. Une voiture les attendait: le cortège, précédé de l'inscription « Vive Pie IX »,
se dirigea vers la cathédrale au son du corps de musique. La ville était
en fête: les drapeaux flottaient sur les édifices publics. À la porte de
l'église, le maire de Trois-Rivières leur présenta l'adresse de leurs
concitoyens. Un étudiant du collège fit de même pour ses condisciples.
Après les remerciements d'un des zouaves, ils s'avancèrent jusque
dans le choeur de la cathédrale. Au-dessus de leurs têtes, des banderoles de couleurs vives formaient une sorte de coupole. Sur le maître-
autel et de chaque côté, trois banderoles portaient les inscriptions
suivantes: Vive Pie IX, Honneur aux zouaves, Salut nobles zouaves.
La foule massée dans la nef entonna un cantique composé spécialement pour saluer leur retour[9]. Le curé Baillargeon prit la parole pour
souligner la grandeur de leur mission à Rome et surtout celle qui les
attendait de ce côté-ci de l'océan: « Maintenant, vous n'appartenez
plus exclusivement à vous-même, jeunes croisés, vous êtes du
domaine de l'histoire, de la vérité, de la justice. Vous êtes des enfants de
prédilection, vous avez reçu la bénédiction spéciale du Pape, qui vous a
appelés ses fils (...). Dieu qui vous avait choisis, à qui vous avez offert
de verser votre sang vous a conservés et vous emmène au milieu de
nous (...). Comme vous l'avez été à Rome par votre conduite, vous
serez des exemples en Canada, vous serez comme à Rome, les soldats
de la vérité, de la justice[10] ». On chanta ensuite le *Te Deum* et la foule,
avant de se disperser, se pressa autour des volontaires pour leur serrer
la main et obtenir des nouvelles.

La réception des zouaves des deuxième et troisième détachements fut beaucoup plus discrète. Ils arrivaient au pays au moment où
on avait interrompu le recrutement du sixième détachement pour des
raisons politiques. Cela explique sans doute que les journaux se
contentèrent de publier la liste des arrivants et de leur souhaiter la
bienvenue. Il ne fut fait mention d'aucune réception officielle et publique à Montréal. Il est probable, cependant, que des festivités eurent
lieu dans diverses paroisses, mais les journaux consultés ne rapportent
que celles du retour d'Étienne Rosling à Lavaltrie. Plusieurs maisons
avaient été décorées, nous dit l'auteur du communiqué; et une délégation de concitoyens, « arborant le pavillon français », était allée l'ac-
cueillir au bateau à vapeur ancré en face du village. La fête s'était

terminée par un banquet, après les allocutions d'usage et les salves de fusils.

On imagine mal, aujourd'hui, quelle consternation la chute de Rome, même si elle pouvait paraître inévitable, a jetée dans les milieux ecclésiastiques du Québec. Le journal personnel de l'abbé Bellemare, du séminaire de Nicolet, nous laisse à ce sujet un témoignage révélateur: « Tous les soirs, écrivait-il, le firmament devient comme ensanglanté. Ses lueurs de rouge sombre concentrent l'attention de tout le monde, et, malgré nous, nous devenons superstitieux. Cette fois, nous pouvons dire, en toute vérité, que l'histoire de 1870 s'écrit en caractères de sang[11] ». Imprégnés de cet esprit, les organisateurs du mouvement et l'ensemble du clergé voulurent profiter de l'accueil officiel fait aux volontaires rapatriés pour protester contre l'envahissement des États Pontificaux. On souhaitait que l'ampleur des manifestations traduisent les sentiments d'affection et d'attachement des Québécois envers le pape-roi.

Dans un communiqué publié dans les journaux de la fin d'octobre, le comité d'organisation invitait la population catholique à donner à cette démonstration une solennité particulière. Il avait aussi obtenu de la compagnie de chemin de fer Vermont Central une réduction de moitié du prix du billet entre Montréal et St. Alban afin d'encourager la population à aller au devant des zouaves. La fête fut un succès sans précédent. À Montréal, environ 50 000 personnes les auraient acclamés. Après le banquet, les zouaves de Trois-Rivières et de l'est de la province, une soixantaine environ, accompagnés de leurs parents et de leurs amis, s'embarquèrent à bord d'un bateau à vapeur.

Il était déjà tard le soir; les zouaves de Trois-Rivières avaient prévu s'arrêter à Sorel pour s'embarquer un peu plus tard sur un autre bateau, afin d'arriver dans la ville épiscopale à une heure convenable pour être accueillis par la population. Les habitants de Sorel leur avaient organisé une réception inoubliable. La ville était illuminée; le corps de musique, le corps des volontaires, les notables et une foule considérable s'étaient entassés sur les quais et les rues du port. Les acclamations et les applaudissements des habitants étaient entrecoupés de coups de canons et de salves de fusils. Après une allocution de circonstance, on se rendit à l'église « brillamment décorée et illuminée », d'écrire un témoin qui s'était embarqué avec les zouaves pour constater de visu l'ampleur des manifestations[12].

Le lendemain matin, vers huit heures, ils arrivaient au port de

Les vétérans cinquante ans plus tard (ACAM)

Trois-Rivières. Comme il s'agissait de la réception des zouaves de tout
le diocèse, le clergé en très grand nombre et des habitants des paroisses
environnantes s'étaient joints à la foule trifluvienne. Pour le reste, la
manifestation ressemblait, mais avec plus d'éclat, à l'accueil des volontaires du premier détachement, en mai 1870. On notait cependant que
le zouave Prendergast, dans une improvisation qualifiée d'émouvante
et de patriotique, en réponse à l'adresse du pro-maire, avait assuré la
population que si jamais le pape faisait à nouveau appel aux Canadiens,
ils s'empresseraient de retourner à Rome. Mgr Laflèche fit un autre
sermon à la gloire des zouaves et entonna le *Te Deum* qui marquait la fin
de la manifestation publique.

C'était ensuite au tour des paroisses du diocèse de célébrer l'arrivée des leurs. D'Arthabaskaville, de la Baie-du-Febvre, de Rivière-
du-Loup, de Sainte-Anne-de-la-Pérade, des communiqués publiés
dans *Le Constitutionnel* décrivaient les moindres détails des réceptions.

Il est difficile d'évaluer l'importance de ces fréquentes manifestations publiques, célébrées dans toutes les grandes villes et dans la plupart des paroisses entre 1868 et 1870, sur la préparation de l'opinion
publique à prendre la défense de la cause pontificale et sur la diffusion
de l'idéologie ultramontaine. Mais une parade, une chanson, des
acclamations et des rues pavoisées peuvent avoir autant d'importance
pour la diffusion d'une idéologie que des discours imprimés. Ces
moyens ont l'avantage de frapper l'imagination et d'atteindre la partie
illettrée de la population, ainsi que celle qui lit peu; ils fournissent aussi
l'occasion aux discoureurs de se faire entendre. L'exagération prévaut
dans ces moments de grandes festivités. Le temps n'est pas à la nuance:
l'ennemi est vilipendé, la cause défendue est glorifiée. En s'alimentant
de ces discours et de ces manifestations, la presse de langue française, à
peu d'exceptions près, colportait ces visions caricaturales et contribuait, à sa façon, à les ancrer au fond des mentalités.

Les modalités de financement

Il est resté peu de documents pour établir avec précision le coût de
l'expédition des zouaves à Rome. Aucun bilan financier un tant soit
peu exhaustif n'est accessible[13]. Des notes éparses découvertes dans

divers fonds d'archives permettent d'établir les montants souscrits à l'occasion de certaines quêtes. Mais ces données sont trop incomplètes pour établir une approximation valable du coût réel. Par contre, en établissant le coût moyen du transport aller et retour des zouaves, les frais de leur entretien à Rome et ceux occasionnés pour le maintien de leur cercle, en soustrayant la part fournie par le comité français, nous en arrivons à obtenir un aperçu des sommes déboursées. Mais, au delà de cet estimé, notre but est surtout de faire ressortir l'importance des nombreux appels à la générosité du public sur la diffusion de l'ultramontanisme. À travers les diverses modalités de financement, en démontrant et en illustrant la fréquence des quêtes ordinaires et spéciales, des appels des évêques, des curés, des journaux, du comité et de la plupart des zouaves, nous mettrons l'accent sur la sensibilisation des fidèles aux objectifs poursuivis par le comité organisateur.

Établissons d'abord les sommes totales investies. Comment évaluer le coût du transport? L'abbé Moreau écrivait en 1874 qu'il avait coûté $75 par personne pour rapatrier les 300 zouaves qui se trouvaient à Rome au moment de la défaite. Il incluait dans ces frais les dépenses encourues à Livourne pour les nourrir et en Angleterre pour l'achat de vêtements et de médicaments. Le comité français paya sa part, de telle sorte que la charge imputée aux Québécois fut réduite à $57,75. Son évaluation du nombre des zouaves rapatriés en septembre 1870 est certainement inexacte: il y avait tout au plus 220 Québécois à Rome à ce moment-là, y compris les aumôniers[14]. En y ajoutant les frais des sept étrangers qui furent obligés de s'expatrier au Canada, le montant total du transport s'élevait à $13 099,25. Le septième détachement, en attente en Bretagne, puis rapatrié au Canada, eut aussi des frais considérables. Le transport en Europe avait été réduit à $20 grâce à l'aide du comité français. Son rapatriement ainsi que son entretien en France durant les deux semaines d'attente coûta $6 000; il est probable que le comité français remboursa la quasi-totalité de cette somme, soit $5 200[15]. Le transport des quatre premiers détachements, puis des cinquième et sixième avait été réduit de $100 à $50 puis à $20[16]. On peut aussi supposer que les frais de rapatriement de ceux qui avaient terminé leur temps d'engagement s'élevaient approximativement au coût de l'envoi durant cette période, soit environ $40. L'ensemble des frais de transports peut être établi à près de $54 000.

Il fallait aussi payer l'entretien des zouaves à Rome. Le général Kanzler avait établi les frais à $100 par année. Cette obligation ne valait que pour les 132 volontaires du premier détachement. Mgr Bourget s'était cependant engagé moralement à faire tout son possible pour que ses recrues ne soient pas à la charge du Vatican. Du reste, l'archevêque de Québec payait entièrement les frais des volontaires qu'il considérait à sa charge[17]. C'était donc, pour l'évêque de Montréal, plus qu'un point d'honneur que d'en faire autant, car il avait déjà soutenu devant le pape et son archevêque que la présence des zouaves à Rome contribuerait davantage à la défense du trône pontifical. Nous pouvons donc supposer que cet engagement a été respecté dans le cas des 232 volontaires de 1868[18]. Pour les autres, il serait plus hasardeux de se prononcer tant il fut difficile de trouver l'argent nécessaire pour payer leur transport jusqu'à Rome. Bref, l'estimé le plus conservateur du coût de l'entretien des 232 zouaves à Rome, pendant deux ans, s'élèverait à $46 400. Ajoutons maintenant le budget de fonctionnement du cercle des zouaves et nous aurons une approximation valable du coût total de l'expédition.

Le loyer de ce cercle s'élevait à $400 par année, sans compter l'éclairage, le chauffage, l'ameublement et les réparations qu'il fallait y faire. L'arrivée du cinquième détachement obligea à des agrandissements coûteux. Les représentants du comité à Rome crurent aussi nécessaire de meubler certaines pièces de manière à pouvoir recevoir convenablement les évêques canadiens au moment du concile. Un rapport présenté au début de 1870 par le zouave trésorier Alfred LaRocque établissait à $2 469 les dépenses d'exploitation pour les trois derniers mois de 1869. Le loyer n'était pas inclus dans cette somme, et plus de la moitié avait été consacrée aux améliorations. Le reste avait été dépensé en papeterie, frais postaux, éclairage, blanchissage et en achat d'instruments de musique et jeux divers. Il ne comprenait pas le coût des repas que les zouaves se faisaient servir presque gratuitement à cet endroit. C'était donc un état de compte exceptionnel qui n'est pas représentatif des dépenses trimestrielles ordinaires. Tout de même, en y ajoutant le coût des repas, il nous semble encore très conservateur d'évaluer à $1 000 par trimestre les frais d'exploitation du cercle, soit $9 965 pour les deux années et cinq mois de fonctionnement.

Au total, compte tenu des frais de transport, de l'entretien des zouaves et du cercle, l'expédition des volontaires québécois à Rome coûtait au moins $111 630.

Tout au début du mouvement, Mgr Bourget envisageait la question financière avec optimisme. Déjà en 1862, au moment où l'opinion publique était davantage travaillée par l'opposition libérale, le Denier de Saint-Pierre avait rapporté plus de $21 000 dans le seul diocèse de Montréal. À en juger par l'enthousiasme que suscitait le départ des premiers volontaires, il ne croyait donc pas avoir de difficultés à percevoir autant d'argent qu'il en faudrait. Aussi se fixait-il un objectif élevé: dans les premiers appels publics, il écrivait vouloir obtenir $100 000, ce qui correspondait à la somme modique de trente sous par catholique. Il conseillait aux curés de faire trois quêtes de dix sous et d'accompagner les quêteurs au domicile de ceux qui pouvaient donner plus. Dans sa cathédrale, les jours de Noël et de l'Épiphanie, les quêtes avaient été faites par les membres des familles LaRocque et Berthelet. Le financement semblait bien amorcé: il confiait au début de janvier à un correspondant que l'entrain se communiquait de proche en proche et devenait général. Il lui citait l'exemple d'une jeune fille, invitée à une soirée, qui présenta une casquette de zouave et recueillit « une soixantaine de piastres[19] ».

Il désenchanta cependant quand il apprit coup sur coup que les sulpiciens, « ceux qui pouvaient (le) seconder le plus efficacement par leurs moyens pécuniaires », collaboraient avec réticence, que le pape exigeait l'argent nécessaire à l'entretien des Québécois à Rome et que les quêtes étaient loin de rapporter ce qu'il en attendait. Le 6 février, à deux semaines du départ du premier détachement qui allait coûter au-delà de $10 000, le comité n'avait encore guère plus de $7 000 en caisse. C'est alors que débuta dans le diocèse de Montréal la ronde des quêtes et des sollicitations diverses que les évêques Cooke de Trois-Rivières et Baillargeon de Québec tentaient de limiter au minimum et qu'Arthur Buies, faisant sans doute écho aux murmures populaires, stigmatisait de sa prose la plus agressive: « L'Évêque de Montréal n'avait pas un sou, il y a vingt ans, et aujourd'hui il est le troisième sur la liste des grands propriétaires de la ville. Où a-t-il pris tout cela? Oh! je le sais moi, et je le dirai. J'ai à révéler des choses qui feront frémir d'indignation sur le compte de cet accapareur insatiable qui se laisse appeler saint homme, et qui depuis vingt ans s'engraisse de la crédulité stupide de ses diocésains. Des offrandes et des aumônes, il en demande encore, et il en demandera toujours. Et on lui en donnera, parce que le peuple canadien, voyez-vous, a pris l'habitude d'être fouetté, il est né pour être tondu. Allons, viens ici; vide tes poches. Tu ne sais comment passer l'hiver, le bois coûte dix piastres la corde, les marchés sont devant toi, mais tu n'a pas un sou pour y aller, c'est égal, appelle-nous saint évêque, bon curé, prends le scapulaire, mets-toi à genoux, et meurs de faim. Vous autres, habitants des campagnes, vous n'avez pas dix piastres pour payer une dette (...) c'est égal (...) venez payer des « bouquets à Marie » pour mettre cent piastres dans la poche de votre curé, venez souscrire pour les zouaves pontificaux envoyés à Rome défendre une institution qui donne au monde l'exemple de la mendicité, qui ne vit qu'en tendant la main, et qui contribue d'autant plus à dégrader les hommes qu'on la croit sainte et infaillible[20] ».

Au début de février 1868, Bourget écrivit au président du comité: « Je m'aperçois que le beau mouvement (...) languit et il est à craindre que nous ne puissions pas atteindre un chiffre respectable si nous ne prenons pas quelques mesures efficaces[21] ». C'est pourquoi, le même jour, il fit plusieurs appels individuels aux catholiques les plus riches de son diocèse et informa les membres du comité qu'il prenait sur lui la responsabilité de faire publier dans les journaux les résultats des quêtes dans les paroisses, les communautés et chez les particuliers consentants. Pendant ce temps, le comité s'affairait à organiser la grande manifestation religieuse du départ qu'il présentait comme une démonstration spectaculaire, jamais vue à Montréal et au Canada tout entier. Aspect aussi inusité, les participants devaient faire une offrande de 30 sous en entrant dans l'église Notre-Dame. Les coffres du comité commençaient à se remplir; en mars, il avait collecté $19 031, dont plus de $14 000 dans le diocèse de Montréal, sans compter que les sulpiciens et les Irlandais avaient déjà envoyé $8 668 à Rome. Le diocèse de Mgr Bourget avait donc souscrit environ $23 000 en l'espace de quelques mois. L'optimisme de Bourget prenait le dessus; il confiait à Moreau: « pour ma part, à en juger par l'intérêt qu'on leur porte partout, je pourrais assurer que l'on obtiendra tout ce que l'on voudra[22] ». Mais pour cela, il fallait trouver les moyens efficaces de provoquer la générosité; il s'y employait activement.

Pour préparer la célébration de la Saint-Jean-Baptiste, il publia une lettre pastorale presque entièrement consacrée à la louange des zouaves dans laquelle il associait le mouvement aux grandes oeuvres patriotiques. Il conviait ainsi la nation à faire montre de patriotisme en donnant 20 sous par personne aux quêtes recommandées durant la neuvaine préparatoire et le jour de la fête. Le Saint-Siège obtiendrait ainsi de $50 000 à $60 000 pour l'entretien de ses défenseurs. Quelques mois plus tard, il écrivait à Moreau qu'il ferait bientôt une autre quête[23]. Les finances du comité profitaient aussi de la vente d'une mosaïque de photographies des zouaves et de l'ouvrage de de Bellefeuille. En octobre, les secrétaires faisaient paraître un deuxième rapport financier: le diocèse de Montréal avait maintenant fourni $19 576, en plus du Denier de Saint-Pierre et des sommes déjà collectées par les sulpiciens et les Irlandais. Le comité avait donc perçu au total $30 533. Cette somme était encore loin des attentes de l'évêque de Montréal. Il revenait donc à la charge le 6 décembre dans un mandement destiné à exposer à ses diocésains ce qu'ils devaient faire « pour contribuer à la célébration du concile ». Il proposait, entre autres, de continuer à collaborer avec encore plus de zèle au Denier de Saint-Pierre et de se cotiser pour défrayer l'entretien des 107 zouaves du diocèse dont il évaluait les dépenses à $21 400 pendant deux ans. Contrairement à ses appels précédents, il reconnaissait cette fois que la somme demandée était considérable par rapport aux moyens de ses fidèles, mais soutenait qu'il n'y avait « rien de plus facile » avec une entente cordiale et une bonne organisation. Sans prescrire de quête, il leur citait quelques exemples qu'il désirait voir imiter et préparait ainsi la campagne de financement de 1869. Plusieurs riches citoyens, écrivait-il, s'étaient chargés de l'entretien de certains zouaves, parfois des fils ou des parents, mais aussi de zouaves étrangers à leurs familles. Ceux qui en avaient la bonne volonté, suggérait-il, mais non les moyens, « pourraient s'associer pour faire cette oeuvre en commun ». Les élèves d'un pensionnat s'étaient déjà cotisés pour faire de même. Il croyait « que les élèves des Séminaires, Collèges, Couvents, Pensionnats, Écoles des enfants des deux sexes voudront en faire autant ». « Il est de même à espérer, poursuivait-il, que les personnes qui suivent une même carrière (...) exercent un même métier se feront un mérite et une gloire d'avoir un représentant dans les troupes pontificales[24] ».

Quelques semaines plus tard, il mettait son plan à exécution. En plus de commander des quêtes spéciales dans toutes les églises durant les trois premières semaines de janvier 1869, il écrivait aux diverses corporations professionnelles et associations de métiers de Montréal pour qu'elles acceptent de prendre à charge un zouave à Rome[25]. Puis il profitait de son départ pour le concile pour organiser un concert sacré au profit des zouaves. Les organisateurs avaient fait en sorte que chaque assistant soit constitué « patron spécial » d'un zouave. Le spectacle avait lieu à l'église du Gesù. Il y avait trois catégories de billets d'entrée, allant de $1 à environ 20 sous. Sur chaque billet, à la suite du nom du zouave parrainé, on avait inscrit: « x souscripteurs à cette série entretiendront un soldat pontifical durant l'année 1869[26] ». Ils recueillirent environ $6 000 en y incluant les sommes fournies aux quêtes paroissiales. C'était peu si on compare au résultat de la quête dans la seule paroisse St. Patrick en 1868 ($4 668), et si l'on tient compte du fait que plus de $1 500 avaient été souscrits par les étudiants et les communautés religieuses. Les conséquences du ralentissement de l'économie commençaient à se faire sentir.

La prochaine quête était prévue pour la Saint-Jean-Baptiste. Elle était d'autant plus urgente que Mgr Bourget songeait à ce moment à répondre favorablement à la demande du général Kanzler d'envoyer d'autres volontaires. Nous avons vu les réticences de l'administrateur du diocèse, l'abbé Truteau, qui jugeait la situation économique trop mauvaise pour faire à nouveau appel à la générosité des fidèles. Dans une de ses nombreuses lettres à Mgr Bourget, il écrivait: « M. Rondeau nous est arrivé (...) Il demande une quête (...) Il y a trois prêtres qui demandent une quête. Celle que nous faisons pour nos établissements pauvres ne produisent pas le tiers de ce qu'elles ont coutume de produire. Cela embarrasse passablement (...) Pas moins de mille cent Canadiens par semaine (...) vont gagner leur vie aux États-Unis (...) Le grand nord va achever de se vider (...)[27] ».

Mgr Bourget décida quand même de faire quêter pour l'envoi d'un cinquième détachement. Il comptait autant sur la générosité des fidèles que sur l'assistance du comité français avec lequel Moreau avait négocié le partage des dépenses. Mais tous les diocèses réunis ne fournirent que $4 015,19, dont $1 000 donnés par Olivier Berthelet. C'en était bien fini des quêtes pour l'année 1869, même si Kanzler, apprenait-on dans Le Nouveau-Monde, faisait à nouveau appel aux Québécois. Barnard qui songeait toujours à accroître le nombre de volontaires regrettait avec amertume que les gens riches, « si riches, disait-il, qu'ils ne savent pas quoi faire de leur argent », ne soient pas plus généreux. Il suggérait à Bourget d'insister à nouveau personnellement auprès d'eux.

Les membres du comité étaient surtout préoccupés par le retour des quatre premiers détachements. Personne n'avait cependant osé commander une quête au début de 1870. De son côté, Mgr Bourget était soucieux de remplacer ceux qui terminaient leur engagement. À son invitation, en mai, l'administrateur commanda une quête circonscrite aux églises de la ville. Elle rapporta si peu que les sommes collectées n'étaient même pas suffisantes pour faire face aux obligations courantes.

Mgr Bourget et l'abbé Moreau cherchèrent à nouveau une solution du côté du comité français. Mais quand survinrent les incendies dans le diocèse de Québec et les difficultés politiques qui interrompirent l'organisation du sixième détachement, ils décidèrent de revenir de Rome afin de travailler personnellement à résoudre les difficultés. La ronde des quêtes recommença, même si, comme l'écrivait l'administrateur, les fidèles étaient sollicités de toutes parts et le diocèse joignait difficilement les deux bouts.

Surpris par la guerre franco-allemande, puis par la chute de Rome, le comité dut contracter des dettes importantes pour payer le rapatriement: Moreau, pour sa part, avait emprunté $7 000 en Europe, et avait été autorisé à puiser dans la caisse du Denier de Saint-Pierre qu'il avait mission de porter à Rome[28]. Il y avait eu des quêtes en mai, en juillet et en août. Il fallait maintenant recommencer pour éponger le déficit. *Le Nouveau-Monde* lança une campagne de souscription à travers le Québec le 21 octobre et le comité quêta à l'église Notre-Dame au retour des zouaves qui, prêtant leur concours, prononcèrent des conférences publiques. Au couvent de Nicolet, et très certainement ailleurs, on organisa deux soirées académiques au bénéfice du mouvement. Mais la dette était trop considérable pour être épongée par ces seuls moyens: le comité n'avait d'autre choix que de la répartir entre les diocèses au prorata du nombre de représentants diocésains. Rimouski ne put éteindre sa dette avant décembre 1873, et Mgr Laflèche devait encore faire appel à « la générosité de ses fidèles » en octobre 1872.

Le financement ne semblait pas être plus facile dans les autres diocèses. À Trois-Rivières, par exemple, lors du recrutement des premiers détachements, les curés avaient eu des difficultés à collecter la somme nécessaire à l'envoi d'un délégué paroissial. En mars 1868, le diocèse avait fourni 18 volontaires, mais n'avait réussi à envoyer que $1 096 au comité. Une circulaire de l'évêque Cooke rappelait à ses curés l'obligation de payer $100 par délégué. Voulant accroître la représentation diocésaine à 30 volontaires, il fixa à six sous la contribution de chaque catholique et ordonna une quête spéciale à cette fin. Même si les montants individuels suggérés étaient beaucoup moindres qu'à Montréal, le curé Pelletier de Stanfold ne réussit pas à quêter plus de $24 chez ses 1 400 communiants. Il s'excusait: « la misère se fait sentir », et disait compter sur l'offre de service d'un de ses paroissiens pour accroître sa contribution. Dix jours plus tard, il annonçait avoir réussi à atteindre l'objectif fixé. D'autres avaient échoué, car en octobre le diocèse devait encore $475 au comité, malgré l'utilisation d'autres modalités de financement: *Le Journal des Trois-Rivières* vendit une brochure, *Souvenir de l'oeuvre des zouaves pontificaux*, le collège de Trois-Rivières donna deux soirées dramatiques, l'évêque organisa un concert dont les billets furent vendus aussi loin qu'à Stanfold et Sainte-Anne-de-la-Pérade, et chaque recrue ou presque, comme cela se pratiquait ailleurs, quêta dans l'église et chez les voisins et amis pour payer ses dépenses particulières et compléter, si nécessaire, le montant exigé par le comité.

Le diocèse de Trois-Rivières avait échappé à la faillite, en 1863, grâce à des quêtes annuelles qui se poursuivaient encore en 1869. En six ans, la dette avait été réduite de moitié, plaçant les administrateurs dans une situation un peu plus confortable. Or la quête pour les zouaves, en 1868, annula presque celle de l'évêché. Des curés avaient avisé l'évêque de l'impossibilité de faire les deux en même temps. Mgr Cooke l'avait accepté de bon gré, conscient de l'effort fourni depuis quelque temps et soucieux « de ne point les fatiguer » par la fréquence de ses demandes. La quête de 1869 ne pouvait cependant être abandonnée: dans un mandement, il informait ses diocésains qu'il n'en ferait pas cette année-là pour les zouaves, espérant que celle de l'évêché serait suffisamment abondante pour satisfaire aux besoins du comité. Contrairement aux prévisions, le départ du cinquième détachement, en août 1869, obligea à commander une autre quête. Mgr Laflèche, qui remplaçait Cooke durant sa maladie, imagina alors d'établir dans le diocèse le Denier de Saint-Pierre. Mais c'était davantage une quête déguisée en faveur des zouaves qu'un véritable établissement de l'oeuvre, car il ne mentionnait pas l'affiliation de l'oeuvre à celle de Rome, ni les indulgences qui y étaient attachées. D'autre part, l'argent collecté pour le Denier, au lieu d'être envoyé au Vatican, devait être adressé au comité pour servir à l'entretien des zouaves.

En somme, dans le diocèse de Trois-Rivières comme ailleurs, il y eut des quêtes au départ de chacun des détachements, sans compter les sollicitations des organisateurs des nombreuses manifestations publiques que nous avons décrites, celles des volontaires à leur départ ou du comité local formé spécialement pour collecter du tabac, les appels des journaux qui mettaient en vente des portraits et des brochures, ou encore les dons de particuliers bienveillants qui de temps en temps se chargeaient d'envoyer des livres et autres divertissements. À chacune de ces sollicitations, les propos des quêteurs bénévoles ou les avis publics contribuaient, à leurs façons, à entretenir au sein de la population l'idée de la nécessité de sacrifier quelque peu son confort personnel, et parfois même le nécessaire, à la lutte contre les forces libérales et révolutionnaires qui menaçaient l'Église catholique.

L'action de la presse

Plusieurs journaux du Québec, parmi les plus importants, avaient retenu les services de quelques zouaves pour obtenir une correspondance régulière de Rome. Casimir de Hempel, un Polonais immigré à Montréal, avait été le correspondant du *Nouveau-Monde*. Dégradé, puis jeté en prison pour avoir injustement frappé un zouave en juillet 1869, il décida de retourner en Pologne[29]. Il fut remplacé par Charles Collin, assisté de quelques autres correspondants occasionnels, tels Joseph Forget et Damase Ricard. C'était en fait le journal qui avait le plus à dire sur le compte des zouaves, car en tant qu'organe de l'évêché de Montréal, il pouvait compter sur une correspondance abondante du clergé. Mgr Bourget et l'aumônier Moreau se faisaient aussi un devoir d'y faire publier des extraits des lettres échangées avec le comité et les prêtres de l'évêché.

À *La Minerve*, se succédèrent pour des raisons de santé ou de retour au pays, Pierre Dupras, Gustave Drolet, Louis T. Garceau et Denis Gérin. Emery Perrin correspondait avec *L'Ordre* et Denis Gérin, avant de passer à *La Minerve*, avait collaboré au *Constitutionnel*, de Trois-Rivières, que rédigeait son frère. Les deux autres journaux du diocèse de Trois-Rivières, *L'Union des Cantons de l'Est* et *Le Journal des Trois-Rivières*, n'eurent jamais de correspondant attitré. Dans le cas de ce dernier, Mgr Laflèche, en 1868, sollicita un volontaire pour occuper le poste, mais celui-ci ne put promettre une collaboration régulière. En août 1870, Joseph Panneton avait accepté, mais la prise de Rome quelques semaines après son arrivée ne lui permit pas d'écrire plus de deux articles. Quoi qu'il en soit, l'absence de correspondant officiel du *Journal des Trois-Rivières* ne semblait pas être considérée comme une lacune importante; le zouave Hudon, dit Beaulieu, de

Yamachiche, affirmait s'efforcer d'écrire à son journal diocésain pour combler l'absence d'information fournie par les zouaves trifluviens. En fait, les fréquentes lettres adressées à l'évêque, aux prêtres des séminaires de Nicolet et de Trois-Rivières et aux parents et amis trouvaient place dans les colonnes de ce journal. Gédéon Désilets, entre autres, était souvent publié. Ce journal puisait aussi abondamment dans la correspondance du *Nouveau-Monde*, de *La Minerve*, du *Courrier du Canada* et dans celle du *Franco-Canadien*, de Saint-Jean, qui, signée d'un pseudonyme, était de la plume de l'aumônier Eucher Lussier[30]. Les autres journaux faisaient de même, de telle sorte qu'une lettre initialement publiée à Montréal ou à Trois-Rivières se retrouvait en totalité ou en partie dans plusieurs feuilles.

Si, dans le contexte du 19e siècle, l'on peut juger de l'intérêt que porte l'opinion publique à une question d'après l'importance que lui accorde la presse, les chiffres qui suivent nous paraissent révélateurs. *Le Journal des Trois-Rivières*, un bi-hebdomadaire, publia environ 162 articles sur le mouvement zouave durant la seule année 1868: il s'agissait de nouvelles, de commentaires, de lettres, de communiqués, de descriptions de festivités et de dépêches télégraphiques[31]. Pour 1869, nous avons retenu 33 articles du quotidien *Le Nouveau-Monde*, 41 articles du *Journal des Trois-Rivières*, 15 de l'hebdomadaire *L'Union des Cantons de l'Est* et, pour les seuls mois de juillet à décembre, 27 des trois parutions hebdomadaires du *Constitutionnel*. Le départ de deux détachements et le retour des volontaires, en 1870, a contribué à multiplier les écrits journalistiques sur le sujet. *Le Journal des Trois-Rivières* nous a fourni alors 47 articles, *Le Constitutionnel*, 68, *L'Union des Cantons de l'Est*, 27 et *Le Nouveau-Monde*, 55. Pour ces deux dernières années, le nombre d'articles parus dans chaque journal peut aisément être doublé tant les répétitions d'un journal à l'autre étaient fréquentes.

La publication d'un nombre aussi considérable d'articles sur le sujet ne s'explique pas seulement par le fait que les journaux consultés, à l'exception de *La Minerve* et du *Constitutionnel*, étaient effectivement des organes du clergé, ou encore par la recommandation faite aux zouaves et à leurs amis d'édifier et d'influencer la population au moyen d'une correspondance soutenue. Elle dénote en même temps un intérêt particulier des lecteurs pour ces nouvelles qui les informaient des activités de leurs proches à Rome et leur traçaient l'évolution de la situation en Italie, où se jouait, selon l'interprétation du clergé et de certains journaux, l'avenir du catholicisme.

L'évêque de Montréal avait en sa possession, comme il l'avait prévu, un moyen efficace de former l'opinion publique. D'où l'exceptionnelle surveillance qu'il faisait exercer sur la correspondance des zouaves. Il en notait lui-même les effets bénéfiques à l'intention de ses correspondants: en plus « d'entretenir l'enthousiasme religieux », « leurs lettres (...) dissipent bien des préjugés, surtout sur la question romaine et le temporel du saint siège[32] »; elles « contribuent à déraciner les mauvais principes que certains journaux avaient enracinés dans l'esprit de nos jeunes gens (...). Ces écrits, ajoutait-il, sont comme un baume qui pénètre jusqu'à l'os et guérit des plaies qui paraissaient invétérées et incurables[33] ». Aussi, souhaitait-il que les zouaves, par leurs écrits, favorisent le Denier de Saint-Pierre, escomptant que « les lettres des enfants touchent (...) le cœur des parents[34] ».

Analysons ici en quels termes les zouaves se sont décrits dans la presse québécoise; comment ils furent perçus au Québec et en France; quelles images ils ont projetées de l'ennemi et de la cause défendue: on comprendra mieux la signification des propos de Mgr Bourget concernant les effets bénéfiques de ces écrits. Il n'est pas question cependant d'y chercher des perceptions contradictoires ou nuancées, car ces points de vue ne trouvaient pas grâce devant la censure.

La présence à Rome de deux Québécois lors de la victoire de Mentana avait fait se déployer dans la province une littérature dithyrambique dont les exagérations n'avaient d'égale que la puissante volonté de persuader les catholiques du caractère sacré de tout ce qui touchait de près ou de loin à la défense de Rome. Ces premiers écrits avaient marqué le ton, voire le style, de ceux qu'allaient produire les zouaves sur leur propre compte. Un volontaire répétait à propos des héros de Mentana un cliché éculé par les redondances cléricales, en l'appliquant aussi à tous ses camarades de combat: « Les noms des grands et des immortels de notre siècle dormiront depuis longtemps dans l'oubli que l'Église et l'univers entier glorifieront encore la mémoire de ceux qui se sont comptés pour rien, comptant Dieu et sa cause pour tout[35] ». Le sang versé par Murray et Larocque, « ce germe précieux et sacré », écrivait le correspondant du *Nouveau-Monde* en saluant l'arrivée à Rome du cinquième détachement, « engendrera de nouveaux prodiges de dévouement et d'héroïsme[36] ». Mais deux ans à Rome ne leur avaient pas donné l'occasion de se battre; « des martyrs », ils en trouvèrent dans les personnes des zouaves emportés par la maladie ou les accidents. Enfin, le zouave Gervais ne s'écartait pas de cette logique en disant combattre pour une œuvre « sublime » et « sainte » qui « mettait le démon (les ennemis de la cause) dans une fureur extrême[37] ».

Six mois après leur arrivée à Rome, de nombreux volontaires écrivaient qu'ils étaient « les meilleurs soldats de l'armée pontificale »; le nombre des grades obtenus, l'admiration de tous les officiers indépendamment de leur nationalité et la jalousie des autres zouaves le prouvaient amplement[38]. Ils disaient mériter cet honneur par « leur bonne conduite et leur exactitude à remplir leurs devoirs ». Ils se qualifiaient aussi de modèles par leur belle tenue, leur politesse et leur excellente conduite religieuse. En somme, d'écrire Gervais, ils étaient la « gloire », la « joie » et l'« honneur » de leur pays, cependant « radieux d'humilité car ils n'ont pas l'air de se douter de ce qu'ils ont fait ».

Au plan de la présentation, une lettre publiée dans *Le Journal des Trois-Rivières*, décrivait l'enchantement des autorités romaines devant la « bonne tenue et de la précision dans les marches surtout » des zouaves du premier détachement. « Leur taille svelte et élancée, et l'air de santé répandu sur leur figure » suscitaient, semble-t-il, l'admiration des Romains.

Au plan moral, la correspondance journalistique ne laisse percer que deux légères défaillances sur lesquelles personne n'insistait: l'ennui, paraît-il, en rongeait plusieurs et les critiques justifiées sur la nourriture risquèrent de provoquer une polémique que Mgr Bourget et le capitaine Taillefer interrompirent d'autorité. Ils se décrivaient comme réunissant « à la fois la gaîté, l'insouciance française avec la solidité et l'attachement à ses devoir que professe le soldat anglais, et par dessus tout, (ayant) cette foi robuste et cet esprit religieux de tous les jours qui caractérisent le Canadien[39] ». Même les exercices militaires les plus pénibles ou les plus monotones ne troublaient pas cette gaîté qu'une pointe d'orgueil, à l'occasion par exemple d'une longue marche sac au dos, aidait à se manifester, tant ils considéraient que c'était une qualité appréciée des chefs militaires. Bref, ils se percevaient comme des « zouaves hardis », merveilleusement disposés à l'égard de la guerre, méprisant la vie, apprenant à dompter leur volonté et leur amour-propre et aspirant finalement à devenir de vrais zouaves, c'est-à-dire non seulement des soldats, mais des modèles d'honnêteté et de piété.

Il ne faut pas s'attendre à des perceptions différentes de la part du clergé, promoteur de l'ultramontanisme, ni des catholiques canadiens-français qui, dans l'ensemble, acceptaient l'autorité du clergé. Dans ces perceptions, seul le vocabulaire, l'épithète surtout, variait quelque

Les vétérans réunis à Trois-Rivières, vers 1915
(APC, C 6777)

peu au gré de l'imagination de chacun. Comme les occasions de louanger les zouaves se multipliaient au rythme des départs, des retours, des
quêtes et des festivités dans chacune des paroisses, il devenait de plus
en plus difficile de trouver la formule originale. Pour se faire remarquer, ne fallait-il pas exagérer? Et personne chez les francophones du
Québec, du moins ouvertement, à l'exception d'Arthur Buies, n'osait
en démontrer le ridicule.

Aux yeux des Pères du quatrième concile provincial, les zouaves
étaient de « nobles et braves soldats du Christ qui avaient tout quitté
avec joie, parents, patrie, espérances d'un brillant avenir », pour
défendre en héros un principe, une cause sainte encore plus glorieuse
que la défense de la patrie, d'ajouter d'autres membres du clergé. Alors
que Mgr Taché dressait un parallèle entre le voyage des mages et celui
des zouaves, l'abbé Lussier, aumônier à Rome, ne pouvant contenir les
exagérations de ces débordements ultramontains, s'exclamait: « le
zouave du Pape, c'est un souffle de l'esprit aux hommes, et qui se
répandant sur le monde, a arraché du coeur des nations les vaillants et
les forts. Le zouave du Pape rappelle ce que la chevalerie a jamais produit de plus héroïque en vertu de tous genres (...) c'est une puissance.
Son nom sème la terreur et l'épouvante parmi les ennemis de
l'Église[40] ». Plus prosaïquement, Mgr Bourget, dans deux longues lettres parues d'abord dans les journaux de Montréal, décrivait leur
bonne conduite, leur piété filiale, leur dévouement, affection et dévotion pour le pape, et enfin, leur union fraternelle. Et pour délivrer ses
propos de tout soupçon de partialité, il notait au passage, en avouant
son intention, les quelques exceptions qui ne méritaient pas ces éloges.
Avec lui, — ce n'était pas coutume — le clergé revenait à des perceptions plus terrestres.

Le même refrain avait ses échos chez les laïcs. Dans le diocèse de
Trois-Rivières, l'élite paroissiale paraphrasait régulièrement le discours de Mgr Laflèche prononcé à Montréal à l'occasion du départ du
premier détachement. Quant à Oscar Dunn, de *La Minerve*, il disait
s'en tenir à une description de ce qu'il avait vu: des hommes de caractère, vertueux, au courage persévérant. Un rédacteur du *Nouveau-
Monde* faisait de même au départ d'un détachement: « air calme,
décidé, et sous l'oeil sec on voyait qu'une grande énergie pouvait seule
refouler l'attendrissement et les larmes ». Ailleurs dans la presse, on
pouvait lire, en juxtaposant les expressions: poignée de soldats d'élite
choisis par la Providence, à l'air fier et résolu, convaincus et détermi-

nés, aux coeurs vaillants, aux sentiments les plus généreux et les plus sincèrement chrétiens, appelés et à sauver la religion en sauvant son chef et à couvrir d'une gloire immortelle l'Église du Canada; braves dans le combat mais sublimes et surhumains dans la défaite, ils ont vécu deux ans de privations et de sacrifices pour devenir au retour des défenseurs de la religion et de la patrie. La panoplie des épithètes à la gloire du zouave était ainsi épuisée.

Le passage des zouaves à Paris fut l'occasion d'une redécouverte de la colonie perdue. Mais, à l'inverse de la mission de *La Capricieuse* en 1855, cette fois c'était la France légitimiste qui renouait avec les « Français du Canada ». La presse de droite commenta l'événement dans de nombreux articles que reproduisirent fièrement les journaux du Québec. Elle se disait particulièrement frappée par le langage du XVIIe siècle qu'ils avaient conservé et par leurs moeurs qui lui rappelaient le souvenir nostalgique de l'Ancien Régime[41]. *Le Correspondant* de Paris écrivait: « La population du Canada, française d'origine, comme on sait, a conservé intactes, avec la langue, les vieilles moeurs et la vieille Foi de la Mère-Patrie. Si éloignée qu'elle soit de Rome, elle a pour le Souverain-Pontife, un filial attachement[42] ». « C'est l'ancienne France qui se retrouve avec son esprit de foi et ses hautes vertus », d'écrire un rédacteur du *Monde*. Il en tirait une leçon bien significative des intérêts qui justifiaient de tels éloges: si « le Canada reste fidèle à des moeurs que nous désertons chaque jour », c'est qu'il n'a pas été « ravagé par la révolution ». *Le Correspondant* faisait une constatation semblable: « Quelle vitalité a conservé là notre vieux sang et qu'il y a loin de notre mollesse à cette vigueur! (...) tout ici rappelle la France d'il y a deux siècles, la France où la religion était l'âme de tout et ne restait étrangère à rien. Comme autrefois chez nous, les évêques en Canada, ont l'initiative de tout ce qui se fait de grand[43] ».

Cette littérature à la gloire des Canadiens français vantait les mérites des zouaves. Louis Veuillot lisait sur leurs visages « les grands sentiments qui les animent ». Ils étaient, tous, « des enfants de famille, de noble mine et de très belle prestance ». Et il ajoutait: « une jeunesse ardente, forte et pure », qui s'est sacrifiée sans compter[44]. Le rédacteur de *L'Union de Paris*, avait rencontré « de beaux hommes, d'un air calme et martial », qui paraissaient « appartenir aux classes aisées et instruites de la société[45] ». Les journalistes mettaient surtout l'accent sur cette dernière caractéristique, car ils voulaient du même coup contredire la presse libérale qui soutenait que les zouaves pontificaux, en général, n'étaient rien d'autre que des mercenaires ou encore « un troupeau de malheureux paysans » affamés, désireux de « toucher une bonne solde[46] ».

Quelques rares articles de la presse ultramontaine française mentionnaient que des « ricanements impies », suivant les mots de Veuillot, avaient aussi accueilli les volontaires à Paris et à Marseille. Les rédacteurs cependant s'empressaient de réduire cette opposition à des exceptions, qui dans le cas de Marseille n'étaient le fait, écrivait-on, que de cinq ou six étrangers. Si on en juge par l'absence d'article reproduit dans les journaux du Québec, la presse libérale française aurait complètement ignoré le mouvement zouave québécois[47]. Il est certainement plus probable que les journaux du Québec ont préféré ignorer de tels écrits afin de ne pas ternir des appréciations si élogieuses qui, venant de l'ancienne mère-patrie, flattaient la fierté des Canadiens français et accordaient une caution supplémentaire à cette entreprise qui avait failli diviser le clergé.

À l'instar de Mgr Bourget, plusieurs zouaves se représentaient Rome comme le « paradis de la terre ». L'un d'entre eux écrivait: « Rome sera toujours le principal sujet de ma joie ». Cependant, l'émotion dont était imprégnée leur correspondance décrivant la ville, ses monuments et les manifestations religieuses qui s'y déroulaient, était moins provoquée par les aspects esthétiques que par le symbole religieux qu'elle représentait. Les longues lettres sur le sujet, à travers les descriptions détaillées de tout ce qu'ils voyaient et entendaient, étaient parsemées d'allusions à « la chrétienté assiégée par la révolution ». Après avoir décrit la cérémonie du jeudi saint, mis l'accent sur « la galerie garnie de riches tentures » d'où Pie IX entouré des « primats de l'Église »s'était adressé à la foule, un zouave correspondant du *Journal des Trois-Rivières* ajoutait: « Le bonheur est ici, par conséquent la vérité. Le monde révolutionnaire a-t-il jamais vu de ces fêtes (...) lui, qui ne se délecte que dans la destruction de tout ce qui est vérité?[48] ». Joseph Forget, dans *Le Nouveau-Monde*, nous en fournit un autre exemple: peu importe Garibaldi et les « ouvriers qui composent sa misérable boutique », écrivait-il, « Rome chrétienne en tout temps sera le siège de Pierre, la source du pouvoir pastoral, et la capitale du monde[49] ». C'est ainsi, en utilisant généralement ces expressions, qu'ils désignaient Rome, traduisant par là leur appréhension de la révolution et de la fin du pouvoir temporel du pape.

Quand, en septembre 1870, l'armée pontificale céda devant les

Italiens, *Le Constitutionnel* en informa ses lecteurs en ces termes: « ce n'est que trop vrai: Rome est au pouvoir de l'Italie. Le crime rêvé depuis si longtemps par les ennemis de l'Église est accompli[50] ». Le zouave correspondant du *Nouveau-Monde* exprimait sa stupéfaction: « Le coeur me saigne continuellement à la pensée de ce qui vient d'arriver. À la pensée de ce triomphe du crime (...) Rome, Rome la sainte! tombée au pouvoir des ennemis de Dieu[51] ». Pour les zouaves, le crime était trop abominable pour avoir été commis librement. Aussi étaient-ils à l'affût de toutes les rumeurs pouvant discréditer l'Italie: d'après un article du *Nouveau-Monde*, des soldats italiens confessaient qu'ils avaient été forcés de combattre et qu'ils le regrettaient; seule « une portion de la populace » romaine aurait acclamé les soldats italiens, le « vrai peuple », c'est-à-dire « la noblesse et la bourgeoisie », d'après *Le Constitutionnel*, n'aurait même pas fait acte de présence; et le plébiscite était présenté comme une farce grossière.

Aux yeux des zouaves canadiens et du clergé, Rome était désormais « une terre profanée ». Les perceptions qu'ils propagèrent dans les journaux jusqu'à la fin du siècle furent toujours sombres, marquées de tristesse et de nostalgie. Tout ce qui s'y passait était jugé immoral. L'ancien aumônier Moreau, qui s'y rendit en 1874, écrivait ne pas pouvoir « se débarrasser du poignant serrement de coeur qui (l'avait saisi) en y entrant ». À chaque pas, il était frappé par « un sujet de réflexions tristes, de larmes amères ». Le pape, écrivait-on dans *Le Constitutionnel*, était contraint de rester enfermé dans le Vatican pour échapper à la vue de pareils scandales: le théâtre, la littérature, les caricatures, les journaux, tout dans Rome respirait la dégénérescence. La nouvelle Italie, de prédire un correspondant du *Journal des Trois-Rivières*, allait bientôt se défaire pour avoir voulu abattre la papauté. *L'Univers* de Louis Veuillot était aussi abondamment cité: tantôt il rapportait des faits divers illustrant la déchéance morale, tantôt des réflexions sur l'avenir de l'Église, tantôt des apologies du pape. D'ailleurs ces perceptions colportées dans les journaux s'alimentaient des propos même de Pie IX, qui dénonçait ceux qui érigeaient « des monuments aux apostats » et honoraient « la mémoire des incrédules et des impies ».

Lors du retour des volontaires d'Arthabaskaville, un étudiant en droit, au nom de ses concitoyens, leur souhaita la bienvenue en louant leur courage d'avoir affronté « des périls de toute espèce, au milieu d'une race d'hommes corrompus, dégradés, abrutis, qui sont en quelque sorte les reptiles de l'humanité[52] ». Les auditeurs ne furent certes pas étonnés de la violence de ces propos, car depuis près de vingt ans, les journaux et les brochures vilipendaient de cette manière les patriotes italiens. Dans *Le Journal des Trois-Rivières*, ils apparaissaient comme des « brigands révolutionnaires, hommes sans coeur, sans religion ni principe qui ont eu la lâcheté de saisir le moment où l'Europe était en feu (...) pour se jeter avec fureur sur les remparts de Rome[53] ». La prise de Rome devenait ainsi l'attentat « le plus monstrueux que le soleil de notre siècle ait éclairé[54] ». Les correspondants du *Nouveau-Monde* qualifiaient les partisans de l'unité italienne de « séides du camp garibaldien » qui osaient « étendre leurs mains infâmes sur nos autels », « des bandits, des hommes mis hors la loi qui ne respiraient que le pillage, l'incendie et l'anarchie ». « Des enfants dénaturés et ingrats » que Mgr Laflèche comparait aux barbares. Le zouave Alfred LaRocque, dans une allocution publique, dénonçait leur « lâcheté (qui) n'avait d'égale que leur haine de la religion, leur impiété révoltante et leur cynisme machiavélique ». Et Gervais les accusait d'avoir pillé et saccagé des églises et d'avoir placé des religieux entre eux et les zouaves lors du combat de Mentana[55]. Garibaldi à la tête de « ses hordes infernales » était décrit comme un vieillard malade, chétif et rabâcheur. « Penché comme la tour de Pise », il n'était plus qu'un « souvenir du passé ». C'était « avec un profond dégoût » que le rédacteur de *L'Union des Cantons de l'Est* disait consentir à publier un des ses discours; un zouave lui criait son « profond mépris » dans les colonnes du *Nouveau-Monde*. Quant à Victor-Emmanuel, « l'excommunié de Savoie », « le roi parjure et sacrilège », il n'était rien d'autre qu'un fourbe, encourageant le désordre à Rome pour mieux pouvoir intervenir.

Ces images extrêmement violentes et caricaturales quand il s'agissait de l'ennemi, élogieuses et outrancières quand il s'agissait des zouaves et de la cause défendue, allaient de pair et renforçaient la vision véhiculée par les propagandistes ultramontains d'un monde divisé entre forces du bien et forces du mal. Le 19e siècle, épisode sombre de l'évolution de l'humanité, était marqué par la victoire du mal. « Un siècle d'indifférence, d'écrire un correspondant du *Constitutionnel*, d'affaissement moral, où les hommes oublient tout le reste pour courir après les jouissances matérielles[56] ». L'action des patriotes italiens était en somme le signe de la barbarie du siècle. Les perceptions que nous avons étudiées, en apparence si variées, s'assemblaient autour de

Les zouaves pontificaux d'Ottawa vers 1915
(APC, PA 66762)

ces deux pôles et contribuaient à modeler au fond des consciences cette vision manichéenne de l'avenir de l'humanité.

Une oeuvre nationale

Depuis 1840, le clergé avait entrepris la récupération ou la « christianisation », suivant le mot de Mgr Bourget[57], de toutes les entreprises laïques. Il avait acquis la propriété de plusieurs journaux et influençait la rédaction d'un plus grand nombre encore. Il contrôlait le réseau des écoles publiques et privées, commençait à s'intéresser aux associations ouvrières, exerçait une surveillance étroite sur la plupart des associations littéraires et avait donné à la fête nationale, la Saint-Jean-Baptiste, un caractère de fête religieuse[58]. En contrepartie d'une définition laïque de la société québécoise, d'abord proposée par les patriotes de 1837 et reprise par les libéraux du *Pays* et de l'Institut canadien, il proposait une conception essentiellement religieuse, faisant de la foi catholique la principale caractéristique nationale. Le vrai patriotisme, d'écrire Mgr Bourget, devrait être « le patriotisme religieux », c'est-à-dire « l'intime et sainte alliance qui unit le citoyen au chrétien, le laïque au prêtre, (...) le Ministre d'État à l'Évêque, le roi au Pape (...), « l'amour tendre, fort et désintéressé, que la religion seule peut inspirer pour la patrie[59] ». Mais, sous le couvert de la concorde entre les deux pouvoirs, le clergé revendiquait en fait la suprématie du pouvoir religieux.

En 1868, l'Institut canadien et *Le Pays*, malgré les interdits et les condamnations qui avaient considérablement diminué leur influence, continuaient de s'opposer à cette définition de la société québécoise. Même si Mgr Bourget disait se réjouir que le patriotisme, chaque année, au moment de la fête nationale, allât « se retremper au pied des saints autels », il avait décidé de tenter un nouvel effort pour éliminer l'opposition et unir plus profondément la question religieuse au fait national. Et le mouvement zouave fut utilisé à cette fin.

Les organisateurs de la cérémonie de départ du premier détachement, à l'église Notre-Dame, avaient voulu donner à l'événement un caractère religieux et national. Le clergé, à son entrée dans l'église, avait défilé entre deux rangées de bancs réservés aux membres de l'Association Saint-Jean-Baptiste et aux dirigeants des sociétés reli-

Les zouaves pontificaux d'Ottawa vers 1915
(APC, PA 66764)

gieuses, industrielles et littéraires. Le président de l'Association Saint-Jean Baptiste, C.-A. Leblanc, avait pris place devant la balustrade, au milieu des zouaves, à côté du président du comité d'organisation, Olivier Berthelet. Au moment de la bénédiction du drapeau et du serment des zouaves, dans le choeur, le curé Rousselot, porteur du drapeau, était accompagné de Berthelet et Leblanc. Cet aspect du cérémonial, cela ne faisait pas de doute pour l'aumônier Moreau, signifiait que « la religion et la patrie s'unissaient (...), en vérité, pour bénir ce drapeau qu'elles allaient confier aux plus nobles comme aux plus dévoués de leurs enfants[60] ». Les zouaves pontificaux étaient ainsi investis d'une mission religieuse et nationale. Au cours de leurs deux années à Rome, leur correspondance rappela fréquemment cet aspect de leur oeuvre, et les autorités religieuses firent tout leur possible pour que la célébration de la fête de la Saint-Jean-Baptiste apparaisse comme le symbole de cette union entre le national et le religieux.

Dès la fin de janvier 1868, avant même le départ du premier détachement, le comité s'interrogeait sur la possibilité de célébrer, à Rome, la fête nationale des Canadiens français. Alfred LaRocque répondit à son père qu'il n'était pas coutume de faire une procession ce jour-là et qu'il ne fallait pas y penser. Malgré cet avis, Mgr Bourget demande à Moreau, à la fin de mars, de tenter d'organiser une procession jusqu'a l'église Saint-Jean-de-Latran où les zouaves recevraient la bénédiction pontificale. Il espérait pouvoir organiser une procession semblable dans toutes les églises de son diocèse, si le pape « daignait lui envoyer une bénédiction apostolique et une indulgence plénière[61] ».

D'après sa correspondance, Mgr Bourget s'occupait à ce moment « plus sérieusement que jamais » des moyens à prendre pour fêter la Saint-Jean de façon extraordinaire. Il disait souhaiter que dans l'avenir cette fête soit célébrée avec plus de pompe et plus de piété. Depuis longtemps, écrivait-il à Moreau, il désirait organiser une neuvaine pour préparer les fidèles. Le moment était venu. S'il obtenait l'autorisation d'accorder une indulgence plénière et 300 jours d'indulgence à chaque jour de la neuvaine, il atteindrait son but. Ces faveurs obtenues, il en annonça la nouvelle dans une lettre pastorale où s'entremêlaient à dessein la cause des zouaves, la condamnation des libéraux et la célébration religieuse de la fête nationale. Il débutait en imitant les formules lapidaires du Lamennais de *L'Essai sur l'indifférence en matière de Religion*: « Point de religion, point de patrie. Point de patrie, point de religion. Sans la religion, les intérêts nationaux sont sacrifiés, et sans la patrie, les intérêts religieux sont oubliés et mis de côté[62] ». Pour toute démonstration, ce seul exemple théorique: « partout où la religion et la patrie ne sont pas en parfaite harmonie, il y a désordre et confusion ». En conséquence, tout journal qui tend à briser l'union entre la religion et la patrie doit être « impitoyablement renvoyé du foyer domestique[63] ». Par contre, le dévouement des zouaves était cité comme le plus bel exemple de patriotisme religieux: leur bannière représente d'un côté « la religion, sous l'effigie de l'étendard pontifical, et de l'autre, la patrie, sous l'emblème du blason canadien ». En leurs personnes, la nation canadienne-française avait été acclamée triomphalement en Europe et à Rome par le pape lui-même. C'était là un événement humainement inexplicable qui portait « évidemment l'empreinte du doigt divin ». Mgr Bourget concluait donc à l'évidence que c'était « la religion seule qui produisait la vraie nationalité ». Enfin, cet amas de formules équivoques l'amenait à présenter l'objectif de sa lettre: relever la fête nationale de nouvelles pratiques religieuses afin de resserrer de plus en plus les liens qui unissent la religion et la patrie.

Dans la circulaire annonçant cette lettre pastorale, Bourget exposait sa stratégie aux curés du diocèse: « À l'heure qu'il est, certains journaux sont à l'oeuvre, pour séparer l'Église de l'État et vilipender le Clergé. J'ai pensé que pour paralyser leurs mauvais desseins, il fallait donner, cette année, plus d'entrain à notre fête patriotique, et profiter pour cela de l'enthousiasme qu'a produit dans tout le pays, le mouvement de nos Zouaves Pontificaux[64] ». L'exemple devait d'abord venir des zouaves, à qui il demandait de fêter, à Rome, « avec tout l'apparat possible », ou du moins, « avec quelques signes de démonstrations canadiennes ».

Les festivités du 24 juin 1868 ne semblent pas avoir atteint les résultats escomptés. À Montréal, l'évêque estimait que la neuvaine préparatoire avait été généralement bien faite mais, dans le reste du diocèse, il n'avait pas eu le temps de distribuer le livre de prières envoyé de Rome par Moreau. En tout cas, les journaux ne rapportèrent rien d'extraordinaire. Il en fut de même dans les autres diocèses. Peu de nouvelles étaient parvenues de Rome. *Le Journal des Trois-Rivières* avait été contraint de citer un extrait du *Monde* pour décrire la Saint-Jean-Baptiste des zouaves. En fait, ceux-ci étaient à ce moment dispersés dans les garnisons, et même si le colonel Allet leur avait accordé un congé spécial de 48 heures, il était évident qu'ils n'avaient pas eu le temps de se préparer et d'orchestrer la publicité autour de leurs manifestations qui, somme toute, s'étaient déroulées suivant les directives de l'évêque: après s'être rendus à l'église Saint-Jean-de-Latran où ils avaient reçu une bénédiction spéciale du pape, ils étaient retournés au cercle pour assister à un banquet, entrecoupé de discours patriotiques.

L'année suivante, Mgr Bourget se trouvait à Rome au moment de la Saint-Jean. Il écrivit dans les journaux que les zouaves se préparaient à célébrer leur fête nationale avec encore plus de solennité et de piété. Il avait apporté des exemplaires de la « Neuvaine à saint-Jean-Baptiste » pour en faciliter la célébration « pieuse et religieuse ». Il prêcha personnellement durant la neuvaine et obtint de faire baiser aux zouaves une relique de saint Jean-Baptiste. En 1868, leur réunion à l'église Saint-Jean-de-Latran et la bénédiction apostolique étaient presque passées inaperçues; il sollicitait maintenant une place réservée dans l'église. Ce n'était pas la coutume; il l'obtint grâce à l'intervention personnelle de Pie IX, six mois plus tard, se souvenant encore de l'insistance de l'évêque de Montréal[65]. Au moment de son entrée dans l'église, le pape leur fit l'honneur de leur demander de l'escorter jusqu'à l'avant. Voilà qui était propre à alimenter la verve des zouaves.

Le travail d'organisation et d'orientation entrepris par Mgr Bourget et les zouaves canadiens semble avoir porté ses fruits au Québec. À Trois-Rivières, les deux journaux s'entendirent pour écrire que « jamais la fête nationale n'a été célébrée avec autant d'éclat, d'enthousiasme et d'harmonie ». Les citoyens, rassemblés au marché, se rendirent en procession à la cathédrale pour assister à une grand-messe et entendre le sermon du curé Baillargeon, qui avait appliqué la devise des zouaves, « Aime Dieu et va ton chemin », aux destinées de la nation canadienne-française. La procession qui défila ensuite à travers les rues de la ville s'arrêta à divers endroits pour saluer les élites locales, en commençant par Mgr Cooke que la maladie avait retenu à l'évêché. Après le défilé des chars allégoriques, la fête se termina en soirée par une procession aux flambeaux et un feu d'artifice.

Les zouaves pontificaux seront par la suite intimement liés à la célébration de la fête nationale. Dès 1870, ceux qui avaient terminé leur engagement étaient invités par l'Association Saint-Jean-Baptiste de Montréal à assister en corps à la célébration de la fête. La plupart des autres villes du Québec imiteront l'exemple montréalais, de telle sorte que chaque année, au moment de la fête nationale, les zouaves seront honorés comme un symbole du nationalisme. Par exemple, au séminaire de Nicolet, en 1877, à l'occasion du 50e anniversaire de l'épiscopat de Pie IX, l'Académie littéraire célébra la Saint-Jean en organisant un programme de discours presque uniquement consacré à commémorer l'action des zouaves. L'adresse du président de la séance, un ex-zouave nommé pour la circonstance, se terminait par une réflexion sur « Pie IX, prisonnier, roi et martyr »; quatre des six autres sujets entendus par les étudiants et les ecclésiastiques du séminaire traitaient de « Rome en 1870 », des « zouaves canadiens », des « Martyrs de Castelfidardo » et de « l'amour des Canadiens pour le pape ». Deux autres discours, « aussi patriotiques et religieux », terminaient le programme: « Mgr de Laval » et les « Dernières années de la domination française en Canada ». Autre exemple, à Saint-Hyacinthe, en 1882, la fête de la Saint-Jean fut avancée au 22 juin afin de coïncider avec la visite du marquis de Charette, ancien commandant au régiment des zouaves. De cette façon, les zouaves contribuaient à ancrer dans la mentalité une conception religieuse de la nationalité.

Le culte de Pie IX

L'accession du cardinal Mastai au trône pontifical était survenue dans un climat particulièrement propice à sa popularité. Son prédécesseur Grégoire XVI avait laissé l'image d'un pape réactionnaire, opposé au progrès et réfractaire à la libération du peuple italien. L'arrivée de Pie IX, dont la modération et le sens de la temporisation laissaient croire à un esprit libéral, suscita l'enthousiasme des partis les plus divers. Les patriotes italiens, les républicains d'Europe, les libéraux catholiques et tous ceux qui souhaitaient des réformes administratives dans les États pontificaux, l'acclamèrent avec joie. Roger Aubert cite les cas d'un journal anglais qui saluait en lui le prince le plus éclairé d'Europe, et des participants d'une réunion publique à New York qui lui adressèrent « le témoignage d'une sympathie sans borne, non point comme catholique, mais comme fils d'une république et comme amis de la liberté[66] ».

Ce malentendu sur lequel se fondait une partie de la popularité de Pie IX allait rapidement se dissiper avec la révolution de 1848, sans pour autant diminuer la sympathie qu'il avait acquise dans toute la catholicité. Car son exil à Gaëte et ses différends avec les patriotes italiens projetèrent dans l'opinion publique l'image d'un pape injustement persécuté. À la faveur de cette nouvelle conjoncture, Pie IX allait devenir un pape d'une popularité telle qu'une véritable dévotion, voire un culte, naquit autour de son nom.

Mais le culte de Pie IX ne tenait pas qu'à cette conjoncture favorable. Il était habilement entretenu d'une part par le pape lui-même qui, doté d'une personnalité et d'un physique séduisants, multipliait les occasions d'assimiler l'attachement à sa personne à l'attachement à l'Église catholique que la révolution menaçait; d'autre part, par son entourage, par la majorité des évêques et par la presse ultramontaine qui profitaient de cette conjoncture, de la personnalité du pape et de ses encouragements explicites pour entretenir et cultiver ces sentiments d'affection, considérés comme une garantie de fidélité à l'Église romaine.

Parmi l'ensemble des moyens mis en oeuvre par Grégoire XVI et Pie IX pour faire progresser l'ultramontanisme, il faut accorder une importance particulière à la personnalité de ce dernier: avec lui, « la papauté ne paraissait plus seulement une institution, elle s'incarnait dans un homme auquel on se liait avec une particulière émotion[67] ». Car, contrairement à Grégoire XVI, Pie IX aimait la vie sociale. Contrairement à la plupart des papes, il se montrait accessible en se dégageant d'un entourage solennel dans ses rapports avec les fidèles. « Sans un trop grand souci de l'étiquette », il voulait « montrer la papauté aussi aimable sur la place publique qu'elle l'avait été jusqu'alors dans l'intimité du Vatican[68] ». Brisant avec l'usage, il recevait à sa table; il organisait à l'occasion de grands banquets et multipliait les audiences privées et collectives. D'un naturel jovial et charmant, il savait mettre les visiteurs à l'aise; et ses nombreuses randonnées à pied dans les rues de Rome, au cours desquelles il avait l'occasion de converser avec le peuple et de rendre service au premier venu, lui firent la réputation d'un souverain accessible et affable. En ces années où le chemin de fer permettait aux pèlerins d'affluer à Rome, où le télégraphe et la formation des agences de presse favorisaient la diffusion des nouvelles, ces traits de la personnalité du pape firent le tour du monde et contribuèrent au développement du culte qu'on lui vouait.

Au Québec à l'origine de la dévotion à Pie IX, il faut mentionner l'influence particulière de Mgr Bourget et celle des journalistes catholiques[69] qui, suivant les conseils du clergé et des évêques, ont multiplié les occasions de parler du pape et d'attirer l'attention sur sa personne. Mais en fait, toutes les entreprises — manifestations, prières privées et publiques, brochures, etc. — destinées à promouvoir la cause ultra-montaine et la défense du pouvoir temporel du pape eurent aussi des effets sur la formation du culte à Pie IX, tant la personne du pape était au coeur des affrontements entre l'Église et les forces libérales de toutes nuances. Il serait illusoire de vouloir démêler les causes des effets dans un pareil mouvement où toute action tendant à faire aimer Pie IX rejaillissait aussi sur la cause du Vatican.

L'organisation même du mouvement zouave devait faire la preuve, aux yeux du monde entier, qu'au Québec l'amour du pape n'avait pas de mesure. Mgr Bourget de son côté, recommandait aux zouaves d'être dévots envers le pape et conseillait aux aumôniers de les aider à se préparer aux audiences. On sait aussi que leur correspondance était l'objet d'une étroite surveillance. Il n'est donc pas surprenant que les journaux francophones, inspirés par l'épiscopat et alimentés principalement par les écrits des zouaves, par la correspondance des clercs et des laïcs en visite à Rome et par des emprunts aux journaux catholiques d'Europe, aient projeté du pape une image très élogieuse qui, à notre connaissance, — à l'exception de quelques railleries d'Arthur Buies dans son éphémère *Lanterne* — n'a pas souffert d'exception.

Les journaux rapportaient avec insistance toutes les marques d'attention ou d'affection que Pie IX prodiguait aux zouaves québécois. Ici, ils sont reçus « avec une bienveillance extrême »; là, ils ont droit aux égards réservés aux grands personnages. Là encore, le pape leur distribue des oranges et autres présents, leur fait don d'un de ses portraits ou s'appuie familièrement sur leurs épaules au cours d'une promenade. Il s'amuse parfois à leurs dépens et laisse voir des marques d'émotion et de tendresse qui les touchent profondément et influencent sans aucun doute l'image que les zouaves projettent de lui dans les journaux.

L'émotion qu'il manifeste dans le timbre de sa voix, dans son regard ou ses propos et qu'il provoque aussi par ces moyens est une caractéristique des descriptions présentées aux lecteurs de journaux. C'était d'ailleurs un trait de sa personnalité qu'ont relevé ses biographes et qui, dans esprit des catholiques, se comprenait d'autant plus qu'on le présentait aussi comme sans défense et persécuté. Certains rapportent que « sa voix vibrante fait tressaillir ». D'autres l'ont vu avec « un sourire qui fait pleurer ». Denis Gérin, présent à la bénédiction d'un monument érigé à la mémoire des morts de Mentana, per-

çoit des larmes dans la voix du pape. Lors d'une audience, selon
Moreau, « il détourne la tête pour cacher une larme » et au départ des
zouaves, après la défaite, son émotion est telle qu'il tombe en arrière,
presque évanoui.

Les journaux étudiés ne permettent pas de conclure que cette
sensibilité extrême ait été amplifiée par la défaite de 1870. Au
contraire, ils présentent cet aspect de la personnalité de Pie IX comme
une manifestation de sa douceur et de sa bonté, qui ne contredit en rien
le calme, la fermeté, la force de caractère et la résignation qu'ils lui prê-
tent volontiers. L'évêque de Québec loue son admirable tranquillité
d'âme « au sein de la tempête qui gronde autour de lui ». Ceux qui le
voient sont « éblouis par la grandeur et la souveraine majesté qui
rayonnent de sa figure » « si simple, si calme, si résignée ». Il affiche
toujours « le même sourire et le même regard » qui « annonce chez lui
la résignation et l'espérance ». Il signe une dispense « d'une main
ferme et rapide »; ses gestes traduisent « la douceur et la fermeté » et ses
discours sont « remplis d'onction et de fermeté ». N'est-ce-pas là,
écrit-on, l'attitude caractéristique « du roi sous l'habit du pontife? »
Nombreux sont ceux qui soulignent que les persécutions ajoutent à sa
sérénité. N'est-ce-pas là le signe de sa sainteté? Pourtant, cela n'empêche pas les observateurs de scruter attentivement les traits de son
visage et d'y déceler un indice de la détérioration de la situation politique. Mais cette légère contradiction ne ternit pas l'image de sérénité,
de douceur et de fermeté qui, suivant un prêtre, est quelque chose
d'étonnant, de surhumain, voire de miraculeux pour un vieillard presque octogénaire.

En 1870, Pie IX a 79 ans. La presse libérale d'Europe rapporte
fréquemment la rumeur de sa mort ou encore de sa santé défaillante.
Les journaux du Québec répondent à ces nouvelles, contredisant du
même coup l'idée qu'il pourrait souffrir de sénilité: « Il est toujours
d'une santé florissante, d'écrire *Le Journal des Trois-Rivières*, sa voix
est encore d'une beauté et d'une puissance étonnantes ». Même
remarque dans *Le Constitutionnel*: « Sa santé est excellente (...) il fait
sans cesse preuve de cette présence d'esprit, de cette hauteur de jugement et de cette mémoire prodigieuse qui sont dans le caractère de sa
vaste intelligence[70] ». En 1873, « malgré ses 82 ans, d'écrire un témoin,
il paraît d'une santé parfaite, sa voix est toujours forte et la souplesse de
ses mouvements accuse plutôt un homme de 50 ans qu'un vieillard
octogénaire ». Et d'après Mgr Laflèche, qui écrit de Rome en même

temps que d'autres Québécois pour informer les lecteurs de la santé du pape, « sa figure s'est quelque peu affaissée; mais (...) il est encore le même (...) plein de vigueur et d'esprit ».

L'image de Pie IX se veut aussi une réponse aux libéraux et patriotes italiens qui proclament qu'il se maintient au pouvoir contre la volonté populaire. Un journal affirme qu'il « est immensément aimé dans toute l'Italie et surtout dans ses anciennes provinces ». Un autre écrit que « les Romains accourent à son passage ». Pour l'un, les fêtes de son cinquantième anniversaire de sacerdoce ont donné « un éclatant démenti à cette tourbe impie qui s'efforce de crier que Pie IX n'est pas aimé dans ses États ». Pour l'autre, « l'ensemble des cadeaux reçus à cette occasion font la preuve de l'affection qu'on lui voue ».

Cet amour du pape que l'on voudrait universel, on semble vouloir le susciter en utilisant pour désigner Pie IX un nombre varié d'épithètes exprimant le respect, l'admiration, l'affection, voire la dévotion. Généralement appelé, avant 1870, « l'immortel et le saint pontife », « le bon père », « le saint rempli de vertus, de mérites et de tendresse », ou encore « l'auguste et vénérable vieillard », il devient, après la défaite « l'auguste captif », et « le prisonnier de la foi et du Vatican ». D'après *La Minerve*, il est « le plus grand et le plus illustre successeur de saint Pierre ». *Le Nouveau-Monde* considère qu'aucun pape n'a été autant aimé; et Denis Gérin, à la suite d'opinions entendues en Europe, dresse un parallèle entre la carrière du Christ et celle de Pie IX.

Cette dernière image évoque l'idée de sa sainteté. On fait grand état d'un accident auquel il aurait échappé miraculeusement. Il aurait fait des prédictions et Louis Prince, un zouave, attribue à la visite de Pie IX sa guérison « aussi prompte qu'inespérée ». En somme, comme l'écrit Roger Aubert, aux yeux de nombreux fidèles, il fait « littéralement figure de martyr et de saint ».

Il est aisé de conclure que l'ensemble de ces représentations élogieuses de Pie IX, au-delà des intentions manifestes des auteurs de propager l'amour du pape, sont aussi des manifestations de leur culte à son endroit. Ces images ont cependant un caractère équivoque, car leur authenticité peut être mise en doute par le fait que des clercs ont encouragé les zouaves à multiplier de tels écrits. Comment alors évaluer la véritable profondeur de cette dévotion chez les zouaves et chez l'ensemble des Canadiens français? Les moyens à notre disposition sont assez limités: la correspondance privée, les descriptions journalistiques de manifestations publiques et d'autres détails puisés çà et là dans divers fonds d'archives fournissent un ensemble de preuves de l'existence de cette dévotion, mais interdisent d'évaluer sa profondeur et son étendue. D'autre part, nous l'avons déjà souligné, parce que la personne du pape est au coeur de la question romaine et contribue à la progression de l'ultramontanisme, il est difficile de conclure que les manifestations en faveur de la cause sont toutes, et pour tous les participants, l'expression du culte de Pie IX. À titre d'exemples, l'enrôlement des volontaires, les acclamations populaires au cours des manifestations, la générosité lors des quêtes ont des motifs divers qu'il n'est pas possible de départager et qui ne témoignent pas exclusivement de l'attachement à la cause du pape et à sa personne. Il reste qu'en dépit de ces difficultés, et bien qu'il soit impossible d'évaluer la profondeur et l'étendue de pareils sentiments, la documentation disponible permet au moins de cerner les contours de ce phénomène et d'en donner les principales caractéristiques.

C'est surtout à travers la description des audiences de Pie IX que transparaissent l'amour et la dévotion que lui vouent certains zouaves. Quelques exemples tirés de la correspondance du début de 1868 sont révélateurs. Gaspar Hénault, ancien étudiant du séminaire de Nicolet, s'adressant à un professeur, se réjouit d'avoir déjà obtenu deux audiences. Gédéon Désilets a lui aussi eu le plaisir d'obtenir quelques audiences, et décrit ainsi la première: « En parlant, il m'a donné sa main à baiser. J'étais très ému (...) Quand il me vit pleurer, il me passa son bras gauche sur les épaules et me pressa sur sa poitrine. Je ne suis plus à moi quand je pense à tout cela (...) Je crois qu'on se ferait tuer vingt fois rien que pour lui faire plaisir[71] ». Le mois suivant, le pape mit fin à une deuxième audience par une remise de présents et une bénédiction.

Même émotion chez Gualbert Gervais et Alfred LaRocque: « J'étais au comble de la joie, c'est facile à comprendre ». Et s'il faut en croire la lettre d'un correspondant du *Journal des Trois-Rivières*, les zouaves du premier détachement furent empreints des mêmes sentiments quand ils virent le pape pour la première fois: « en passant devant le Vatican, une fenêtre s'ouvrit et nous aperçûmes l'illustre vieillard. Sa vue produisit une sensation immense parmi la foule. Quant à nous, nous étions fous, nous pleurions[72] ».

Les quelques lettres d'ecclésiastiques que nous avons pu consulter à ce sujet contiennent les mêmes sentiments d'affection, bien qu'aucune ne fasse état d'une pareille émotion. L'abbé Hicks, de Montréal, tient des propos à peu près identiques à ceux des abbés Walsh, de Nicolet, et Suzor, des Cantons de l'Est: il n'oubliera « jamais le contentement, la joie qu'il a éprouvé en voyant Pie IX[73] ». Certains ne comprennent pas pourquoi l'amour du pape, qui leur paraît si naturel, n'est pas partagé par l'ensemble des Italiens: « Mon Dieu, d'écrire l'abbé Benjamin Paquet, comment se fait-il que tous les Italiens n'adorent pas un homme comme Pie IX[74] ».

La dévotion des Québécois à l'endroit du pape trouve aussi des échos significatifs dans la participation aux nombreuses manifestations publiques en faveur du Saint-Siège entre 1860 et 1878. Les célébrations au départ et au retour des sept contingents de volontaires, les concerts et spectacles organisés pour faciliter le financement, les séances de prières commandées par le pape, les pétitions, les suppliques et les adresses du clergé et des fidèles, les prières prononcées à la fin de la messe et des offices furent autant d'occasions de témoigner son attachement à Pie IX. À ce que nous avons déjà écrit sur le sujet, ajoutons ici quelques exemples significatifs de l'ensemble des manifestations de cette période.

Le jubilé du 11 avril 1869 était commandé par Pie IX à l'occasion de son cinquantième anniversaire de prêtrise. Ces festivités religieuses auxquelles était attachée une indulgence plénière avaient été rehaussées, dans les villes épiscopales surtout, de spectacles et de concerts. À Québec, la fête débuta le vendredi 9 avril au soir par un grand concert donné à l'université Laval par des artistes de la ville et les musiciens du 53e régiment. Pierre-Olivier Chauveau, premier ministre de la province, prononça alors un éclatant discours sur Rome et sur le pape. Le lendemain, lors de la grand-messe pontificale à laquelle participaient les musiciens de la veille, Benjamin Paquet prêcha pendant trois quarts d'heure sur les droits de Pie IX à l'affection et à la vénération des catholiques du Québec. La basilique, de même que la salle de l'université Laval, avaient été décorées du portrait de Pie IX. Les élèves du séminaire étaient en congé depuis le vendredi à 8 heures afin de libérer les prêtres pour entendre les confessions et ainsi permettre au plus grand nombre possible de fidèles de se conformer aux conditions d'obtention de l'indulgence plénière, le dimanche 11 avril, jour officiel de la célébration.

En 1870, la rentrée des évêques au pays, après le concile, fut l'occasion de célébrer l'infaillibilité pontificale. À Trois-Rivières, une foule de près de 3 000 personnes attendait son évêque au débarcadère. Les rues que devait emprunter le défilé avaient été décorées de banderoles, d'arches de verdure, d'inscriptions et de portraits si divers qu'un visiteur aurait eu du mal à distinguer si la population fêtait l'infaillibilité pontificale, le pape Pie IX ou l'évêque Laflèche. Des portraits de Pie IX et des inscriptions en son honneur « Vive Pie IX infaillible », « Vive le grand Pie IX », « L'Église de Trois-Rivières te salue, Pie IX infaillible » avaient été suspendus un peu partout, sur une arche, aux fenêtres de l'évêché et des institutions d'enseignement et aussi aux fenêtres de quelques maisons particulières.

Six ans plus tard, l'Union Allet tenait sa réunion annuelle dans cette même ville. Chaque année, cette association d'anciens zouaves se déplaçait dans les diverses régions de la province, profitant de la circonstance pour continuer d'animer la population en faveur de la cause. En 1876, de rapporter le journal local, 5 000 à 6 000 personnes avaient répondu à l'invitation de « traduire publiquement (leur) amour pour Pie IX ». Le décor et l'ambiance habituels des fêtes religieuses populaires étaient en place: musique, défilé à travers les rues pavoisées, discours, inscriptions, acclamations de la foule, prières à l'église, procession aux flambeaux.

Chez les étudiants, dans les écoles publiques et les séminaires, le culte de Pie IX se manifestait par des compositions de poèmes, de chansons, de pièces oratoires et de dissertations récitées publiquement à l'occasion d'une séance académique. Ainsi, au couvent Notre-Dame de Yamachiche, en 1869, une étudiante récita son poème sur Pie IX à la distribution des prix de fin d'année. Le cas du séminaire de Nicolet ne doit pas non plus être exeptionnel: entre 1868 et 1883, la société littéraire fondée par les étudiants tint au moins huit réunions en hommage à Pie IX.

Enfin, nombre d'autres indices permettent de conclure que cette dévotion fut pratiquée avec ferveur dans certains milieux. D'anciens zouaves — et sans doute aussi d'autres Canadiens français — firent baptiser leurs enfants du nom de Pie. Des fidèles écrivirent personnellement au pape pour lui demander une faveur ou lui exprimer leur affection. Son portrait fut mis en vente à plusieurs occasions, notamment en 1868 par le comité d'organisation des zouaves, en 1871 par *L'Union des Cantons de l'Est* et en 1879, après sa mort, par l'Union Allet, ou donné en cadeau par Mgr Bourget[75]. D'ailleurs les journaux, en publiant les moindres détails sur les activités du pape, témoignent à leur façon de l'attachement des lecteurs à sa personne.

Conclusion
Les avatars d'une stratégie

Les besoins de la papauté exigeaient-ils, en 1868, l'enrôlement des catholiques du Canada? Plusieurs clercs et laïcs ne le pensaient pas. L'archevêque de Québec, puis les évêques de Toronto et de Saint-Jean (N.-B.), les prêtres de Saint-Sulpice et à leur suite les Irlandais de Montréal croyaient être plus utiles et agréables au Saint-Père en ne lui envoyant que de l'argent. Ils ne manquaient pas d'arguer que l'organisation d'un détachement de volontaires était une forme d'aide dispendieuse et peu rentable par rapport aux besoins exprimés par le Vatican. Le Saint-Siège lui-même hésitait à accepter de nouveaux soldats étrangers de crainte de grever ses ressources financières et d'envenimer ses relations diplomatiques avec les puissances européennes. Comment alors expliquer la mise sur pied d'une expédition québécoise?

Il est inexact de prétendre à la suite de nombreux idéologues et analystes ultramontains tel Henri Bourassa que l'attachement du Québec à Rome et à la personne du pape s'inscrivait dans le cours de son histoire. Ceux-là, interprétant l'histoire de la Nouvelle-France comme étant l'oeuvre conjointe de la métropole et de l'Église, ont conclu qu'après l'abandon de la mère patrie, les Canadiens français s'étaient naturellement cramponnés à la papauté[1]. S'il fallait admettre cette explication, la thèse développée ici n'aurait plus sa raison d'être. Seuls ceux qui confondent dans leur analyse les détenteurs du pouvoir et les masses populaires ont pu écrire que l'attachement au système de valeurs ultramontain, à sa vision du monde, émanait spontanément, du moins en partie, de la base de la pyramide sociale. J'ai voulu précisément démontrer que l'ultramontanisme au Québec n'appartenait pas aux phénomènes de génération spontanée. Au contraire, c'est à la suite d'une vaste campagne de propagande orchestrée par les détenteurs du pouvoir socio-politique que le courant ultramontain s'est répandu dans les couches populaires.

L'étude des premières tentatives pour organiser une expédition militaire, entre 1860 et 1867, a fait perdre toute crédibilité à la thèse de la spontanéité des Canadiens français voulant venger l'honneur de Pie IX et le sang de LaRocque et de Murray versé à Mentana. De même, la description des nombreuses démarches entreprises par le comité d'organisation pour mettre sur pied sept détachements de volontaires, si elle a fait ressortir l'enthousiasme et la générosité vis-à-vis cette cause, a surtout mis en relief l'ampleur de la propagande qui a suscité un pareil enthousiasme. Un groupe important de clercs et de laïcs, animé principalement par Mgr Bourget, en étaient les auteurs. D'ailleurs, ce dernier écrivait dès 1863 à ses collaborateurs qu'il fallait faire l'impossible pour préparer les esprits à une intervention militaire à Rome.

La description des divers aspects de l'organisation, surtout en première partie de cet ouvrage, visait à réordonner le déroulement d'événements que l'historiographie ultramontaine avait récupérés au profit de sa thèse. Elle visait du même coup à illustrer les diverses formes de collaboration entre le clergé, certains éléments de la petite bourgeoisie, puis l'ensemble ou presque de ce groupe social, pour finalement démontrer que la coalition des élites était une réalité bien tangible, dynamique, qui s'était bâtie dans l'action. Pour que l'expédition des zouaves se concrétise, il a d'abord fallu que le clergé et la fraction de la petite bourgeoisie gagnée à la cause ultramontaine dès 1848 persuadent la majorité des membres de l'élite canadienne-française que le sort du catholicisme et le maintien de l'ordre social dépendaient de la victoire des principes défendus par le pape. Encore en 1860, au moment des manifestations publiques en faveur du pouvoir temporel du pape, cette collaboration entre les deux groupes sociaux n'était pas complètement cimentée. Mgr Bourget avouait craindre l'opposition de laïcs même dévoués aux intérêts de l'Église. Les libéraux radicaux de l'Institut canadien avaient encore de solides assises sociales qui leur permettaient de tenir tête aux directives du clergé. Mais progressivement, jusqu'à la réalisation de la Confédération, cette opposition s'est essoufflée de telle sorte que le journal *le Pays*, en 1868, ne croyait plus pouvoir soutenir publiquement ses opinions. La coalition des élites était alors conclue; toutefois les modalités de réalisation présageaient mal de sa pérennité.

À cet égard, on a pu noter une sorte de collaboration inconditionnelle entre le clergé et certains laïcs, des journalistes, des membres des professions libérales et des hommes politiques. Les de Bellefeuille, Royal, Rivard, Trudel, Montigny, Barnard, Berthelet et bien d'autres avaient des convictions ultramontaines qui en faisaient des alliés indéfectibles à la cause. Par contre, certains hommes politiques manifestaient une collaboration ponctuelle qui s'exprimait par des silences opportuns ou des approbations qui laissaient transpirer leur souci de ne pas déplaire au clergé. N'est-il pas étrange, en effet, qu'il ne se soit trouvé aucun député canadien-français pour interroger George-Étienne Cartier sur la légalité de l'expédition des zouaves quand la question fut soulevée au parlement? D'autres enfin, tels les libéraux radicaux, n'avaient pas d'autre choix que de se taire, muselés qu'ils étaient par l'influence prépondérante du clergé et de ses alliés. En somme, cette alliance des élites reposait principalement sur l'influence du clergé, acquise au lendemain de la rébellion de 1837-1838, et sur ses capacités de maintenir son ascendant sur la société québécoise.

Il est un autre aspect de cette alliance qui doit être mis en relief. C'est la dépendance évidente des laïcs à l'endroit des clercs. Édouard Barnard, l'ensemble des membres du comité et les journalistes qui diffusèrent de l'information sur le mouvement zouave exécutaient les directives du clergé, le plus souvent des évêques. On a vu avec quel respect les journaux ont accepté de ne pas diffuser ce qui aurait pu discréditer les zouaves, avec quelle humilité Barnard s'est soumis aux avis de son évêque, avec quelle discipline les membres du comité se sont pliés aux attentes de Mgr Bourget. La hiérarchie décisionnelle plaçait l'évêque au sommet de la pyramide, les clercs au centre et les laïcs, en tant que collaborateurs et exécutants, à la base. Ce modèle de hiérarchisation n'était pas spécifique à l'organisation du mouvement zouave; il était conforme aux conceptions ultramontaines des relations entre les pouvoirs spirituel et temporel, qui reconnaissaient la spécificité de chacun des domaines, mais subordonnaient le temporel au spirituel dans toutes les questions relevant de près ou de loin de la religion et de la morale, c'est-à-dire, en fin de compte, dans presque tous les champs de l'activité sociale.

Ce principe ultramontain qui hiérarchisait ainsi les acteurs sociaux ne pouvait s'appliquer que dans la mesure où la situation objective de chacun des groupes impliqués traduisait effectivement ce rapport de dépendance. Tel était l'héritage de l'échec de la rébellion et du partage des pouvoirs qui s'ensuivit. Ce n'est pas dire que l'acceptation des thèses ultramontaines par la petite bourgeoisie s'était faite sans conviction, ou encore que ses intérêts n'étaient pas satisfaits dans cette alliance. Au contraire, l'ultramontanisme justifiait la position sociale de ce groupe; l'influence du clergé, jusqu'à un certain point, lui assurait un ascendant sur les classes laborieuses. À défaut de pouvoir seul dominer, ce groupe s'accommodait de sa position et collaborait avec le clergé qui, de son côté, pouvait exercer un contrôle sur la presque totalité des appareils de diffusion des idéologies.

Depuis le début de la décennie 1960, l'ensemble des études traitant des idéologies au Québec se sont attachées à en décrire le contenu et à explorer plutôt sommairement les groupes sociaux définisseurs. Notre apport vise plus particulièrement à éclairer en profondeur les mécanismes de diffusion de l'idéologie du clergé. Pour ce faire, nous avons tiré profit d'une documentation abondante et variée qui nous a conduit à démonter minutieusement tous les aspects de la stratégie des organisateurs de l'expédition zouave.

Un élément important de cette stratégie résidait dans le choix des recrues. À cette époque où les communications entre les différentes parties du Québec étaient lentes et difficiles, où l'isolement des villages en périphérie des centres plus populeux était encore une caractéristique fondamentale de l'organisation du territoire, les promoteurs de l'expédition avaient jugé nécessaire d'obtenir un recrutement représentatif des diverses régions, voire de l'ensemble des villages, afin d'assurer la diffusion de l'information même dans les parties les plus reculées. Ils comptaient en somme sur la présence d'un zouave dans chaque paroisse pour susciter et maintenir l'intérêt que les seules informations officielles n'auraient peut-être pas réussi à éveiller. On peut aussi présumer — même si cela n'est pas explicite — que leur souci de recruter dans les différentes couches sociales visait à assurer la représentation de tous les échelons de la pyramide sociale. Encore fallait-il être certain que leur exemple soit toujours favorable à la cause pontificale. Le comité y a veillé en exigeant des volontaires une lettre de recommandation du curé de la paroisse. Il a aussi instauré avec l'aide des aumôniers un système de surveillance et de censure destiné à prévenir les écarts de conduite ou garantir, à tout le moins, que l'opinion québécoise n'en soit pas informée.

L'analyse du rôle de la presse en tant qu'appareil de diffusion des idéologies a révélé qu'aucun journal de langue française publié au Québec — à l'exception du *Pays* et de *La Lanterne* — n'a manifesté d'opposition au mouvement zouave entre 1868 et 1870. Il ne fallait certes pas s'attendre à une attitude différente de la part des journaux attachés aux évêchés, tels *Le Courrier du Canada*, *Le Nouveau-Monde* ou *Le Journal des Trois-Rivières*. Mais les journaux ordinairement plus distants vis-à-vis les thèses cléricales, comme *Le Constitutionnel* qui ne craignait pas à l'occasion de contredire les visées ultramontaines du *Journal des Trois-Rivières*, ont eu des prises de position significatives de l'influence du clergé et de la force des pressions exercées par l'opinion publique. Il m'est apparu que l'intérêt soulevé non pas tant par la cause pontificale que par l'expédition des zouaves avait atteint un tel niveau d'intensité, que les journaux furent contraints d'y consacrer des comptes rendus et des analyses qui en d'autres temps auraient été moins nombreux et plus nuancés. De plus, cet intérêt qui fit écrire à Mgr Bourget que les publications traitant des zouaves étaient lues « avec avidité », incitait la presse à reproduire les lettres des zouaves et de leurs admirateurs y exprimant là des idées que ne partageait peut-être pas intégralement le journal. La collaboration de tous les journaux, ou presque, acquise de gré ou de force, consolidait la coalition des élites. N'est-ce pas l'aspect le plus important, eu égard à l'influence de la presse sur la formation de l'opinion? Cette collaboration accordait au clergé et à ses alliés une tribune où l'on pouvait exprimer sans nuance et à l'abri de l'opposition les thèses ultramontaines; elle conférait à cette idéologie, aux yeux de l'opinion publique, l'illusion de l'assentiment unanime des élites, bien que dans les faits, comme il appert des débats que son application soulèvera après 1870, une fraction de ces élites était contrainte au silence.

L'influence de la presse et des imprimés en général a des limites que nous connaissons encore trop imprécisément. Le faible tirage des journaux et le haut taux d'analphabétisme sont des facteurs qui m'ont incité à accorder une importance particulière aux moyens oraux et visuels de transmission des idéologies. D'ailleurs, quand Mgr Bourget en 1860, voulut faire comprendre son instruction pastorale sur l'indépendance et l'inviolabilité des États pontificaux, il invita d'abord ses curés à en parler du haut de la chaire, puis il leur recommanda d'en distribuer un certain nombre d'exemplaires aux paroissiens « les mieux intentionnés » afin qu'ils en fassent la lecture publique dans les divers arrondissements. Il comptait enfin sur l'école, les réunions de prières et les assemblées publiques pour assurer la diffusion de ses idées. Cette stratégie de Mgr Bourget m'inspirait un itinéraire de recherche. Elle m'invitait en quelque sorte à explorer à travers le déroulement des fêtes publiques et les discours de circonstances tout le domaine des images véhiculées.

Il a d'abord fallu repérer la variété des occasions et la subtilité des moyens mis en oeuvre entre 1860 et 1870 pour diffuser l'ultramontanisme. Qu'il suffise ici d'en rappeler les plus importants: festivités au départ et au retour de chaque détachement dans les paroisses, les villes épiscopales et à Montréal, appels à la générosité des Québécois au moyen de quêtes, de représentations théâtrales et de concerts, concours oratoires, « séances académiques », compositions de poèmes et de cantates dans les écoles sur le thème des zouaves, etc.. Autant d'occasions au cours desquelles la cause pontificale et l'ultramontanisme, perçus à travers les décors flamboyants des églises et des rues pavoisées, les formules lapidaires et saisissantes des orateurs de circonstance, la symbolique des oboles et des couleurs pontificales pénétraient dans les mentalités sous des formes stéréo-typées. C'est ainsi, par exemple, qu'on attribua l'auréole du martyre à la personne de Pie IX, que des Canadiens français vénérèrent à l'égal d'un saint.

La fonction des zouaves dans l'ensemble de la stratégie cléricale était principalement de légitimer la cause du Saint-Siège dont le clergé prenait prétexte pour justifier son opposition à la fraction de la petite bourgeoisie qui lui disputait le pouvoir. Quels que fussent les besoins de Rome, Mgr Bourget et ses collaborateurs voulaient que des volontaires servent dans l'armée du pape, car ils étaient, à leur jugement, plus que l'organisation des manifestations publiques et des prières, plus que la diffusion des journaux et des brochures favorables à la cause, un puissant moyen de combattre les idées répandues par les libéraux du *Pays* et de l'Institut canadien. Il s'agissait, en somme, d'impliquer directement la population dans cette lutte « de la vérité contre l'erreur », en y faisant combattre des compatriotes, et de multiplier par ce moyen les informations favorables à la thèse pontificale, de faire aimer Pie IX en présentant constamment ses malheurs, de faire craindre et détester ses ennemis et de former à l'école romaine, sur les

Le corps des zouaves de Windsor Mills vers 1920
(Fonds M. Carrier)

champs de bataille et dans la ville pontificale, une élite ultramontaine qui dans l'avenir servirait de rempart contre l'introduction au Québec des « idées subversives et révolutionnaires » telles que condammées dans le *Syllabus*.

Au retour des zouaves à la fin de 1870, la situation politique et sociale avait considérablement changé. La division des catholiques en deux clans opposés en était une des principales manifestations. Il ne s'agissait plus, comme c'était le cas au moment du départ des zouaves, d'une division entre Québec et Montréal, mais bien d'une scission profonde du clergé et des laïcs entre les partisans du catholicisme intransigeant et les modérés. Bien que les chefs de file de ces deux tendances se trouvaient principalement à Québec et à Montréal, le différend avait gagné tous les diocèses. Il portait sur la manière d'aménager concrètement les relations entre l'Église et l'État, sur les attributions respectives de ces deux pouvoirs et sur les moyens d'assurer la prééminence du pouvoir religieux. Retraçons la genèse de ce conflit qui contribua à redéfinir la coalition des élites après 1870.

La publication du code civil du Québec survenait presqu'en même temps que le *Syllabus* par lequel Pie IX condamnait formellement les principes des démocraties libérales acquis en 1789. Encouragé à la vigilance et à l'intransigeance par cette encyclique, Mgr Bourget se fit le porte-parole du clergé pour souhaiter que le gouvernement profite de la refonte du code civil pour y apporter des amendements conformes aux lois de l'Église, et notamment y extirper toute trace de gallicanisme. Il proposait que toutes les lois affectant l'Église et la vie religieuse soient d'abord soumises à l'approbation des évêques avant l'acceptation finale[2]. Cette délicate question ne pouvait être réglée sans l'assentiment des parlementaires protestants. Les évêques et les hommes politiques en discutèrent en privé. De son côté, l'archevêque de Québec avouait que plusieurs points du code devaient être modifiés, mais il préférait pour l'instant l'accepter et se fier à la bienveillance et à l'esprit de collaboration des hommes politiques canadiens-français plutôt que de risquer de soulever l'opposition protestante à l'occasion d'un débat public. Ainsi, en 1866, il se fit le porte-parole du ministre de la justice George-Étienne Cartier pour présenter au pape le code civil qu'il lui demandait d'agréer « comme un gage de la foi et de la piété de ce haut fonctionnaire et de ses honorables collègues[3] ». Et bien qu'il ajoutât que l'ouvrage était « tout empreint d'esprit catholique », son opinion ne tranchait pas le débat. Le code continuait de diviser le clergé, car les intransigeants ne pouvaient se satisfaire d'accommodations politiques quand les principes étaient en jeu. L'État avait le devoir de légiférer en conformité avec les lois de l'Église. Pourtant la collaboration entre le clergé et les hommes politiques rapportait à l'Église de bons avantages: l'épiscopat avait obtenu que l'institution des nouvelles paroisses se fasse plus librement et que dans la constitution de 1867, la juridiction du mariage relève des provinces[4].

La question du code civil fut de nouveau discutée par les évêques lors du concile provincial de 1868; ils adoptèrent un décret demandant à la législature du Québec d'amender les articles sur le mariage en conformité avec la pratique de l'Église. L'assemblée épiscopale décida aussi de soumettre toutes les lois qui lui semblaient litigieuses au jugement des canonistes de Rome[5]. C'était une façon de s'assurer que les évêques parviennent à une entente sur la portée des corrections à demander et d'éviter que la question ne prenne plus d'ampleur. Comme les évêques devaient se rendre au concile en 1869, d'aucuns escomptaient qu'ils referaient l'unité autour des avis des prélats romains. Jusque-là, ils avaient réussi à éviter que la non conformité du code civil avec le droit canon ne soit débattue publiquement. Mais en 1869, alors qu'ils étaient absents de leur diocèse, un vent d'intransigeance soufflait sur le Québec. Des prêtres et des laïcs engagèrent le débat public, enhardis certes par les succès remportés par le mouvement zouave, mais surtout par le concile lui-même dont ils n'attendaient rien de moins que la déclaration de l'infaillibilité pontificale et son application rétroactive au *Syllabus*.

Les intransigeants attaquèrent surtout la loi de l'instruction publique, soutenant que l'école était du ressort exclusif de l'Église; ils s'en prenaient aussi à l'institution en 1867 du ministère de l'Instruction publique considérée comme la porte ouverte à la mainmise de l'État en ce domaine. Ce fut le point de départ d'une discussion publique qui mettait en cause une partie du code civil et qui allait bientôt l'englober tout à fait. De retour dans leur diocèse, l'archevêque de Québec et l'évêque de Rimouski tentèrent de calmer les esprits en distinguant l'instruction religieuse de l'instruction profane et en demandant d'attendre le verdict de Rome. En vain, car à la fin de 1870, ce furent les évêques de Montréal et de Trois-Rivières qui encouragèrent leurs collaborateurs laïcs à réfuter dans la presse le *Code des curés* du juge J.-U. Beaudry[6]. Mgr Bourget jugeait que c'était l'ouvrage « le plus dangereux et le plus à craindre », car le gallicanisme y était professé « en des termes séduisants[7] ».

Ainsi, d'étape en étape, les intransigeants tentaient de mobiliser les catholiques afin de forcer le gouvernement à légiférer suivant la volonté de l'épiscopat. Après la victoire des principes ultramontains contre le libéralisme radical — les rouges avaient été évincés de la scène politique —, ils s'attaquaient maintenant à l'application intégrale de ces principes à la structure politique et juridique du Québec. Quel appui recevraient-ils de la fraction politique conservatrice de la petite bourgeoisie qui les avait aidés à éliminer les radicaux? Quel appui recevraient-ils des membres de l'épiscopat qui se disaient satisfaits de la collaboration des hommes politiques? Si les intransigeants entrevoyaient des réticences de la part de certains parlementaires, ils croyaient pouvoir éliminer cette opposition virtuelle en orientant les pressions de l'électorat. En mars 1871, les évêques Bourget et Laflèche tentèrent un coup de force en encourageant un groupe de laïcs à élaborer le Programme catholique, par lequel les électeurs devaient s'engager à voter pour les candidats disposés à réformer la législation civile en conformité avec les lois de l'Église.

La stratégie avorta car la fraction politique de la petite bourgeoisie, suivant son évaluation de la situation politique et sociale, ne pouvait répondre affirmativement au clergé. L'affaire Riel au Manitoba et la suppression des écoles séparées au Nouveau-Brunswick avaient fait ressurgir les tensions ethniques dont les répercussions politiques pouvaient être lourdes à supporter pour les représentants du Québec au parlement fédéral. De plus, la structure politique confédérale, en accordant un gouvernement au Québec, ne mettait pas entièrement ses parlementaires à l'abri des pressions de l'opinion anglophone et protestante des autres provinces. Au contraire, la puissance financière du gouvernement central dont les provinces devaient attendre les subsides, le double mandat et le pouvoir de désaveu créaient des liens étroits de dépendance qui limitaient la marge d'autonomie des hommes politiques. Á l'intérieur du Québec, la réaction anglophone n'était pas moins menaçante. La plupart des hommes politiques jugèrent donc que l'acceptation du Programme catholique raviverait les tensions ethniques et compromettrait l'influence canadienne-française au sein de la Confédération.

Par ailleurs, si le Programme catholique obtenait l'approbation de l'ensemble de l'épiscopat, il risquait d'ébranler la coalition des élites, car la petite bourgeoisie, coincée pour ainsi dire entre l'opinion anglophone et l'influence du clergé pouvait difficilement choisir sans affaiblir ses propres positions. Répondant aux pressions de G.-É. Cartier et de Joseph Cauchon, l'archevêque Taschereau, pour des raisons personnelles certes[8], mais aussi pour préserver une entente profitable à l'Église, fut le premier à le désavouer. À sa suite, la majorité des évêques firent de même, invoquant des arguments qui traduisaient les appréhensions des hommes politiques. Taschereau écrivait: « L'idéal de ce qui devrait être tend à faire oublier la réalité; un avenir que l'on souhaite avec impatience empêche de compter avec un passé et un présent hérissé de difficultés[9] ». De son côté, Mgr LaRocque de St-Hyacinthe avertissait ses prêtres à propos du débat sur la réforme du code civil qu'il en appréhendait au contraire des résultats désavantageux vu le caractère exagéré des principes manifestés. « Nous possédons, ajoutait-il, un état de choses si avantageux, et à l'Église, et à nous-mêmes en tant que ses ministres, prenons garde à ne rien faire, à ne rien dire ou écrire qui puisse mettre en danger cet état de choses auquel portent envie tous les étrangers qui le connaissent[10] ».

C'est ainsi que le débat amorcé à la fin de 1864, avec la parution du *Syllabus*, trouvait sa suite logique dans l'élaboration du Programme catholique qui entraîna, pour la première fois au su des laïcs, la division des évêques. Les catholiques se séparèrent alors en deux clans, l'un modéré, l'autre intransigeant, qui alimentèrent jusqu'à la fin du siècle de spectaculaires querelles politico-religieuses. Celles-ci continuent d'être considérées par les historiens comme un dossier important de l'histoire du Québec, car ils y voient l'expression d'affrontements entre l'Église et l'État. En fait, les intransigeants, plus bruyants qu'importants en nombre, furent mis à l'écart du pouvoir politique dès 1871. Leurs prises de position ont contribué à les discréditer auprès des protestants, de telle sorte qu'en tant que groupe, par rapport à la structure du pouvoir, ils constituent une entité peu importante[11]. Les accusations intempestives de libéralisme catholique et de franc-maçonnerie qu'ils lançaient à tous propos contre leurs adversaires, évêques, prêtres et laïcs ont contribué à semer la confusion dans la lecture de l'alignement des groupes sociaux autour d'idéologies antagonistes. Prisonniers de leurs sources, obnubilés par les témoignages, les historiens n'y ont vu que lutte entre l'Église et l'État. Quels que soient les procès retentissants auxquels ce débat a donné lieu, c'est plutôt la collaboration entre le clergé et la fraction politique de la petite bourgeoisie, c'est la restructuration de la coalition des élites autour des modérés qui constituent la trame essentielle de ce réalignement social. Grâce à cette alliance, en dépit de la division des évêques, les deux groupes, se prêtant mutuellement leur concours pour atteindre leurs objectifs respectifs, maintinrent leur ascendant sur les classes laborieuses. Et l'idéologie ultramontaine continua d'être acceptée comme la définition de la nation et la légitimation des groupes dominants. Mais cette idéologie était redéfinie en fonction de la nouvelle situation: elle admettait qu'en certaines circonstances, le refus d'appliquer intégralement les principes énoncés devait être toléré comme un moindre mal[12].

Dans ce contexte du triomphe du courant modéré de l'ultramontanisme et de la division des évêques, quel rôle ont joué les zouaves dans la diffusion de cette idéologie après 1870? L'historiographie qui dans l'ensemble a peu traité de cette question, en a brossé un tableau plutôt impressionniste qui fait des zouaves, tels que les organisateurs les avaient définis, les gardiens des doctrines intégrales et les collaborateurs des évêques Bourget et Laflèche dans le débat opposant les intransigeants aux modérés. Il faut ici nuancer cette interprétation. Je me limiterai à dessiner les contours de cette question qui exigerait un long développement et à ouvrir de nouvelles perspectives à la recherche.

En mars 1872, au coeur des luttes entre les programmistes et les modérés, Mgr Bourget profitait de la parution de l'ouvrage de Pagnuelo[13] pour encourager la formation d'une « école ultramontaine »; il faisait en même temps un appel discret aux zouaves pontificaux pour qu'ils joignent en plus grand nombre les rangs de cette école: « Aussi est-ce un grand bonheur pour moi de voir se former une école qui s'attache cordialement aux enseignements du Saint-Siège (...). Cette école se compose déjà d'un bon nombre de catholiques marquants par leur position dans les divers rangs de la société et surtout de jeunes gens ardents et dévoués. Parmi ces derniers nous sommes heureux de compter plusieurs de nos zouaves qui consacrent leurs plumes à la défense du Saint-Siège, ne pouvant plus faire servir leur épée à la garde de la Ville Sainte. Ils appartiennent à de bonnes familles; et ils peuvent par leurs talents et leurs connaissances, paraître avec avantage dans les salons, briller dans les cercles littéraires et se frayer la route avec honneur aux charges qui, dans tout pays, n'appartiennent qu'aux citoyens importants. Dans quelques années, leur nombre, il faut l'espérer, aura augmenté; et Dieu aidant, ils se trouveront disséminés dans la législature, la magistrature et autres situations importantes (...). Alors la voix de l'Église, qui se sera fait entendre dans les chaires de vérité, trouvera des échos fidèles dans les enceintes parlementaires, dans les tribunaux judiciaires, dans les opinions légales du barreau, dans les tribunes des orateurs et « lectureurs » (sic), dans les salons et dans les maisons d'éducation, partout enfin où l'on s'occupe de choses sérieuses. Il est évident que ce sont là des moyens efficaces, pour infiltrer insensiblement et par degré les saines doctrines dans toutes les classes de la société[14] ».

Quelques mois auparavant, le zouave Gédéon Désilets avait accédé à la direction du *Journal des Trois-Rivières* en faisant une profession de foi dans le Programme catholique[15]. Testard de Montigny avait contribué à la rédaction du Programme et collaboré à la fondation du *Franc-Parleur*[16]. Alfred LaRocque et Paul de Malijay, un zouave français émigré en 1871, écrivaient dans ce même journal[17]. Telle était à peu de chose près en 1872, l'action des anciens volontaires pontificaux au sein du groupe d'intransigeants qui s'était constitué initialement autour de l'Union catholique des jésuites et du journal *Le Nouveau-Monde*. Les évêques Bourget et Laflèche ne ménageaient pas leurs encouragements à l'endroit de cette école qu'ils voulaient voir plus influente au moment où leur cause était contestée par le reste de l'épiscopat. En s'appuyant sur l'encyclique *Inter multiplices* parue en 1853, ils répétaient les recommandations publiques en faveur des journalistes et des écrivains qui y militaient[18]. Mgr Laflèche conseillait à ses prêtres d'encourager ces écrivains en plaçant leurs oeuvres dans toutes les bibliothèques paroissiales et scolaires et en distribuant des exemplaires comme récompense scolaire. Mgr Bourget attirait l'attention sur les aspects stratégiques du rôle de la presse dans une société où le gouvernement est soumis aux pressions de l'opinion publique. De son côté, Alfred LaRocque félicitait publiquement Gédéon Désilets d'être entré dans le journalisme. Celui-ci, à son tour, exhortait ses compagnons d'armes à faire du journalisme catholique, « porte avancée au coeur de l'ennemi ».

C'est en se basant sur ces faits que l'historiographie a retenu la collaboration des zouaves à la lutte des intransigeants contre les modérés. Mais par delà l'action de ce petit groupe, il nous faudrait avoir une meilleure connaissance de l'oeuvre de l'Union Allet, association des zouaves québécois, pour conclure en ce sens.

L'Union Allet fut fondée le 19 février 1871 à l'occasion de la célébration du troisième anniversaire du départ des zouaves pour Rome. Environ 130 zouaves seulement avaient répondu à l'invitation. Les fondateurs visaient à favoriser l'entraide, à secourir les zouaves qui sans emploi depuis leur retour, vivaient presque de mendicité, et à continuer au moyen d'une association « leur mission de la défense de l'Église et de ses droits ». Le chanoine Moreau en avait été le principal instigateur. Du reste, il joua toujours un rôle effacé, mais important, au sein de cette association. C'est lui qui établit le Casino de Montréal d'après le modèle du cercle des zouaves à Rome, qui lança le mouvement de colonisation à Piopolis sur les rives du lac Mégantic et qui fonda en collaboration avec LaRocque et quelques autres membres de l'exécutif *Le Bulletin de l'Union Allet*, organe officiel de l'association.

Toutes les initiatives de Moreau étaient animées par le désir de faire servir l'Union Allet à la cause des intransigeants. Ainsi, la constitution dont il était le principal artisan, prévoyait l'exclusion des membres qui « professaient des principes rejetés par l'Église ». Moreau refusa de loger le Casino dans les locaux offerts par les sulpiciens sous prétexte qu'il ne trouvait pas chez eux « les garanties suffisantes pour établir un cercle » sur les bases souhaitées. Il accusait les sulpiciens de craindre « de paraître catholiques » et d'être « pleins de cette prudence qui étouffe tout ». « Avec de tels prudents », poursuivait-il dans cette même lettre adressée à LaRocque[19], il n'y avait rien à faire pour atteindre le but visé, soit de rassembler au moyen de salles de jeux, de lecture, de discussion, la jeunesse de Montréal qui partageait les convictions des zouaves et leur désir de voir s'étendre et s'appliquer les principes ultramontains. Quand vint le temps de faire incorporer l'association, il s'y objecta afin de ne pas être lié au gouvernement qu'il jugeait « plus protestant que catholique ». Il craignait surtout de ne plus être libre d'agir le moment venu, et conseillait de « commencer à sonner la trompette » dans le prochain *Bulletin*. Mais ce journal fondé en septembre 1873 était un mensuel de petite dimension. Il n'avait certes pas l'influence souhaitée, d'autant plus que sa constitution, adoptée en assemblée générale, interdisait d'y traiter de politique et des polémiques locales. Voilà qui limitait considérablement l'action des intransigeants au sein de cet organe.

En dépit des désirs du chanoine Moreau, il ne semble pas que l'Union Allet et ses différentes institutions aient pris parti dans le débat qui divisait les catholiques. Le journal et les résolutions adoptées lors des assemblées générales annuelles étaient empreints de pru-

Caricature
(*L'Ordre*, 19 fév. 1935)

dence, se limitant à exprimer l'espoir de la victoire finale de la cause pontificale, et à exposer les principes du *Syllabus*, sans allusion aux déchirements que leur application provoquait au Québec. Sans doute que les différents comités exécutifs voulurent éviter de prendre parti pour ne pas affaiblir davantage l'association qui, à leur regret, ne réussissait pas à animer la ferveur de la majorité des anciens zouaves. L'Union Allet n'a jamais eu plus que 195 membres inscrits sur une possibilité de 500. *Le Bulletin* dont ils voulaient dès le début accroître le rythme de parution pour en faire un journal influent a toujours souffert de la négligence des abonnés à payer leur dû. En 1878, Alfred LaRocque devait payer un numéro à ses frais; pressé par Mgr Bourget de tout faire pour le maintenir, et impuissant à secouer la torpeur des négligents, il en assuma partiellement les déficits mensuels quelques années et peut-être jusqu'à la disparition du journal en décembre 1883. Le Casino subit le même sort. Après deux ans d'existence, il n'avait pas encore atteint la fréquentation souhaitée. En 1877, il était légué aux Frères des écoles chrétiennes qui y établirent l'Oeuvre de patronage. Même la participation des zouaves à la colonisation de Piopolis connut un succès mitigé. De la douzaine de zouaves partis s'y établir en 1871, il n'en restait plus que trois en 1876.

Pour autant, les déboires des institutions de l'Union Allet ne nous autorisent pas à conclure que les zouaves ont eu peu d'influence après 1870. Ils traduisent tout au plus la fragilité de cette structure institutionnelle et le désintéressement ou l'impossibilité d'y participer pour un nombre important d'anciens volontaires pontificaux[20]. Du reste, si les intransigeants n'ont pu profiter de ces institutions pour promouvoir leur cause, c'est justement parce qu'ils craignaient la discorde qui aurait discrédité les zouaves et affaibli leur influence.

Pour étudier cette influence, il faudrait d'abord cerner d'un peu plus près le prestige qu'ils ont acquis individuellement et collectivement après 1870, évaluer la fréquence et la diversité de leurs activités susceptibles d'influencer l'opinion publique, analyser les réactions populaires aux manifestations qu'ils organisaient et retracer à quel moment le mot zouave a commencé à prendre une coloration péjorative dans la société québécoise.

Plaçons ici quelques jalons. Des 388 zouaves qui se sont rendus à Rome, nous avons retracé l'occupation de 225 d'entre eux. Une centaine ont accédé à des positions prestigieuses et susceptibles d'avoir de l'influence dans leur milieu. Il y eut 30 marchands et commerçants, dont trois hôteliers, 22 prêtres et trois religieux, 19 avocats, 17 médecins et un médecin vétérinaire, huit notaires, deux dentistes, deux ingénieurs civils, deux enseignants, deux directeurs de banque. Certains occupèrent des fonctions publiques importantes: deux députés[21], cinq maires, quatre échevins, un juge, un greffier, quelques directeurs de collèges et hauts fonctionnaires, un chef de police de Montréal. Une vingtaine d'entre eux s'occupèrent de journalisme en tant qu'administrateurs ou rédacteurs. Nous en avons identifié neuf qui furent journalistes de profession durant une partie de leur vie; les autres administraient ou collaboraient occasionnellement à un ou plusieurs journaux. D'autres se firent écrivains tel Séverin Lachapelle, maire de Saint-Henri et président de la Société Saint-Jean-Baptiste locale, député fédéral d'Hochelaga, professeur d'hygiène à l'Université Laval de Montréal et auteur de quelques ouvrages de vulgarisation scientifique. Tel aussi Alphonse Couture, médecin vétérinaire, ami et collaborateur de Jules Paul Tardivel, promoteur de la Compagnie de pulpe de Chicoutimi, fondateur de l'école vétérinaire de Québec et auteur de quelques ouvrages scientifiques[22]. Tels enfin C.-E. Rouleau, journaliste, et G.-A. Drolet, avocat, auteurs de plusieurs ouvrages sur les zouaves.

Ce sont là des indices du prestige d'un nombre important d'anciens zouaves. Leur influence pourrait être cernée en étudiant quelques cas choisis dans diverses occupations et représentatifs des régions du Québec. Combien de prêtres à l'exemple de Mgr Gérin, curé de Saint-Justin, ornèrent le parterre de leur presbytère du buste de Pie IX et de Charette[23]? Combien de journalistes, tel Gédéon Désilets, furent ardents défenseurs des principes ultramontains? Combien d'hommes d'affaires tels Noé Raymond, commerçant de Saint-Hyacinthe, et Alfred Prendergast, gérant général de la Banque d'Hochelaga, vice-président de la Canadian Banks' Association, donnèrent l'exemple d'un dévouement entier à l'Église? Sans compter qu'un grand nombre de ceux qui s'illustrèrent dans diverses professions furent cités publiquement en étant honorés de titres pontificaux. Entre 1868 et 1930, 44 zouaves furent nommés chevaliers ou commandeurs des ordres de Pie IX et de Saint-Grégoire le Grand.

Au-delà du prestige et de l'influence des individus, il faudrait scruter attentivement l'oeuvre de l'Union Allet. Formée d'associations diocésaines, elle avait un comité exécutif dans chaque région du Québec. La réunion générale annuelle, qui se tenait dans différentes villes, donnait lieu à des manifestations spectaculaires: allocutions des dignitaires ecclésiastiques et laïcs, parades, processions aux flambeaux, soirées théâtrales, délibérations et adoptions de résolutions qui étaient l'objet de communiqués aux journaux, tel était habituellement le programme de ces réunions. De plus, l'Union Allet était présente à toutes les manifestations religieuses et nationales d'importance. Elle ne manquait jamais l'occasion de rappeler qu'elle devait son existence au désir des zouaves de reprendre les armes si le pape les appelait. C'est pourquoi elle s'est si vigoureusement objectée à l'adoption du projet de loi Fournier destiné à interdire l'enrôlement des Canadiens à l'étranger. C'est aussi pourquoi elle faisait publier périodiquement dans les journaux soit une correspondance, soit un communiqué, soit une adresse au pape qui rappelaient que leur mission n'était pas encore accomplie. Et en 1882, au lendemain de la visite triomphale du colonel Charette au Québec, le bruit courait qu'il était venu se rendre compte de la disponibilité de la population. Rumeur fondée, car Emmanuel Tassé lui écrivait que l'Union Allet, depuis 1879, faisait des préparatifs pour répondre efficacement à un éventuel appel du pape et que lui-même — répondait-il à une demande de Charette? — avait fait un estimé des sommes d'argent et du nombre de volontaires que le Saint-Siège pourrait obtenir du diocèse d'Ottawa.

Quand la mortalité commença à restreindre leur nombre, Charles-E. Rouleau fonda à Québec, en 1901, une association de zouaves ouverte à la jeunesse. Son exemple fut suivi ailleurs, de telle sorte qu'en 1912, l'Union Allet comptait 700 à 800 membres[24]. Les nouveaux objectifs avaient été adaptés aux préoccupations de l'Église au début du XXe siècle, sans déroger à l'esprit de la mission des zouaves de 1868: « Perpétuer le principe immortel du pouvoir temporel du pape et les traditions du régiment », enseigner « par l'exemple et la parole, le respect dû aux autorités religieuses et civiles[25] ».

Mais à ce moment, en Europe comme au Québec, la prise de Rome, le pouvoir temporel du pape et les zouaves pontificaux n'avaient plus la même résonance dans la mémoire collective. Au regret des zouaves de Sorel, les journaux ne daignèrent pas mentionner la nomination de leur nouveau sergent. Et quand la presse signalait la mort d'un vétéran, elle faisait précéder la description de sa carrière d'un bref historique de l'expédition de 1868. La renommée des zouaves venait de sombrer dans l'oubli.

Annexe
Chronologie sommaire

Mars 1860:   La Romagne pontificale vote son annexion à l'État piémontais.

Mars 1860:   Formation de l'armée pontificale.

Septembre 1860:   Défaite des pontificaux à Castelfidardo et annexion du Royaume de Naples au Piémont.

Janvier 1861:   Enrôlement de Testard de Montigny, premier zouave canadien.

Avril 1861:   Victor-Emmanuel, roi du Piémont, proclamé roi d'Italie.

Juillet 1861:   Enrôlement de Hugh Murray, deuxième zouave canadien.

Septembre 1864:   « Convention de septembre » entre Napoléon III et le gouvernement italien. Les troupes françaises évacueront Rome dans un délai de deux ans.

Décembre 1864:   Publication de l'encyclique *Quanta Cura* et du *Syllabus*.

Février 1867:   Enrôlement d'Alfred LaRocque.

Novembre 1867:   Victoire des troupes pontificales et du corps expéditionnaire français à Mentana. Murray et LaRocque sont blessés.

Décembre 1867:   Formation à Montréal du comité d'organisation pour l'envoi d'un contingent de zouaves.

Février 1868:   Départ du premier détachement.

Mai 1868:   Départs du deuxième (16 mai) et du troisième (30 mai) détachements.

Juin 1868:	Départ du quatrième détachement.
Septembre 1869:	Départ du cinquième détachement.
Mai-Juin 1870:	Retour des zouaves qui ont terminé le terme de leur engagement.
Août (15) 1870:	Départ du sixième détachement.
Septembre (1er) 1870:	Départ du septième détachement.
Septembre (12) 1870:	Prise de Civitacastellano.
Septembre (16) 1870:	Capitulation de Civitavecchia.
Septembre (20) 1870:	Attaque de Rome et capitulation.
Septembre (24) 1870:	Retour du septième détachement.
Novembre (6) 1870:	Retour définitif des zouaves.

Notes

Liste des abréviations

AAO:	Archives de l'Archevêché d'Ottawa
AAQ:	Archives de l'Archevêché de Québec
ACAM:	Archives de la Chancellerie de l'Archevêché de Montréal
APC:	Archives publiques du Canada
APF:	Archives de la Propagation de la foi, Rome
APJTR:	Archives du Palais de Justice de Trois-Rivières
ASJ-CF:	Archives des Jésuites, Saint-Jérôme
ASN:	Archives du Séminaire de Nicolet
ASQ:	Archives du Séminaire de Québec
ASTR:	Archives du Séminaire de Trois-Rivières
ASV:	Archives du Vatican
AUM:	Archives de l'Université de Montréal
BUA:	*Bulletin de l'Union Allet*
CCHAR:	*Canadian Catholic Historical Association Report*
DBC:	*Dictionnaire Biographique du Canada*
FL:	*Archives de la famille LaRocque*
JTR:	*Journal des Trois-Rivières*
MEM:	*Mandements des évêques de Montréal*
MEQ:	*Mandements des évêques de Québec*
MEST-H:	*Mandements des évêques de Saint-Hyacinthe*
METR:	*Mandements des évêques de Trois-Rivières*
MSRC:	*Mémoires de la Société royale du Canada*
NM:	*Le Nouveau-Monde*
RAQ:	*Rapport de l'Archiviste du Québec*
RHAF:	*Revue d'histoire de l'Amérique française*
RS:	*Recherches sociographiques*
RSCHEC:	*Rapport de la Société canadienne d'Histoire de l'Église catholique*
UCE:	*L'union des Cantons de l'Est*

Introduction

1. L'historiographie a retenu le vocable « canadien » pour les désigner. C'était d'ailleurs ainsi que les contemporains les appelaient. Mais très peu d'entre eux provinrent effectivement de l'extérieur du Québec, soit cinq volontaires d'Ottawa, dont deux nés au Québec et travaillant dans cette ville au moment de leur engagement. L'expression « zouave canadien » ne sera donc retenue que dans les propos empruntés aux contemporains.

2. Le mot « zouave » est dérivé du nom d'une tribu kabyle d'où furent tirés les premiers éléments d'un corps indigène de l'armée française en Algérie. Lamoricière, qui avait commandé les zouaves d'Afrique, suggéra de donner le même nom aux volontaires pontificaux, qu'il était chargé d'organiser.

3. La complexité des événements qui ont marqué la formation de l'Italie moderne s'accommode assez mal d'un si bref résumé. Le lecteur pourra toujours recourir aux synthèses qui ont inspiré ces quelques pages: Paul Guichonnet, *L'unité italienne*, PUF, 1970, 127p.; Philippe Gut, *L'unité italienne*, PUF, 1972, 96p.; Serge Berstein et Pierre Milza, *L'Italie contemporaine, des nationalistes aux européens*, Paris, Colin, 1973, 422p.

4. Voir à ce sujet Jean-Roch Rioux, *Les débuts de l'Institut canadien et du journal l'Avenir*, thèse de DES, U. Laval, 1967, 103s.

5. Au sujet de l'idéologie des *Mélanges*, voir Nadia F. Eid, « Les Mélanges religieux et la question romaine », *RS*, vol. X, 2-3, 1969, 241s.

6. L'Institut canadien, fondé en 1844, regroupait certains éléments de la jeunesse de Montréal dont le but était de s'entraider et de s'instruire. Les rédacteurs de l'*Avenir* réussirent à le noyauter au cours de l'année 1851.Voir J.-R. Rioux, *op. cit.*, 60. Les affrontements entre l'Institut canadien et le clergé ont été étudiés

par Philippe Sylvain, « Libéralisme et ultramontanisme au Canada français: affrontement idéologique et doctrinal », W.L. Morton, *Le Bouclier d'Achille*, Montréal, McClelland and Stewart, 1968, 111-138, 220-255, et par Jean-Paul Bernard, *Les Rouges. Libéralisme, nationalisme et anticléricalisme au milieu du XIXe siècle*, Presses de l'Université du Québec, 1971, 395p., deux ouvrages auxquels l'analyse qui suit a emprunté beaucoup d'éléments.

7. La thèse ultramontaine est exposée dans l'ouvrage de L.-F. Laflèche, *Quelques considérations sur les rapports de la société civile avec la religion et la famille*, Montréal, 1866.

8. *RAQ*, 1945-1946, 146, Bourget à Turgeon, 20 nov. 1837

9. Des prêtres, des religieux et des religieuses de huit communautés européennes vinrent s'établir au Québec entre 1837 et 1847. Durant cette décennie, trois communautés canadiennes furent fondées: les soeurs de la Charité de Saint-Hyacinthe en 1840, les soeurs des Saints-Noms-de-Jésus-et-de-Marie et les soeurs de la Providence en 1843. À ce sujet, voir B. Denault et B. Lévesque, *Éléments pour une sociologie des communautés religieuses au Québec*, PUM, 1975, 220p.

10. Organe du parti démocrate ou rouge fondé au début de 1852.

11. *MEM*, vol. IV, 35. Circulaire au clergé, 3 mars 1860.

12. *MEM*, vol. IV, 75. Recommandations particulières de Mgr Bourget aux communautés religieuses, 19 mars 1860.

13. *MEM*, vol. IV, 40s. Circulaire au clergé, 19 mars 1860.

14. *ACAM*, RCD 112, 13 mars 1865. Mgr Bourget explique alors qu'il a donné mission à deux de ses prêtres de visiter toutes les institutions romaines afin d'en combattre les détracteurs au Canada.

Chapitre 1

1. Roger Aubert, *Le pontificat de Pie IX (1846-1878)*, 1963, 263.

2. *ASN*, Succession Mgr I. Gélinas, III, 18. Lettre de Thomas Maurault à Mgr I. Gélinas, vendredi saint, 1868.

3. Avec la réforme liturgique fut aussi introduite celle de l'habit ecclésiastique, qui ne souleva pas moins de problèmes. En fait, dans le diocèse de Québec, le rabat français fut abandonné pour le col romain en 1875 seulement (Sylvain, *op. cit.*, 114).

4. Au collège de l'Assomption, vers 1865, on faisait la lecture publique du *Catéchisme de persévérance* à l'étude du soir avant le souper. V. l'*Écho de Saint-Justin*, 16 janv. 1928. Quant à l'influence générale au Québec du *Ver rongeur*, consulter Sylvain, « Gaumisme en vase clos », *Revue de l'Université Laval*, 1949, et sur son influence particulière au séminaire de Saint-Hyacinthe, Pierre Savard, *Jules-Paul Tardivel, la France et les États-Unis, 1851-1905*, PUL, 1967, 16s.

5. *ASN*, succ. Proulx, V, 50, Père Brichet à Moïse Proulx, 21 févr. 1874.

6. Sylvain, *op. cit.*, 114.

7. Pierre Savard, « Jules-Paul Tardivel et Louis Veuillot », *L'Enseignement secondaire*, vol. 45, no 2, 1966, 99.

8. Roger Aubert, *op. cit.*, 227.

9. *Ibid.*, 292.

10. Y.-M.-J. Congar, « L'ecclésiologie de la Révolution française au Concile du Vatican, sous le signe de l'affirmation de l'autorité », *L'ecclésiologie au XIXe siècle*, Paris, Cerf, 1960, 104.

11. Ainsi, Mgr Bourget écrivait à ses curés, le 18 janv. 1849: « Les souffrances de notre Saint-Père sont, à nos yeux, une mine précieuse qu'il faut exploiter au profit de la Foi de notre bon peuple, en lui inspirant une profonde vénération pour le chef de l'Église et une souveraine horreur pour les révolutions dont il est victime et qui pourraient bien quelque jour, nous atteindre » (*MEM*, vol. II, 20).

12. Thomas M. Charland, « Un projet de journal ecclésiastique de Mgr Lartigue », *RSCHEC*, 1956-1957, 39-53.

13. Denise Lemieux, « Les Mélanges religieux », *RS*, vol. X, 2-3, 1969, 208.

14. Au sujet de la fondation du *Courrier du Canada*, le 2 février 1857, voir Philippe Sylvain, « Les débuts du Courrier du Canada et les progrès de l'ultramontanisme canadien-français », *Cahier des dix*, no 32, 1967, 255-279.

15. *ACAM*, 901-057, 862-52, Mgr Bourget à Mgr Lottavia, 15 juin 1862.

16. *ACAM*, RLB 12, J.-O. Paré à J.-A. Plinguet, 9 mars 1863.

17. *L'Ordre*, 11 oct. 1859.

18. Encyclique du 19 janv. 1860, *MEQ*, vol. IV, 347.

19. *L'Ordre*, 28 févr. 1860. Voir aussi *Ibid.*, 27 février 1860.

20. *MEM*, vol. IV, circulaire du 3 mars 1860, 36s. La pétition a aussi circulé dans les campagnes du diocèse de Québec, mais l'évêque n'a fourni à ses curés aucune directive spéciale.

21. *MEM*, vol. IV, Instruction pastorale de Mgr Bourget, 19 mars 1860, 110.

22. *L'Ordre*, 28 févr. et 23 mars 1860. Chauveau, ancien député et futur premier ministre de la province, était à ce moment surintendant de l'instruction publique; J.-B. Meilleur avait auparavant occupé le même poste; Cherrier alliait le prestige de la fortune à celui de l'avocat réputé et de l'ancien représentant à la Chambre d'assemblée impliqué dans la rébellion; le futur premier ministre Ouimet représentait le comté de Beauharnois à l'Assemblée législative; Loranger était député de Laprairie et ancien ministre du cabinet Cartier-Macdonald; Marchand, futur premier ministre libéral de la province, était à ce moment notaire à Saint-Jean; Laurier étudiant au collège de l'Assomption voulut bien accepter de prononcer ce discours sur le pouvoir temporel du pape, mais il refusa l'année suivante une offre semblable, déclarant n'avoir jamais cru à ce

pouvoir du pape (ce dernier renseignement est extrait de P. Savard, *op. cit.*, 126).

23. *L'Ordre*, 10 et 23 mars 1860.

24. Voir Philippe Sylvain, « Libéralisme et ultramontanisme... ». Soulignons que c'est en 1858 que furent fondés l'Institut canadien-français, le Cabinet de lecture paroissial et l'Union catholique, trois sociétés rivales de l'Institut canadien.

25. *L'Ordre*, 23 mars 1860. On appelait « suisses » les Canadiens français convertis au protestantisme, sans doute parce que la plupart des pasteurs et des colporteurs de bibles étaient d'origine suisse.

26. *MEM*, vol. IV, 19 mars 1860, 110.

27. Mgr Bourget y traite des droits de la papauté, de ses adversaires en Angleterre, en France, en Italie et, par allusion, au Canada, des obligations du pape de se soutenir par une force armée et de l'administration des États pontificaux.

28. C'est ainsi qu'il qualifie sa lettre pastorale d'environ cinquante pages.

29. *MEM*, vol. IV, circulaire du 19 mars 1860, 40s.

30. *Ibid.*

31. *MEM*, vol. IV, mandement du 21 novembre 1860: « Nous avons tenu ici en réserve toutes vos protestations faites ici l'hiver dernier.

32. *MEM*, vol. IV, Instruction pastorale, 19 mars 1860, III.

33. Roger Aubert, *op. cit.*, 89. J. Bartier, « Le Denier de l'Italie et la propagande garibaldienne en 1860 », in *Risorgimento*, no 2, nov. 1963, 98.

34. Aloïs Simon, *Catholicisme et politique*, Wetteren, 1955, 76. J. Bartier, *loc. cit.* note que les fidèles qui s'étaient cotisés en 1848 prétendaient faire revivre l'institution médiévale qu'était le Denier de Saint-Pierre.

35. *L'Ordre*, 28 févr. 1860.

36. *L'Ordre*, 28 mars 1860. *MEQ*, vol. IV, 356-360, 16 mars 1860. L'évêque souligne que la collecte n'a pas été demandée par le pape.

37. L'archiconfrérie fut érigée à Rome le 4 novembre 1860 et les indulgences furent accordées le 30 octobre. *MEQ*, vol. IV, 422s.

38. *MEST-H*, T. 7, 4 nov. 1882. Lettre pastorale de Mgr Laflèche à l'occasion de son départ pour le Concile, in *JTR*, 29 sept. 1869. Tout de même, avant ces dates, quelques collectes avaient été faites dans ces diocèses.

39. *MEM*, vol. IV, 22 févr. 1862, 271s.

40. *MEM*, vol. IV, circulaire du 26 février 1862, 317.

41. *Cérémonies funèbres dans les églises cathédrales du Bas-Canada en l'honneur des glorieux défenseurs du St. Siège tombés en résistant à l'invasion piémontaise, en septembre 1860, avec les discours (...) de M. Louis Laflèche, v.g. (...) et de M. Isaac Désaulniers ptre (...)*, Trois-Rivières, C. Levasseur, 1861, 79p.

42. *ACAM*, 990-026, Étienne Hicks à Bourget, 14 janv. 1865.

43. P.-J.-O. Chauveau, *Noces d'or de Pie IX. Discours prononcé à cette occasion (...) à l'Université Laval (...) le 10 avril 1869*, Québec, A. Côté, 1869, 27p. C.-S. Cher-

rier, *Discours de C.-S. Cherrier prononcé dans l'église paroissiale de Montréal le 26 février 1860*, Montréal, Plinguet, (s.d.), 21p.

44. *L'Ordre*, 9 mars 1860, annonce que l'Institut canadien-français discute du pouvoir temporel du pape. Sachant que Wilfrid Laurier en est élu membre de la direction en 1862, nous ne croyons pas que cette association ait toujours défendu le point de vue ultramontain.

45. Au sujet des jubilés, voir R. Aubert, *op. cit.*, 462. Consulter aussi les mandements des évêques de la province de Québec. Le jubilé de 1857 ne fut pas célébré dans les diocèses de Québec et de Montréal. Les dates des jubilés dans le diocèse de Québec sont: 20 novembre 1846, 21 novembre 1851, 1er août 1854, 8 décembre 1864, 11 avril 1869. Le triduum commandé par Pie IX fut annoncé le 8 décembre 1867.

46. Les Quarante Heures de 1860, 1865, 1866 et 1868, entre autres, ont été célébrées à ces intentions. *MEM*, vol. IV et V.

47. Il y aurait beaucoup à dire sur l'influence des indulgences. Elles sont, de l'avis de Mgr Bourget, un bon moyen de stimuler la ferveur. Le 10 avril 1868, (*ACAM*, RLB 17, Bourget à Moreau) il demande 300 jours d'indulgences pour chaque jour d'une neuvaine à Saint-Jean-Baptiste « pour stimuler la dévotion publique ». Il écrit ailleurs: « Les indulgences sont l'appas (sic) ordinaire dont on se sert pour propager toutes les bonnes dévotions ». (*ACAM*, RLB 16, Bourget à Truteau, 26 avr. 1867).

48. *MEQ*, vol. IV, Mandement pour annoncer un triduum, 8 déc. 1867, 598.

49. Le 30 mai 1850, l'évêque de Québec demandait de suspendre ces prières, vu le rétablissement de Pie IX sur son trône. Nous n'avons pu trouver une semblable directive s'adressant aux curés du diocèse de Montréal. Dans ce diocèse, même les écoliers étaient invités à prier pour le pape: les instituteurs et institutrices devaient leur faire dire à chaque jour un *Pater* et un *Ave*. (*MEQ*, vol. IV, 611; *MEM*, vol. II, 32).

Chapitre 2

1. *APF-SR*, Amer. sett., 1858-1860, Guigues à Barnabo, 2 janv. 1860. Une copie de cette lettre se trouve aux *ACAM*, (dossier 255-110, cote 860, 1a) et aux *AAQ*, (dossier 321 CN — Diocèse d'Ottawa, I, 154). Gaston Carrière, o.m.i., dans son *Histoire documentaire* (...), I, Ière partie, 350-354, reproduit l'ensemble de la documentation concernant le projet de Mgr Guigues.

2. *ACAM*, 255-110, 860-1a et 860-1c, Guigues à Bourget, 19 mars 1860.

3. Roger Aubert, « Mgr de Mérode, ministre de la Guerre sous Pie IX », *Revue Générale Belge*, mai-juin 1956, 1111.

4. Pham-Nang-Tinh, « La réaction de la Belgique devant l'invasion des États Romains », *Risorgimento*, no 2, nov. 1960, 82s.

5. *ACAM*, 255-110, 860-3b, Baillargeon à Guigues, 23 mars 1860.

6. Dans sa lettre du 2 janvier au cardinal Barnabo, Mgr Guigues écrit que « l'appel aux laïques offre encore, généralement parlant, bien des inconvénients », sans donner d'autres explications. Faut-il relier ceci au fait que Mgr Bourget s'employait à ce moment à minimiser les conséquences de la rumeur d'une taxe imposée par le Vatican?

7. *ACAM*, 255-110, 860-3a, Guigues à Bourget, 3 avr. 1860.

8. *AAO*, Registre des lettres, vol. IX, 104. Guigues à Baillargeon, 5 mai 1860. Cité par Carrière, *Histoire Documentaire*... I, 352.

9. *Ibid.*

10. Registre des lettres, vol. IX, 106. Baillargeon à Guigues, 22 mai 1860. Cité par Carrière, *Histoire Doc (...)*, I, 353.

11. *MEQ*, vol. IV, 356-360, 16 mars 1860.

12. *L'Ordre*, 9 juillet 1860. Article d'un correspondant romain qui se présente comme le porte-parole de Cathelineau.

13. *ACAM*, 796-001, 860-1, de Bellefeuille, Boucher, Beaubien à Bourget, 12 juil. 1860.

14. *ACAM*, RLB 11, 199. Bourget à de Bellefeuille, Beaubien, Boucher, 13 juil. 1860.

15. *ASV* Archivio Pio IX, # 1658, narration par le cardinal Villecourt d'une conversation avec Mgr de Mérode, 15 août 1860. Ce dernier, dont on connaît les sautes d'humeur, dit au cardinal Villecourt, à qui Cathelineau avait demandé d'intervenir pour faire accepter ses volontaires: « je n'en veux point, il faut qu'il s'en aille avec les siens: sinon, je les fais mettre en prison comme des hommes séditieux, dangereux et qui ne sont venus ici que pour mettre la perturbation... oui, je les regarde comme des voleurs, car ils attirent à eux des secours qui devraient avoir une autre destination, des embaucheurs car ils ont cherché à nous enlever nos soldats (...).

16. *ACAM*, RLB 11, 280. Bourget à Barnabo, 21 oct. 1860.

17. *MEM*, vol. IV, 21 nov. 1860, 171.

18. *APF-SR*, America Sett., 1858-1860, Mgr Baillargeon à Mgr Bedini, 18 mai 1860.

19. *ACAM*, RLB 11, 374. Bourget à Barnabo, 10 févr. 1861.

20. *ACAM*, RLB 11, 353, Bourget à E. Leblond, 27 févr. 1861.

21. *ACAM*, 901-057, 862-75, Chalus à Bourget, 24 mars 1862. Il dit à Bourget qu'il n'a pas reçu de réponse.

22. Philippe Sylvain, « Hugh Murray », *DBC*, vol. X. Né à Montréal le 30 avril 1836, Murray fit ses études au séminaire de Québec. Il commença ensuite ses études de médecine, puis songea à la prêtrise. Sa santé l'obligea à abandonner ce projet.

23. *MEM*, vol. IV, 246s, circulaire aux curés, 31 juil. 1861. La réponse de Barnabo est datée du 10 juin 1861.

24. *ACAM*, 901-057, 862-75, Chalus à Bourget, 24 mars 1862.

25. *MEM*, vol. IV, 246s, 31 juil. 1861.

26. Le *Const.*, 17 janv. 1870. Le zouave Denis Gérin résume une allocution de Mgr Laflèche faite à Rome et dans laquelle il mentionne les propos qu'il avait tenus en 1861. Un autre exemple: au collège Sainte-Marie de Montréal, Alfred LaRocque, lui aussi membre de l'Union catholique et capitaine de milice au collège, est appelé « zouave » dans une lettre de louanges que lui adresse Honoré Mercier, fondateur de la milice de ce collège. (*APC*, fonds LaRocque, non classée, Mercier à LaRocque, 5 août 1861).

27. *ACAM*, 901-057, 862-70. Mémoire de Mgr Bourget sur son 4e voyage à Rome en 1862. Pie IX avait invité les évêques à assister à la canonisation de martyrs japonais. Mgr Bourget s'embarqua le 19 mars 1862 et apporta avec lui l'ébauche d'un mandement préparé contre le journal *Le Pays* qui venait de lui refuser la publication de sept longues lettres qu'il avait composées pour réfuter les écrits de ce journal. Philippe Sylvain, « Libéralisme et ultramontanisme... », 236-248.

28. *MEM*, vol. IV, 11-112. Circulaire au clergé, 31 mai 1860. *Le Pays* avait publié un texte falsifié d'excommunication contre les envahisseurs des États pontificaux.

29. *ACAM*, 901-057, 862-70.

30. *ACAM*, 901-057, 862-78, Bourget à Paré, 12 avr. 1862.

31. *ACAM*, 901-057, 862-79, Bourget à Paré, 19 avr. 1862.

32. *ACAM*, 901-057, 862-8, Bourget à Barnabo, 20 avr. 1862.

33. *ACAM*, 901-057, 862-62. Bourget à Montigny, 21 juin 1862.

34. *ASTR*, Montigny à Boucher de la Bruère, 30 août 1861.

35. Aucune des lettres sur le sujet ne mentionne que Hugh Murray a un rôle quelconque à jouer dans la réalisation du projet. Puisqu'un refus de sa part est à écarter, la raison doit être qu'il a décidé de rester à Rome aussi longtemps que le pape aurait besoin de ses services.

36. *ACAM*, 796-001, 862-3, Montigny à Bourget, 14 sept. 1862.

37. Il utilisa cette tactique à la fin de 1867.

38. A. Simon, « Quelques lettres sur les affaires italiennes, 1832-1869 », *Risorgimento*, nov. 1958, 113, reproduit un extrait d'une lettre de Villermont racontant à sa femme une audience accordée par Pie IX, le 22 octobre 1864: « Il nous a un peu parlé de politique; mais toujours avec la même fine ironie. Oh, il me faut de l'argent, beaucoup d'argent, car ne voilà-t-il pas qu'on me veut faire tenir une armée, oui, toute une armée, ramassée avec tous les aventuriers de tous les pays ». Et il a continué sur ce ton, ajoutant: « J'ai peut-être déjà de trop de la petite armée que j'ai. L'armée du pape est et sera toujours battue. Je ne puis, ni ne veux me reposer sur des soldats et ma force c'est ma faiblesse. »

39. Sur les conséquences de la Convention et les différends entre Antonelli et Mérode, consulter R. Aubert, *op. cit.*, 100-103.

40. *Ibid.*, 516.

41. *Ibid.*, 102.

42. *UCE*, 24 janv. 1867.

43. Voir chapitre 6.

44. *ASQ*, Université 103, no. 82. Langevin à Paquet, 14 oct. 1864. Langevin demandait aussi à Paquet de le mettre en communication par lettre avec le zouave Hugh Murray, afin qu'il lui transmette d'autres détails. Aucune réponse à cette lettre n'a pu être retrouvée.

45. *JTR*, 26 déc. 1865. Il ne faut pas se surprendre que le nombre des zouaves ne soit pas plus élevé. Au plus fort des effectifs de l'armée pontificale, en 1870, le régiment des zouaves comptera 2 900 volontaires et les effectifs de l'ensemble des troupes pontificales s'élèveront à environ 13 500, à l'exception de la Légion d'Antibes, qui était un corps régulier de l'armée française.

46. La documentation consultée ne fait aucune référence à Henri Benjamin Sainte-Marie, de Montréal, enrôlé le 24 mars 1866 et qui avait été, comme l'écrit Elio Lodolini, engagé par le gouvernement américain pour rechercher John H. Surratt, accusé de complicité dans le meurtre du président Lincoln. Voir Elio Lodolini, « Les volontaires du Canada dans l'armée pontificale, 1868-1870 », René Hardy et Elio Lodolini, *Les zouaves pontificaux canadiens*, Musée National de l'Homme, coll. Mercure, Ottawa, 1976, p. 77-78, 144-145.

47. *APC*, fonds LaRocque. Le fils du zouave LaRocque avait entrepris d'écrire une biographie de ses ancêtres. Pour chacun d'eux, il a laissé une chronologie dans laquelle il a reproduit les diverses lettres reçues. C'est de cet aperçu biographique sont inspirées ces notes. Il y a dans la famille LaRocque une tradition orale suivant laquelle le père du zouave aurait été le fondateur, avec Mgr Bourget, de la Banque d'Épargne de la cité et du district de Montréal. Il en fut le vice-président en 1846 et le président de 1852 à 1855 et de 1861 à 1864.

48. *ACAM*, RLB 16, Bourget à Charrette (sic), 3 mai 1867. Il lui écrit : « (...) une riche succession l'attend lorsqu'il rentrera dans sa patrie ». Ce fait est aussi attesté par plusieurs autres documents.

49. Que faisait LaRocque à Stonyhurst? Ses études classiques commencées à l'âge de 12 ans, en 1857, au collège Sainte-Marie, étaient terminées en 1864 quand il partit pour l'Angleterre. Avait-il l'intention d'entrer chez les jésuites? Contre cet espoir manifesté par son père, il lui écrivait : « Je suis donc presque décidé à entrer dans le monde, à servir Dieu comme un bon citoyen et un bon père ». Peut-être s'était-il ravisé? En tout cas, cette vocation ne fit pas long feu, car à peine un an plus tard, en 1866, il étudiait l'agriculture en Belgique.

50. *APC*, fonds LaRocque. Père de Massini à Alfred LaRocque père, 13 févr. 1865.

51. *APC*, fonds LaRocque. Joseph Royal à LaRocque, 4 nov. 1866.

52. *FL*, notes de voyages, janv. 1867. Sa décision de devenir zouave pontifical fut prise à la fin de 1866 et fut sans doute motivée par le départ des troupes françaises de Rome, en respect de la Convention de septembre. Nous aurions mieux connu toutes les motivations d'Alfred LaRocque si son journal personnel n'avait pas été amputé d'une dizaine de pages juste après cette phrase : « Je ne dis pas que si un événement personnel me rappelait, je n'abandonnerais pas. »

53. *Ibidem.*

54. *ACAM*, 901-088, 865-81. Lettre de Bourget, 25 août 1865.

55. Athanase-Charles-Marie de Charette de la Contrie avait été nommé, en 1867, lieutenant-colonel de l'armée pontificale.

56. *ACAM*, RLB 16, Bourget à Charette, 3 mai 1867.

57. *ACAM*, 901-057, 862-48. Bourget à Barnabo, 14 juin 1862.

58. *ACAM*, RLB 17, Bourget à Moreau, 28 mai 1868. Le fils du zouave LaRocque, dans son aperçu biographique de Berthelet, (*APC*, fonds LaRocque), écrit qu'il a donné $567 714 pour les oeuvres religieuses et charitables entre 1822 et 1872. L'auteur souligne que ce montant est une évaluation approximative et qu'il n'est pas sûr d'avoir relevé tous les dons. Il semble cependant que certains montants aient été exagérément gonflés. Par exemple il évalue le don de l'hospice des frères de Saint-Vincent-de-Paul à $156 000.

59. *APC*, fonds LaRocque. Son petit-fils évalue approximativement ses dons charitables à plus de $100 000.

60. *APC*, fonds LaRocque.

61. *FL*, Notes de voyages, janv. 1867. Alfred fils est d'avis que son père a consulté Mgr Bourget avant de lui donner la permission de s'enrôler dans les zouaves. Plus tard, le père demandera à nouveau conseil à l'évêque au sujet du mariage de son fils.

62. Il était accompagné du chanoine Étienne Hicks et de Mgr J. Desautels pour présenter le point de vue de l'évêché de Montréal dans l'affaire de la division de la paroisse Notre-Dame. Leur départ du Canada datait du mois de mars.

63. *ACAM*, RLB 16, Bourget à Truteau, 14 oct. 1867.

64. Notice biographique non publiée d'Édouard Barnard rédigée par sa fille Mlle Julienne Barnard, que nous remercions de l'attention particulière qu'elle a portée à nos recherches.

65. *ACAM*, RLB 16, Bourget à Baillargeon, 20 oct. 1867.

66. *ACAM*, RLB 16, Bourget à Baillargeon (s.d.).

67. Hugh Murray fut blessé en même temps que LaRocque. De cela, on a très peu parlé en novembre 1867. Le *NM* du 19 novembre mentionne que LaRocque est le seul zouave québécois.

Chapitre 3

1. *ACAM*, RLB 17, Bourget à Freid, 18 nov. 1867.

2. Cité par Édouard Lefebvre de Bellefeuille, *Le Canada et les zouaves pontificaux. Mémoires sur l'origine, l'enrôlement...*, Montréal, 1868, 8.

3. *Le Nouveau-Monde* paraissait tous les deux jours. Il reproduisit l'annonce de Mgr Bourget dans sa première édition de la semaine, le mardi 19 novembre, pour la reprendre et la commenter le 21.

4. *NM*, 21 nov. 1867.

5. Mgr Bourget le leur rendait bien; il écrivait à Mgr Laflèche le 28 septembre 1872: « Quant à la *Minerve*, je l'ai renvoyée... surtout à cause des injures qu'elle ne cesse de verser sur le rédacteur en chef du *Nouveau-Monde*, c'est-à-dire contre moi ». Cité par Gérard Bouchard, *Apogée et déclin de l'idéologie ultramontaine à travers le journal Le Nouveau-Monde, 1867-1900*. Thèse de maîtrise en sociologie, Université Laval, 1969, 16. Nous avons puisé dans cet ouvrage tous nos renseignements concernant l'administration de ce journal.

6. Edmond Moreau, *Nos croisés*, Montréal, 1871, 12.

7. Son prénom était Edward, mais il préférait se faire appeler Édouard.

8. *ACAM*, RLB 17, Bourget à Freid, 18 nov. 1867.

9. Extrait de *La Miverve*, juin 1877, in *ASN*, coll. Bois, Coupures de journaux, #1.

10. *Le Pays*, 30 nov. 1867.

11. Ils partirent le 19 décembre.

12. Mandement de Mgr Bourget, 8 déc. 1867. Cité par de Bellefeuille, *op. cit.*, 14-16.

13. Circulaire de Mgr Bourget à ses curés, 22 déc. 1867, accompagnée d'un document destiné aux fidèles et intitulé « Invitation de Mgr l'évêque de Montréal à se mettre généreusement à contribution (...) », cité par de Bellefeuille, *op. cit.*, 19s.

14. *ACAM*, RLB 17, Bourget à Barnabo, 13 déc. 1867.

15. *ACAM*, 901-086, Desautels à Bourget, 15 déc. 1867.

16. *ASTR*, B2-Z161-09, circulaire du 4 janvier 1868.

17. Suivant une circulaire de comité du 23 décembre environ, 200 volontaires de la seule région de Montréal avaient donné leurs noms. Le 12 janvier 1868, Mgr Bourget écrivait au chanoine Hicks (*ACAM*, RLB 17): « Il y a 360 demandes, mais évidemment, l'on n'aura pas le moyen d'en envoyer un si grand nombre ».

18. *ACAM*, RLB 17, Bourget à Moreau, 27 mars 1868. La réponse datée du 1er février (*ACAM*, 796-001, 868-5, Kanzler à Bourget) parvint à Montréal après l'arrivée à Rome des zouaves. Même si datée du 1er février, cette réponse, au dire de Desautels, n'était pas encore envoyée le 8 février. (*ACAM*, 901-086, Desautels à Bourget, 8 févr. 1868).

19. Sans doute par souci de préserver l'apparence entièrement laïque de l'organisation.

20. Voir de Bellefeuille, *op. cit.*, 30; Léon Trépanier, « Figures de Maires: Sévère-Dominique Rivard », *Cahiers des Dix*, 1956, 183; Wallace, *Encyclopedia of Canada*, 1935; *ACAM*, 572-000, Bellemare à Bourget, 24 nov. 1863.

21. *APC*, fonds LaRocque, Royal à O. Berthelet, 4 déc. 1862. Royal à Berthelet, 14 fév. 1867. Royal à A. LaRocque, fils, 4 nov. 1866; *ACAM*, 901-119, 866.2, Royal à Bourget, 27 mars 1866.

22. *APC*, fonds LaRocque, Royal à LaRocque, fils, 4 nov. 1866.

23. *APC*, fonds LaRocque, Royal à La Rocque, fils, 4 juil. 1866. Il écrivait: « Les deux carrières ont d'abord cela de commun qu'elles s'exercent en dehors des

villes et des grands amas de population; en second lieu, si la vie des missionnaires est l'apogée du dévouement chrétien, l'existence du laboureur est elle
aussi, surtout dans notre siècle, un exemple de modération, de frugalité et de
consentement réel qui devient de plus en plus rare. On peut faire du bien à ses
semblables dans toute espèce d'état: mais nulle part avec autant de fruits pour
les autres que pour soi-même que dans ces deux carrières...»

24. *APC*, fonds LaRocque, Royal à LaRocque, fils, 4 juil. 1866 et 7 févr. 1868. En
1870, Royal se rendit à l'invitation de Mgr Taché d'aller oeuvrer dans l'Ouest. Il
fonda cette année-là *Le Métis* qui devint le *Manitoba*, puis il fut élu député en
1871. Il devint ministre, maire de Saint-Boniface, premier chancelier de l'Université du Manitoba et lieutenant-gouverneur des Territoires du Nord-Ouest.
V. *Bulletin de la Société Historique de Saint-Boniface*, no 1, nov. 1974.

25. V. Léon Trépanier, *op. cit.*

26. Il fut à nouveau appelé à la mairie de 1877 à 1879 et de 1881 à 1884. V. Wallace,
op. cit.

27. Lettre de Bourget publiée dans un journal, *APC*, fonds LaRocque, Cahier de
coupures de journaux, 117.

28. *L'Ordre*, 16 déc. 1859. Il était aussi membre de l'Union catholique, ainsi que de
Bellefeuille et Royal.

29. Il se fit surtout connaître au moment de l'affaire Guibord et du Programme
catholique et devint par la suite député et sénateur.

30. Il y avait le chanoine Lamarche et Édouard Barnard. En tant que membre de la
milice canadienne, ce dernier trouvait plus prudent d'exiger la discrétion
(*APJTR*, lettre de Barnard, 18 mars 1868).

31. A.-J. Boucher, Edmond Moreau, Mgr Pierre-Adolphe Pinsonnault, Alfred
LaRocque, fils, et quelques autres dont nous ignorons les noms, assistèrent parfois aux réunions de ce comité. Mgr Pinsonnault avait été évêque de London de
1856 à 1866. Retiré à Albany en cette dernière année, il sera hébergé par Mgr
Bourget en 1870. Il est souvent à Montréal en 1869 et participe aux réunions du
comité.

32. De Bellefeuille, *op. cit.*, 39.

33. De Bellefeuille, *op. cit.*, 22, circulaire du 26 décembre 1867.

34. *Ibid.*, 29.

35. *UCE*, 24 et 31 déc. 1867.

36. *JTR*, 17 janv. 1868.

37. *APF-SR*, Canada, 1868-1871, l'évêque de St-Jean à Barnabo, 8 sept. 1868.
Lynch à Barnabo, 24 mai 1868.

38. Lettre de Mgr Lynch parue dans *UCE*, 3 juin 1868.

39. De Bellefeuille, *op. cit.*, 24.

40. Sur l'échec de ce mouvement, voir L.F. Stock, *United States Ministers to the
Papal States. Instructions and Dispatches, 1848-1868*. Washington D.C., Catholic University Press, 1933, 456p. et Howard R. Marraro, «Canadian and Ame-

rican zouaves in the papal army, 1868-1870 », *CCHAR*, 1944-1945, 83-103; Elio Lodolini, *op. cit.*, 70.

41. De Bellefeuille, *op. cit.*, 29.

42. *ACAM*, 901-086, Desautels à Bourget, 15 déc. 1867.

43. De Bellefeuille, *op. cit.*, 29.

44. *ASTR*, B2-Z161-24, circulaire aux curés, 15 août 1869.

45. De Bellefeuille, *op. cit.*, 29.

46. *ASTR*, B2-Z161-24, circulaire aux curés, 15 août 1869. Circulaire du comité, 1er août 1870, *Courrier du Canada*, 19 août 1870.

47. *ACAM*, 901-060, 870-38A, Bourget à Paré, 14 mai 1870.

48. *APC*, fonds LaRocque, Alfred à son père, 30 oct. 1869.

49. *ASTR*, Joseph Royal à Laflèche, 22 juin 1868. De plus, il refuse l'engagement d'un autre volontaire pour cause de santé.

50. *JTR*, 31 janv. 1868.

51. Depuis les invasions féniennes, une bonne partie de la jeunesse canadienne avait suivi des exercices militaires.

52. De Bellefeuille, *op. cit.*, 29.

53. *ACAM*, RLB 17, Bourget à Hicks et Desautels, 6 janv. 1868.

54. L'abbé Édouard Fabre était alors chanoine titulaire de la cathédrale de Montréal.

55. *ACAM*, 901-087, 868-16, Moreau à Paré, 8 juil. 1868.

56. *ACAM*, 796-001, 868-20. Royal à Bourget, 18 juin 1868.

57. *ASTR*, 6 févr. 1868. Toutes ces précisions n'étaient pas inutiles, car quelques jours plus tard l'évêque de Saint-Hyacinthe refusa d'assister à la fête organisée à Montréal, sous prétexte que le comité, d'après les documents publiés, faisait « une oeuvre locale » qui « naturellement » excluait la participation des étrangers à ces fêtes. (*ACAM*, 295-103, 868.5, l'évêque de Saint-Hyacinthe à Bourget, 10 févr. 1868; RLB 17, Bourget à l'évêque de Saint-Hyacinthe, 11 févr. 1868.)

58. *ASTR*, B2-Z161-15, rapport du comité, 3 mars 1868. Ce qui ne comprend pas les sommes envoyées à Rome par les sulpiciens et par le curé de la paroisse St.Patrick (environ $9 000).

59. Nous aborderons ce sujet au chapitre suivant.

60. De Bellefeuille, *op. cit.*, 29.

61. *Ibid.*, 35.

62. *Ibid.*, 43. Le télégramme est du 24 janvier.

63. *Ibid.*, 51.

64. Ces manifestations sont évoquées dans la deuxième partie.

65. Mgr Bourget s'était abstenu de prononcer son sermon, car les zouaves venaient d'assister à une retraite et d'entendre plusieurs autres prédications.

66. *ACAM*, RLB 17, Bourget à l'archevêque de New York, 15 janv. 1868.

67. *ASTR*, Berthelet à Laflèche, 6 févr. 1868.

68. De Bellefeuille, *op. cit.*, 248.

69. Gaston Carrière, *Histoire Documentaire des Oblats...* XI (en préparation).

70. *Ibid.*

71. *NM*, 13 sept. 1867.

72. De Bellefeuille, *op. cit.*, 222.

73. *JTR*, 9 nov. 1869.

74. *Ibid.*

75. *ACAM*, 901-086, Desautels à Bourget, 8 févr. 1868.

76. *ACAM*, 901-086, 868.8. Desautels à Bourget, févr. 1868 (entre le 10 et le 15).

77. *APC*, fonds LaRocque, biographie de LaRocque, 122. C'est la copie d'un communiqué officiel du comité, daté du 7 mars.

78. *ACAM*, 901-086, Desautel à Bourget, 8 févr. 1868.

79. Moreau télégraphia le 10 ou le 11 mars ce simple mot « men », qui, suivant leur code, signifiait d'envoyer l'autre détachement. *ACAM*, 901-087, Moreau à Paré, 3 avr. 1868.

80. *ACAM*, 901-086, 868.8, Desautels à Bourget, fév. 1868 (probablement le 10 ou le 15).

81. Télégramme du 7 février.

82. *ACAM*, RLB 17, Bourget à Barnabo, 13 déc. 1867. *ACAM*, RLB 17, Bourget à Freid, 18 nov. 1867.

83. A. Capalti à Kanzler, 27 janv. 1868. Cité par Lodoloni, *op. cit.*, 71.

84. *ACAM*, 901-087, Moreau à Paré, 3 avr. 1868.

85. *ACAM*, RLB 17, Paré à Royal, 23 mai 1868.

86. *Ibid.*

87. *JTR*, 27 mars 1868, Publication d'un avis du comité daté du 24 mars.

88. *ASTR*, B2-Z161, Royal à Laflèche, 8 avr. 1868.

89. *APJTR*, fonds Barnard, Lilly Barnard à son père, 7 avr. 1868. Barnard est parti pour Rome à la fin de mars, entre le 27 et le 31.

90. *ACAM*, 901-087, Moreau à Paré, 3 avr. 1868; Moreau à Bourget, 27 mars 1868.

91. *ACAM*, 901-087, Moreau à Bourget, 27 mars 1868.

92. *Ibid.*

93. Il écrivit à Bourget, à Paré et au comité.

94. *ACAM*, 901-087, Moreau à Paré, 3 avr. 1868.

95. *ACAM*, 901-087, Moreau à Bourget, 10 avr. 1868.

96. *ACAM*, 901-087, Moreau à Bourget, 27 mars 1868.

97. *JTR*, 7 avril. Publication d'une lettre de Paris, datée du 18 mars, d'abord parue dans *La Minerve*.

98. *ACAM*, 796-001, 868-15, Barnard à Laflèche, 9 mai 1868.

99. *ACAM*, RLB 17, Bourget à Moreau, 24 avr. 1868.

100. *ACAM*, RLB 17, Bourget à Moreau, 27 mars 1868.

101. *ACAM*, 796-001, 868-16, Barnard à Bourget, 18 mai 1868. Le sens de cette proposition était clair: le comité ne pouvait promettre d'entretenir tous les zouaves. Par ailleurs, dans la même lettre, Barnard semble signifier que cette impossibilité de promettre ne valait que pour ceux du deuxième contingent, qui n'était pas encore parti. C'est aussi l'opinion d'un des membres du comité, Édouard Lefebvre de Bellefeuille, dans son livre *Le Canada et les zouaves pontificaux*, 209.

102. *Ibid.*

103. *Ibid.*

104. *Ibid.*

105. *Ibid.* Ce télégramme a été envoyé vers le 9 mai.

106. *ACAM*, RLB 17, Bourget à Moreau, 24 avr. 1869.

107. De Bellefeuille, *op. cit.*, 210. Reproduction d'un avis du comité, daté du 4 mai 1868.

Chapitre 4

1. Soulignons aussi que la population anglaise et protestante était beaucoup plus considérable dans le diocèse de Montréal qu'ailleurs.

2. *ASQ*, Manuscrit 677, Journal de C.E. Légaré, 3 juin 1870.

3. Philippe Sylvain, « Libéralisme et ultramontanisme... », 223.

4. Léon Pouliot, *Mgr Bourget et son temps*. III: *L'évêque de Montréal*, Montréal, Bellarmin, 1972, 179s.

5. *ACAM*, 901-087, Moreau à Bourget, 27 mars 1868.

6. *ACAM*, 901-082, Lussier à Paré, 30 juil. 1868.

7. *ACAM*, 901-044, 869.2, Piché à Paré, 21 janv. 1869.

8. *NM*, 8 oct. 1868.

9. *ACAM*, RLB 14, Truteau à Bourget, 7 juil. 1865.

10. Cité par Hermann Plante, *L'Église catholique du Canada*, Trois-Rivières, 1970, 427s.

11. *ASQ*, Université 103, no 75, Taschereau à Paquet, 16 sept. 1864.

12. *ASQ*, Journal de B. Paquet en voyage à Rome, 69 et 71, 1er juil. 1864.

13. C'est l'argument qui revient le plus souvent dans une lettre de Mgr Joseph LaRocque, évêque de St-Hyacinthe, à Mgr Taché le 17 octobre 1861. Mgr

Taché se rend à Rome; son collègue lui remet cette note confidentielle, à porter à la connaissance du préfet de la Propagande. (*APF-SR*, America, 1858-61): « D'après la conversation que nous eûmes ensemble il y a quelques jours, V.G. a pu bien saisir l'embarras et le regret auxquels je suis en proie par suite de la manière toute différente avec laquelle les principes de liturgie romaine sont entendus dans la pratique par les évêques de Québec et de Montréal (...)

1) L'évêque de Québec ne croit pas devoir abandonner les anciennes coutumes de l'Église du Canada en matière de liturgie, cérémonies, disciplines, pourvu que les coutumes soient *extra-rubricas*, ou n'y soient pas formellement contraires. L'évêque de Montréal rejette toutes (...) coutumes, même chères au peuple pour n'adopter que les usages de Rome. Le respect et le dévouement au St-Siège demandent-ils que les autres évêques adoptent les vues de l'évêque de Montréal?

2) Le clergé est attaché au rabat français. Est-il dans le désir du St-Père que le rabat soit remplacé par le collet romain, si le clergé devait être (...) froissé du changement?

3) La forme des chapes, chasubles, dalmatiques, etc., a été jusqu'ici la même qu'en France. Est-il respectueux et plus parfait de remplacer la forme française par la forme romaine malgré la répugnance que la mesure pourrait rencontrer?

4) Un prêtre mort est exposé dans le chœur (...) Mgr Bourget suivant la coutume romaine voudrait qu'il soit exposé dans la nef. Le peuple tient à cette coutume.

5) Au sujet du catéchisme qui au sujet de la confession contient quelque chose de plus que le rituel romain.

6) Les évêques du Canada, excepté Mgr Bourget, n'ont jamais été dans l'usage de porter la *cappa* pour assister aux offices à leurs trônes. Est-il vrai qu'une telle opposition au cérémonial puisse être maintenue sous le prétexte de l'usage, de la manière de voir du peuple ».

14. Voir *supra*.

15. *ACAM*, RLB 16, Bourget à Baillargeon, sans date. Probablement entre le 22 et le 25 octobre.

16. *AAQ*, RL 29, Cazeau à Barnard, 26 déc. 1867.

17. *Ibid.* Les premières circulaires du comité laissaient croire que les Canadiens formeraient, à Rome, un corps distinct.

18. *AAQ*, RL 29, Gosselin, secrétaire, à Royal et Rivard, 30 déc. 1867. Le même jour, Cazeau écrit à Barnard pour lui demander si l'envoi de zouaves est opportun « en face de la nouvelle qui nous arrive de l'envoi d'un corps de 20 000 hommes par la France ». *AAQ*, RL 29, 30 déc. 1867.

19. *APF-SR*, America Sett., 1868-1871, Baillargeon à Barnabo, 1er janv. 1868.

20. *AAQ*, AD, XI, Bourget à Baillargeon, 9 janv. 1868.

21. *MEQ*, Vol. IV, 11 janv. 1868.

22. *AAQ*, RL 29, Baillargeon à Berthelet, 11 févr. 1868.

23. *APF-SR*, Am. Sett., 17 févr. 1868.

24. L'avis de l'évêque de Québec sur le travail du comité de Montréal avait été sollicité. Absent de l'évêché, il fit transmettre par son grand vicaire Cazeau « son

approbation au zèle déployé par le comité d'organisation des zouaves pontificaux pour le succès de l'oeuvre dont il s'est chargé. » (*AAQ*, RL 19, Cazeau à
Berthelet, 12 févr. 1868).

25. *APF-SR*, Am. Sett., 1868-1871.

26. *ACAM*, 901-086, 868.8, Desautels à Bourget, févr. 1868 (entre le 10 et le 15).

27. *ACAM*, 901-086, 868.9, 15 févr. 1868.

28. *APF-SR*, Am. Sett., 15 févr. 1868.

29. *AAQ*, RL 19, 13 mars 1868.

30. *ACAM*, 796-001, 868-5, Kanzler à Bourget, 1er février 1868.

31. *ACAM*, 901-087, 870-2, Moreau à Paré, 7 mai 1870.

32. *ACAM*, 901-087, Moreau à Bourget, 27 mars 1868.

33. *ACAM*, 901-087, Moreau à Bourget, 26 juil. 1868.

34. *ASN*, succ. Caron, Hénault à Caron, 15 juin 1868.

35. *ACAM*, RLB 17, Bourget à Moreau, 24 avr. 1868 et 14 août 1868.

36. *ACAM*, RLB 17, Bourget à Hicks et Desautels, 12 janv. 1868.

37. Thavenet à Weld, 25 août 1828. Cité par L. Lemieux, *L'établissement de la première province ecclésiastique au Canada*, 1783-1844, Fides, Montréal, 1968, 307.

38. Nommé en 1821. L'évêché de Montréal fut créé en 1836.

39. Léon Pouliot, « Il y a cent ans: le démembrement de la paroisse Notre-Dame »,
RHAF, vol. XIX, no. 3, 1965, 353.

40. Nous disons ici « interprété » car l'avis du cardinal Pedicini fut renversé par le
cardinal Barnabo en 1865.

41. L. Lemieux, *op. cit.*, 299-372.

42. L. Pouliot, « Il y a cent ans: le démembrement... », 352.

43. *ACAM*, RLB13, Bourget à Dominique Gravet, 4 sept. 1863, cité par L. Pouliot,
op. cit., 352.

44. *ACAM*, 901-087, Moreau à Bourget, 10 août 1868.

45. *ACAM*, RLB 17, 12 janv. 1868.

46. *ACAM*, 901-087, Moreau à Paré, 9 mai 1868.

47. *ACAM*, *RLB 17*, Bourget à Baile, 11 juin 1868.

48. *ACAM*, 901-087, Moreau à Paré, 14 sept. 1868.

49. *ACAM*, 901-086, 868.8, Desautels à Bourget, févr. 1868.

50. *ACAM*, 901-087, 26 mai 1868.

51. *ACAM*, 901-087, Moreau à Paré, 20 août 1868.

52. *ACAM*, RLB 17, Bourget à Hicks et Desautels, 24 janv. 1868.

53. *Ibid.*

54. *ACAM*, 796-001, 868.25, Dowd à Bourget, 20 déc. 1868.

55. Voir *supra*.

56. *ACAM*, RLB 17, Bourget à Dowd, 28 févr. 1868.

57. *APC*, fonds LaRocque, cahier de coupures de journaux, 248. Probablement le *NM* de mars 1875.

58. De Bellefeuille, *op. cit.*, 22.

59. *Ibid.*, 35.

60. *ACAM*, RLB 17, Bourget au président du comité, 2 févr. 1868.

61. De Bellefeuille, *op. cit.*, 29.

62. *APC*, fonds LaRocque, copie d'une lettre datée du 24 mars 1868, sans doute extraite du *NM*.

63. *ACAM*, RLB 15, Bourget à Cartier, 16 sept. et 25 sept. 1866.

64. *APC*, fonds LaRocque, copie d'une lettre datée du 24 mars 1868 et sans doute extraite du *NM*.

65. Joseph Tassé, *Discours de Sir George Cartier, baronnet, accompagnés de notices*, Montréal, 1893, 578s. Discours sur le Bill de la Milice, 31 mars 1868.

66. *ACAM*, RLB 17, 12 avr. 1868.

67. *APC*, fonds LaRocque, copie d'une lettre de G. Drolet adressée à *La Minerve*, datée de Rome, 23 mai 1868.

68. *ACAM*, 796-001, 869.18a, Barnard à Bourget, 16 avr. 1869.

69. *ACAM*, 901-087, 870.6b, Moreau à Bourget, 17 sept. 1870.

70. *ACAM*, 901-087, 870.8, Moreau à Bourget, 13 oct. 1870.

71. *Débats de la Puissance du Canada*, intervention de M. Fournier, 9 févr. 1875, 31.

72. *APC*, fonds LaRocque, cahier de coupures de journaux, 246. Extrait du procès-verbal de la séance du Bureau de Régie de l'Union Allet, tenue le 23 février 1875.

73. *JTR*, 1er mars 1875.

74. *APC*, fonds LaRocque, cahier de coupures de journaux, 249. Extrait du procès-verbal de la séance du Bureau de Régie de l'Union Allet tenue le 26 février 1875. Le projet de loi de 1875 fut retiré après la 2e lecture à cause de protestations des catholiques. (*Débats de la Puissance du Canada. Session 1875*. 2 avril 1875, 1111.).

75. Décédé le 1er novembre 1866.

76. *ACAM*, RLB 17, Bourget à l'évêque de Saint-Hyacinthe, 30 mars 1868. Dans les archives du Séminaire de Trois-Rivières, la correspondance de Mgr Laflèche avec ses curés, au début de 1868, fait état des résultats de cette enquête.

77. J.-P. Bernard, *op. cit.*, 315, cite le *Journal de Saint-Hyacinthe*, 3 août 1868.

78. La lettre des Pères du 4e concile provincial de Québec, 14 mai 1868 (*MEQ*, Vol. IV, p. 628) réitérait l'interdit contre les journaux libéraux: « Reste à conclure qu'aucun catholique ne peut, sans pécher grièvement, avoir la propriété de tels

journaux, ni les rédiger, ni les publier, ni s'en faire les collaborateurs, ni contri-buer à les répandre ».

79. J.-P. Bernard, *op. cit.*, 313s.

80. *Ibid.*, 314.

81. *ACAM*, RLB 17, Bourget à Hicks et Desautels, 12 janv. 1868.

82. *MEQ*, vol. IV, 1850-1870. Lettre pastorale des Pères du 4e concile provincial de Québec, 14 mai 1868, 626s.

83. *Le Pays*, 10 déc. 1867.

84. *Le Pays*, 28 déc. 1867. P. Blanchet, N. Aubin, L.-A. Dessaulles et C.-F. Papi-neau soutinrent la thèse négative contre Médéric Lanctôt et A. Geoffrion.

85. Il est bien évident que les membres du clergé qui n'étaient pas d'accord avec le projet de Mgr Bourget ne l'étaient pas davantage avec la cause défendue par *Le Pays*.

86. *Le Pays*, 30 nov. 1867.

87. *Le Pays*, 21 janv. 1868.

88. *Le Pays*, 19 mars 1868.

89. *Le Pays*, 31 mars 1868.

90. *Le Pays*, 11 févr. 1868.

91. *Le Pays*, 19 sept. 1868.

92. *Le Pays*, 23 janv. 1868.

93. *Le Pays*, 14 janv. 1868

94. Léon Pouliot, « Le cas de conscience de Gonzlave Doutre », *RHAF*, XXIII, 2, sept. 1969, 231-245.

95. *Le Pays*, 7 déc. 1867, cite le *NM*, du 4 décembre.

96. *Le Pays*, 7 déc. 1867.

97. *Le Pays*, 17 déc. 1867.

98. *Ibid.*

99. *Le Pays*, 25 juin 1868.

100. *Le Pays*, 19 janv. 1869. Le 20 janvier, deux extraits de lettres de zouaves annon-çant les dangers de maladies contagieuses à Rome.

101. *Le Pays*, 25 août 1869.

102. Il faut toutefois ajouter que les extraits de lettres de zouaves publiés dans *Le Pays* faisaient très souvent état des dangers des fièvres romaines au moment où, dans sa *Lanterne*, Buies commentait: « si nous sommes le peuple le plus heureux de la terre, est-ce parce que nous expédions à Rome des zouaves pontificaux qui y meurent d'épuisement et de fièvre? ». Cité par Lamontagne, *Arthur Buies, homme de lettres*, Québec, PUL, 1957, 99.

103. *Le Pays*, 7 avr. 1870.

104. *Le Pays*, 9 avr. 1870.

105. *Ibid.*

106. *Le Pays*, 24 sept. 1870.

107. Léopold Lamontagne, *Arthur Buies, homme de lettres*, Québec, PUL, 1957, 91.

108. Il a professé l'économie politique à l'Institut canadien.

109. L. Lamontagne, *op. cit.*, 93, cite *La Lanterne*, éd. de 1884, 5.

110. *La Lanterne*, vol. I, no 16, 31 déc. 1868.

111. *Ibid.*

112. Même s'il écrivait: « C'est depuis trois mois et demi seulement que je publie *La Lanterne*, il me reste donc encore 19 ans, huit mois et deux semaines, pour rendre aux prêtres coup sur coup, oeil pour oeil, dent pour dent ». « Ils nous ont persécutés par la calomnie, par le préjugé; je leur réponds par des vérités et le raisonnement. Ils nous ont foulés aux pieds, ont fait de nous des monstres signalés à l'horreur et à la haine publiques (...) Que les lecteurs en prennent leur parti; quant à moi, j'irai jusqu'au bout. » *La Lanterne*, 24 déc. 1868.

113. M.A. Gagnon, *La Lanterne d'Arthur Buies*. 57.

114. *La Lanterne*, vol. I, no I, sept. 1868, 11.

115. *Ibidem*, 5.

116. *La Lanterne*, vol. I, no 4, 8 oct. 1868, 62.

117. *La Lanterne*, vol. I, no 15, 24 déc. 1868, 243.

118. *La Lanterne*, vol. I, no 7, 30 oct. 1868, 100.

119. *La Lanterne*, vol. I, no 13, 10 déc. 1868, 146.

120. *La Lanterne*, vol. I, no 13, 10 déc. 1868, 149.

121. L. Lamontagne, *op. cit.*, 101.

122. M.-A. Gagnon, *La Lanterne d'Arthur Buies*, 207.

123. J.-P. Bernard, *op. cit.*, 314.

124. Cité dans le *NM*, 14 oct. 1870. Un autre exemple nous est donné dans la correspondance du consul français à Montréal. Il rapporte que certains disent publiquement qu'il vaudrait mieux « donner aux pauvres (...) pour lesquels on fait tant d'appels à la charité des gens, les sommes qu'on dépense au profit des zouaves pontificaux ». Cité par Pierre Savard, *Le Consulat général de France à Québec et à Montréal de 1859 à 1914.*, Québec, PUL, 1970, 49.

125. *NM*, 14 oct. 1870.

126. Voir notre article, « La rébellion de 1837-1838... », *RHAF*, vol. XXIX, sept. 1975, 163-189.

127. Chiniquy à Alessandro Gavazzi, Sainte-Anne, Kankakee, Illinois, 5 mars 1868, cité par Philippe Sylvain, « Aperçu sur le prosélytisme protestant au Canada français de 1760 à 1860 ». *MSRC*, juin 1961, 76. On retrouve à peu près les mêmes idées dans leur journal hebdomadaire, l'*Aurore*.

Chapitre 5

1. *ACAM*, 796-001, 868-15, Barnard à Laflèche, 9 mai 1868.

2. *ACAM*, 796-001, 868-16, Barnard à Bourget, 18 mai 1868.

3. Sur cette carrière, consulter Marc-A. Perron, *Un grand éducateur agricole, Édouard Barnard, 1835-1898. Essai historique sur l'agriculture de 1700 à 1900*, s.l. n. e., 1955, 355p.

4. Pour rédiger ces quelques paragraphes sur la carrière de Barnard, j'ai puisé dans une biographie manuscrite rédigée par sa fille, Mlle Julienne Barnard, et dans la correspondance Barnard conservée au palais de justice de Trois-Rivières. Le 4 juin 1873, Édouard Barnard écrivait à sa future belle-mère, Madame Jean-Charles Chapais, une longue lettre biographique dans le but de l'inciter à faire pression auprès de son mari pour qu'il consente à lui accorder la main de sa fille. Mlle Barnard s'est largement inspirée de cette lettre pour rédiger la biographie de son père. Depuis la découverte du fonds Barnard, nous sommes en mesure de corriger quelques faits mentionnés dans cette lettre, qui demeure, somme toute, un résumé assez fidèle de la carrière de son auteur.

5. *APJTR*, fonds Barnard, Edmund à son frère Édouard, 24 juin 1856.

6. *APJTR*, fonds Barnard, Edmund à son père, 16 mars 1863 et 12 déc. 1864.

7. En septembre 1862, il refusa d'être juge à l'exposition agricole de Sherbrooke et, en octobre, il fut délégué de la société d'agriculture à l'exposition de Toronto. *APJTR*, fonds Barnard, Édouard à son père, 11 fév. 1867. Il écrit aussi: « Edmond (...) is pressing me to allow my name to be put on his office door (...) ».

8. *APJTR*, fonds Barnard, Édouard à son père, 30 nov. 1862.

9. *APJTR*, fonds Barnard, Agnès à son père, 29 déc. 1862 et Élodie à son père, 27 déc. 1862. Édouard Barnard à Madame Chapais, 4 juin 1873, cité par Julienne Barnard. Voir aussi *AJPTR*, fonds Barnard, Édouard à sa soeur Éliza, 8 mai 1867.

10. *APJTR*, fonds Barnard, Élodie à son père, 8 sept. 1867. Édouard à son père, 18 mars 1868.

11. *APJTR*, fonds Barnard, Édouard à son père, 18 mars 1868.

12. *Ibid.*, 1er et 8 avril 1862.

13. *APJTR*, fonds Barnard, Édouard à son père, 18 mars 1868. C'est justement parce qu'il était encore membre de la milice qu'il ne voulut pas que son nom apparaisse parmi ceux des membres du comité. Voir aussi sa lettre à madame Chapais, 4 juin 1873.

14. *APJTR*, fonds Barnard, Édouard à son père, 20 févr. 1869.

15. *Ibid.*, 20 févr. 1869.

16. *Ibid.*, 22 nov. 1867.

17. Une anecdote significative: peu de temps avant son mariage, Barnard remit en

cadeau à sa fiancée l'*Histoire Universelle de l'Église Catholique*, de Rohrbacher, en 17 volumes, reliés en cuir. (Cité par Mlle Julienne Barnard).

18. *ACAM*, 901-087, Moreau à Bourget, 25 avr. 1868.

19. *ACAM*, 901-087, Moreau à Paré, 9 mai 1868.

20. *ACAM*, 901-087, Moreau à Bourget, 18 mai 1868.

21. *ACAM*, 901-087, 868-17, Moreau à Bourget, 26 juil. 1868.

22. Il insiste afin de ne pas donner l'impression que l'aumônier Moreau, dont il a mentionné le mécontentement au début de sa lettre, ait eu quelque influence sur son opinion.

23. *FL*, Alfred à son père, 8 mai 1869.

24. *ACAM*, 901-087, Moreau à Bourget, 18 mai 1868.

25. *ACAM*, 901-087, 868-15, Moreau à Bourget, 26 juin 1868.

26. *ACAM*, 901-087, 868-15, Moreau à Bourget, 26 juin 1868.

27. C'est le témoignage de Moreau. Barnard écrit la même chose dans une lettre adressée à Madame Chapais, en 1873. Cependant, dans un mémoire daté du 3 avril 1869 et envoyé aux évêques de la province de Québec pour les inciter à appuyer son projet de recruter un bataillon de Canadiens, il dit que son retour de Rome lui avait été conseillé par le général Kanzler qui pensait que Barnard rendrait de plus grands services en travaillant au Canada à perfectionner l'oeuvre.

28. *Ibid.*

29. *AAQ*, D.M., XI-106, Mémoire de Barnard à l'archevêque de Québec, 3 avr. 1869. Barnard emploie ici le terme « suggéré » plutôt que « mandaté »; cependant, le reste de l'introduction à son mémoire laisse croire qu'il avait reçu la mission particulière de travailler à envoyer à Rome autant de Canadiens que possible. Pourtant, à son arrivée au Canada, en juillet, suivant le témoignage de Mgr Bourget (*ACAM*, RLB 17, Bourget à Moreau, 23 juil. 1868), « il n'a pas dit qu'il avait été autorisé » à cela.

30. *ACAM*, RLB 17, Bourget à Moreau, 23 juil. 1868

31. *AAQ*, D.M., XI-106, Mémoire de Barnard, 3 avr. 1869.

32. *ACAM*, RLB 18, Bourget à Moreau, 11 sept. 1868.

33. *ACAM*, 796-001, 868-24, Barnard à Bourget, 8 déc. 1868.

34. La demande datée du 17 décembre 1868 avait été adressée à J. Royal et fut annexée au mémoire de Barnard. Royal lui avait communiqué cette lettre au début de janvier.

35. *ACAM*, 796-001, 869-34, Barnard à Truteau, 30 janv. 1869.

36. *AAQ*, D.M., XI-106, Mémoire de Barnard à l'archevêque de Québec, 3 avr. 1869. Mêmes renseignements dans la lettre adressée à Truteau, citée précédemment et dont une copie se trouve annexée au mémoire de Barnard.

37. Lettre de Keller à Royal, 27 févr. 1869. Annexée au mémoire de Barnard.

38. *ACAM*, 796-001, 869-34, Barnard à Truteau, 30 janv. 1869.

39. Le nom de Mgr Pinsonnault n'apparaît pa dans la lettre originale envoyée à Truteau, mais seulement dans la copie annexée à son mémoire.

40. *Ibid.*

41. Il exposa ce projet à Mgr Bourget à la fin de janvier, peu de temps avant le départ de celui-ci pour Rome. Une copie de ce projet est annexée à son mémoire. Peut-être aussi inspiré par le fait qu'il avait rapporté de Rome « des espèces de quittances ou de reconnaissances à distribuer à chacun de ceux qui feraient les frais d'un Zouave à Rome ». V. la lettre de Bourget à Moreau, 23 juil. 1868, *ACAM*, RLB 17.

42. Lettre de Bourget à son secrétaire, Rome, 20 févr. 1869. Annexée au mémoire de Barnard, *AAQ*, D.M., XI-106, 3 avr. 1869.

43. La Légion romaine, ou Légion d'Antibes, était un corps régulier de l'armée française envoyé par Napoléon III afin de préserver l'intégrité de ce qui restait du territoire pontifical.

44. Lettre de Moreau à Royal, 1er février 1869. Annexée au mémoire de Barnard. L'opposition au projet était aussi partagée par le zouave Joseph Taillefer (*ACAM*, 796-001, 869-18a, Barnard à Bourget, 16 avr. 1869) et par Oscar Dunn qui, en voyage en Europe, profita d'une lettre à *La Minerve* pour qualifier l'enrôlement dans ces deux corps de « faute impardonnable ». *La Minerve*, 2 avril 1869, tiré du *FL*, coupures de journaux).

45. Lettre de Bourget à son secrétaire, Rome, 20 févr. 1869. Annexée au mémoire de Barnard.

46. *ACAM*, 796-001, 869-34, Barnard à Truteau, 30 janv. 1869. Il répète la même chose dans son mémoire, que Mgr Bourget est le dernier à recevoir. Il a même reçu les accusés de réception de trois évêques quand il décide de l'envoyer à Mgr Bourget. D'après Lodolini, *op. cit.*, 70, Pie IX a donné son accord à la formation du bataillon américain le 9 mai 1868 et l'a retiré quelque temps plus tard.

47. Il disait ailleurs: Moreau « possède à juste titre une si grande influence sur notre Comité » in *ACAM*, 796-001, 869-18a. Barnard à Bourget, 16 avr. 1869.

48. Barnard, ici, exagère: la lettre de Moreau relatant les propos de Kanzler ne faisait pas mention d'une offre aussi précise.

49. *AAQ*, D.M., XI-106, Mémoire de Barnard.

50. À cet égard, il est significatif de constater qu'il n'écrivit pas à Bourget pour obtenir l'autorisation de se rendre à Rome et lui transmit son mémoire avec deux semaines de retard. Truteau, que Barnard rencontra souvent à cette époque, écrit à Bourget: « Il est sous l'impression que V.G. ne peut pas connaître tout ce qui serait nécessaire de faire en pareil cas et qu'elle a besoin de ses services ». *ACAM*, RLB 18, 30 avr. 1869. *ACAM*, 796-001, 869-18a, Barnard à Bourget, 16 avr. 1869.

51. Barnard lui-même est parfois hésitant quand il raconte son entretien avec Kanzler. En font foi ces expressions « si je me rappelle bien », « si je l'ai bien compris », inscrites dans son mémoire. *AAQ*, D.M., XI-106, Mémoire de Barnard, 1s.

52. C'est l'offre de Keller du comité de Paris.

53. Ce mémoire était imprimé; la dernière partie de cette proposition, commençant par « et d'en... » a été biffée à la plume sur la copie qui a été envoyée à Mgr Bourget. C'est le seul exemplaire qu'il nous a été donné de consulter. Est-ce Barnard lui-même ou Mgr Bourget qui est l'auteur de cette rature? Nous ne saurions le dire avec certitude. Cependant, il nous a semblé que Barnard était assez indifférent au nombre, mais davantage préoccupé par un bataillon constitué et commandé entièrement par des Québécois.

54. *ACAM*, 796-001, 869-18a, propositions de Barnard annexées à sa lettre à Mgr Bourget, 16 avr. 1869. C'est de cette lettre et d'une autre, adressée à son père (*APJTR*, fonds Barnard, 10 mars 1869) que nous avons tiré nos renseignements concernant la réunion spéciale du comité.

55. *ACAM*, RLB 18, Truteau à Bourget, 30 avr. 1869.

56. *ACAM*, 796-001, 869-18a, Barnard à Bourget, 16 avr. 1869.

57. *ACAM*, RLB 18, Lettres de Truteau, 16 et 30 avr. 1869.

58. Au moment où il présenta son projet au comité, il écrivait à son père: « If my proposition of a battalion succeed, I would very likely have the command. » (*APJTR*, fonds Barnard, 10 mars 1869). Cela aussi devait être une raison de sa hâte de voir l'idée se concrétiser. Par contre, l'émigration aux États-Unis, comme il le soulignait, était un danger réel. Constante durant ces années-là, elle avait pris des proportions alarmantes durant l'hiver 1868-1869 et au printemps suivant. Truteau, dans sa correspondance avec Bourget, en attribue la cause au climat particulièrement rigoureux.

59. *ACAM*, RLB 18, Truteau à Bourget, 30 avr. 1869. D'après Barnard, dont il faut nuancer les propos à la lumière des lettres de Truteau, c'étaient principalement Berthelet et LaRocque qui désiraient le déléguer à Rome. Remarquons que les cinq votes en sa faveur créaient l'égalité des voix avec les opposants. Il fut alors décidé que Barnard ne partirait que si Bourget y donnait son accord. (*ACAM*, 796-001, 869-21a, Berthelet et autres à Bourget, 7 mai 1869).

60. Dans sa lettre à Bourget, Barnard avait laissé entendre qu'il partirait bientôt.

61. *APC*, fonds LaRocque, Alfred à son père, 8 mai 1869.

62. *ACAM*, 796-001, 869-18a, Barnard à Bourget, 16 avr. 1869.

63. De plus, le projet lui semblait «bien difficile, sinon impossible » parce qu'il croyait, 1) que les évêques des États-Unis «tenaient à envoyer à Rome leur contribution » et n'approuvaient pas que l'on fasse des quêtes chez eux, 2) qu'il ne fallait compter sur le comité français qu'avec réserve, car rien n'était plus précaire que ces ressources provenant du public.

64. *ACAM*, 901-059, 869-35, Bourget à Barnard, 17 mai 1869.

65. Taillefer devait son influence au fait qu'il était le plus âgé des Québécois (40 ans), qu'il était avocat et avait commandé le premier détachement au départ de Montréal et lors de son passage en Europe; il avait été aussi un des premiers à être promus au grade de sous-lieutenant.

66. De plus, Mgr Bourget avait envoyé une lettre à la louange des zouaves, datée du 20 mars et publiée dans le *NM* du 8 avril, dans laquelle il écrivait: « Tous (officiers du régiment des zouaves) m'ont témoigné leur désir de grossir leurs batail-

lons respectifs de nouvelles recrues faites au Canada. On voudrait les enrôler dans l'artillerie, dans la légion, dans le corps des carabiniers, mais les officiers zouaves prétendent avoir droit d'enregistrer dans leur corps tous ceux qui seront de nouveau envoyés comme renfort à l'armée pontificale, qui en a grand besoin, comme tout le monde en convient ».

67. *ACAM*, 796-001, 869-22b, Bourget au Comité, 29 mai 1869 et *APC*, fonds LaRocque, reproduction de la même lettre.

68. *ACAM*, 796-001, 869-25, Barnard à Bourget, 25 juin 1869.

69. *ACAM*, 796-001, 869-33, Barnard à Bourget, 9 déc. 1869.

70. *ACAM*, 796-001, 869-226, Bourget au Comité, 29 mai 1869.

71. *ACAM*, 426-178, Moreau à Bourget, 18 juil. 1869.

72. *ACAM*, 901-059, 869-48, Note de Bourget à Moreau à son départ pour le Canada, 26 juin 1869.

73. Note de Bourget à Moreau, 26 juin 1869.

74. Le *Const.*, 7 juil. 1869. La lettre est datée du 18 juin.

75. *ACAM*, 421-178, Moreau à Bourget, 18 juil. 1869.

76. Bourget avait écrit une première fois au cardinal Barnabo, le 19 février 1868, pour recommander à son intention les abbés Lussier et Moreau afin qu'ils fassent leurs études théologiques durant leur séjour à Rome. Quelques mois plus tard, il lui demandait « quelques exemptions » « pour que dans deux ans, s'ils en sont jugés dignes et capables, ils puissent recevoir (ces) degrés ». Interprétant cette demande, le Préfet de la Propagande offrit à Moreau de lui faire obtenir le titre sans qu'il suive les cours ni ne subisse des examens.

77. *ACAM*, RLB 18, Truteau à Bourget, 18 juil. 1869.

78. *ACAM*, RLB 18, Truteau à Bourget, 24 sept. 1869.

79. *ACAM*, 421-178, Moreau à Bourget, 20 août 1869.

80. *ASTR*, B2-Z161-24, circulaire du comité, 15 août 1869.

81. Cette décoration à de Bellefeuille a une petite histoire intéressante qu'il n'est pas inutile de raconter tant elle peut avoir force d'exemple pour analyser d'autres événements semblables. Tout au début, suivant l'idée de Bourget, la décoration n'était destinée qu'à Berthelet qui venait de faire construire l'Hospice des Frères de Saint-Vincent-de-Paul au coût de $80 000. Il écrivit à Moreau: « Peut-être qu'un grade d'honneur qui lui serait adressé par le pape serait pour le Comité dont il est le président et pour lui-même quelque chose de bien flatteur et une belle récompense. À vous d'y voir dans votre sagesse et votre prudence (...) » (*ACAM*, RLB 17, 31 mai 1868). Moreau avait déjà pensé à cette possibilité; il répondit qu'il profiterait de la présentation au pape de l'ouvrage de de Bellefeuille sur l'organisation du mouvement zouave pour faire part de cette demande au Cardinal Barnabo (*ACAM*, 901-087, 868-15, 26 juin 1868). Mais quelques semaines plus tard, il confia ce désir au colonel Allet qui se chargea de le réaliser. Il demandait cependant qu'au moins deux noms lui soient fournis. La chose était délicate. « Si on demande les décorations pour d'autres que pour le président du Comité, d'écrire Moreau, il pourrait y avoir des

jaloux » (*ACAM*, 901-087, Moreau à Paré, 14 sept. 1868). Puisque l'ouvrage de de Bellefeuille devait être présenté au pape, autant profiter de la circonstance pour lui proposer son nom comme candidat au titre de chevalier. L'idée fut acceptée par les autorités ecclésiastiques de Montréal, mais elle n'avait rien de spontané. De plus, il était assez délicat d'obtenir une décoration pour Berthelet sans avoir le même égard pour C.-S. Cherrier, autre bienfaiteur des oeuvres de Mgr Bourget. Aussi Moreau lui avait rapporté de Rome une médaille (le document consulté n'en dit pas plus) qui lui fut remise par Mgr Taché, le jour de sa fête, à l'asile des sourdes-muettes. (*ACAM*, RLB 18, Truteau à Bourget, 24 sept. 1869).

82. Les premières décorations pontificales accordées à des Canadiens semblent avoir été décernées en 1855. Il y en avait eu très peu depuis.

83. *NM*, 24 août 1869.

84. *NM*, 15 janv. 1870.

85. Cité par l'*UCE*, 10 févr. 1870.

86. *Le Const.*, 2 févr. 1870.

87. Le *Const.*, 18 mars 1870; *NM*, 24 mars 1870.

88. *NM*, 7 avr. 1870.

89. *NM*, 4 mai 1870.

90. Pie IX avait attiré les zouaves près d'une fontaine de son jardin et avait commandé, à leur insu, que l'on ouvre les jets d'eau.

91. *NM*, 17 nov. 1869.

92. *ACAM*, 901-060, 870-38b, Moreau à Paré, 14 mai 1870.

93. *ACAM*, 901-060, 870-38A, Bourget à Paré, 14 mai 1870.

94. *ACAM*, 901-087, 870-2, Bourget à Paré, 7 mai 1870.

95. Moreau à Paré, 14 mai 1870. V. aussi *ACAM*, 901-087, 870-2, Moreau à Paré, 7 mai 1870.

96. *ACAM*, RLB 19, Truteau à Bourget, 2 juin 1870. Dans cette lettre, Truteau dit qu'une circulaire a déjà été envoyée pour organiser « une collecte en faveur des zouaves ». La seule circulaire que nous ayons retrouvée est datée du 24 mai et concerne une quête pour le retour du 2e détachement. Il se peut donc que la campagne de recrutement ait été commandée par le comité plutôt que par l'abbé Truteau. En tout cas, un document officiel a été publié, puisqu'il a été lu en chaire dans le diocèse de Trois-Rivières et que le *Witness* (voir *Courrier du Canada*, 20 mai 1870) à la suite de cette communication attaquait l'organisation des zouaves, qui avait l'imprudence de demander à la jeunesse formée dans les écoles militaires de s'enrôler dans l'armée du pape au moment où le Canada avait besoin d'eux.

97. Le *Const.*, du 27 mai publie: « On a annoncé hier dans les églises l'enrôlement d'un nouveau détachement de zouaves (...) »

98. Le *NM*, 27 mai 1870.

99. *JTR*, 6 juin 1870.

100. *Courrier du Canada*, 16 mai 1870. Publication de l'avis de convocation daté du 10.

101. *Courrier du Canada*, 20 avr. 1870.

102. *NM*, 20 avr. 1870.

103. *Courrier du Canada*, 25 et 26 mai 1870. L'incendie de 625 maisons et granges dans les paroisses du Saguenay s'était produit le 19 mai.

104. *ACAM*, RLB 19, Truteau à Bourget, 2 juin 1870.

105. *AAQ*, RL 29, 517 et 527. Lettre à Truteau, 14 juin 1870 incluant la lettre de Baillargeon à Bourget, 3 juin 1870.

106. *La Minerve*, 9 août 1870.

107. L'un d'entre eux renonça à New York.

108. *ACAM*, 901-087, 870-6, 870-6B, Moreau à Bourget, 13 et 17 sept. 1870. Les renseignements qui suivent sur son séjour en Bretagne sont extraits de ces deux lettres.

109. L'agence Havas était fort critiquée par la presse ultramontaine, autant en Belgique et en France qu'au Canada.

110. *ACAM*, 901-087, Moreau à Bourget, 25 sept. 1870.

111. Le *Const.*, 19 sept. 1870.

112. Le *Const.*, 12 oct. 1870, présente une lettre de Jules Piché publiée la veille dans le *NM*.

113. *JTR*, 3 nov. 1870. Prendergast raconte: « égratignure qui ne m'a tiré que quelques gouttes de sang: pas de blessure enfin ».

114. E. Lodolini, *op. cit.*, 88. Au sujet de la capitulation, Adolphe Forget Despatis dans une lettre publiée par le *NM* (20 oct. 1870) raconte que la garnison aurait pu tenir pendant 8 jours n'eût été la trahison du colonel. C'était bien là l'opinion des zouaves pontificaux, tel que l'atteste la narration de cet épisode par Cerbelaud-Salagnac (*Les Zouaves pontificaux*, 220): le colonel Serra démoralisé par la supériorité des forces ennemies et par les sympathies qu'elles obtenaient des habitants de la place crut bon de se rendre sans combattre. D'Albiousse, le major des zouaves, fut le seul officier à ne pas accepter cette reddition. Il refusa même de signer l'acte de capitulation. On comprend dès lors que les zouaves aient considéré la capitulation comme un acte de trahison.

115. Lettre de Pie IX à Kanzler, 19 sept. 1870. Citée par Cerbelaud-Salagnac, *Les Zouaves Pontificaux*, 208.

116. Au dire de J.B. Morisset (*NM*, 13 oct. 1870) quatre zouaves québécois furent blessés durant le mois de septembre. Nous n'en avons dénombré que trois.

117. *JTR*, 3 nov. 1870. Lettre de Prendergast. Plusieurs autres témoins confirment cela.

118. Citons deux témoignages avant d'aborder plus loin une étude de cette question. G. Désilets voyait ainsi les assaillants des zouaves prisonniers: « L'armée italienne était suivie d'un troupeau d'êtres humains en haillons à la figure sinistre, composé, ça se comprend, de tout ce qu'il y avait de Garibaldiens faits prison-

niers en 1867, de repris de justice et de gens avides de pillage, que les trésors de
Rome, ou des haines à satisfaire avaient attirés de tous les points de l'Italie. Ces
bandits se répandirent dans la ville comme un torrent infect et à eux se joigni-
rent tout ce qu'il y avait de vauriens dans la ville, le quartier des Juifs surtout
fournit amplement sa part » (*ASTR*, journal de G. Désilets). L'aumônier Lussier les qualifie « d'êtres vomis par l'enfer » (*NM*, 27 oct. 1870); dans une autre
lettre, il était moins avare d'adjectifs: « La populace lâche et cruelle se ruait sur
les malheureux soldats désarmés (...) des femmes sorties de l'enfer étaient
mêlées à cette horde de brigands, de traîtres, de lâches, d'assassins. Elles se pro-
menaient dans le Corso étalant d'énormes et de hideux morceaux de chair et
portant en main des bannières tricolores » (*ACAM*, 901-082, Lussier à Paré, 15
oct. 1870).

Chapitre 6

1. Léopold Lamontagne, « Habits gris et chemises rouges », *RSHC*, 1950, 24. Ce
   dossier consulté par Lamontagne aux archives de l'Union Allet de Montréal, est
   maintenant introuvable depuis que ces archives ont été déménagées aux
   ACAM. Nous savons cependant que la documentation consultée par Lamontagne a été compilée par A. LaRocque.

2. *ASTR*, B2-Z161-12. Rapport de E. Barnard, 8 févr. 1868.

3. *Tribune* (New York), 22 févr. 1868, cité par L. Lamontagne, *op. cit.*, 24.

4. C'est une possibilité puisqu'au nombre des critères de sélection, lors du recrutement des quatre premiers contingents seulement, on accordait la préférence
   aux cadets et aux recrues exercées.

5. De Bellefeuille, *op. cit.*, 241.

6. Nous ajoutons ici, au nombre de ceux qui se sont engagés avec un détachement,
   cinq volontaires du diocèse qui s'enrôlèrent avant ou après le 1er détachement.
   Il y a là risque d'erreurs, de même que dans les calculs basés sur les fiches d'enrôlement citées par Lodolini.

7. *ASTR*, B3, B26, Laflèche à Boucher, 27 mars 1868.

8. Ces fiches d'enrôlement ont été publiées par Lodolini, *op. cit.*

9. Les gens de métier avaient des occupations les plus diverses dont aucune n'a
   fourni un gros contingent de zouaves. Par ordre d'importance, 6 se disaient cor-
   donniers, 5 charpentiers, 4 boulangers, 4 tailleurs et 4 carrossiers, 3 marins, 3
   meuniers, 3 fabricants de meubles et 3 imprimeurs, 2 selliers et 2 peintres, 1
   maçon, 1 potier, 1 arpenteur, 1 fabricant de matelas, 1 photographe, 1 typographe, 1 sténographe, etc.

10. À ce sujet il est intéressant de noter que Taillefer, avocat, avait indiqué plutôt:
    propriétaire foncier.

11. La somme des pourcentages donne 96,4%. Le reste est constitué des « proprié-
    taires fonciers » et autres occupations: secrétaire, journalier, militaire, etc.

12. *ACAM*, 901-060-870-38A, Bourget à Paré, 14 mai 1870.

13. *ACAM*, 901-087, Moreau à Bourget, 25 sept. 1870.

14. L'armée du pape avant la fondation du régiment des zouaves était constituée de tirailleurs et de « volontaires pontificaux à cheval », qu'on appelait générale- ment les « guides ». Robiano, un membre de ce dernier corps, écrivait au sujet de leurs motivations: « Imaginez-vous une quarantaine de jeunes gens presque tous Français (un Anglais, un Hongrois et moi), de bonne famille, assez riches, venus ici les uns par conviction, d'autres pour se battre, ceux-ci pour changer de vie, ceux-là pour suivre l'élan, la mode ». Lettre de Robiano, 5 sept. 1860, citée par A. Simon, *Catholicisme et politique*, 80. Au sujet des tirailleurs, consulter Edgard de Barral, *Les zouaves pontificaux, 1867-1870*. Paris, 1932, 96s.

15. *ACAM*, 901-087, Moreau à Bourget, 27 mars 1868.

16. *ACAM*, 901-087, Moreau à Bourget, 10 avr. 1868.

17. *ASN*, succ. Caron, Denis Gérin à Caron, Tivoli, 1er déc. 1868.

18. *ACAM*, Barnard à Laflèche, 796-001, 868-15, 9 mai 1868.

19. *ACAM*, 796-001, 868-16, Barnard à Bourget, 18 mai 1868.

20. Entre autres, le témoignage de Ludger Gaudet, *UCE*, 20 oct. 1870; celui de Montigny, *ASTR*, Montigny à Boucher de la Bruère, 30 août 1861. Ajoutons à ces noms quelques-uns de la dizaine de séminaristes qui abandonnèrent leurs études pour s'enrôler.

21. *ASQ*, fonds Verreau, 30, no 182, 15 févr. 1868.

22. *Centenaire de Piopolis, 1871-1971*. Extrait du Journal d'Odilon Martel.

23. *ACAM*, 796-001, 869. *AAQ*, DM-XI-106, Rapport de Barnard, 3 avr. 1869.

24. Le *Const.*, 29 mars 1871. Découragé par une faillite, il s'était mis à boire. Un jour, en état d'ébriété, il mutila, puis tua son enfant. Après son service à Rome, il alla mourir en France des suites de blessures subies dans la légion étrangère de l'armée française.

25. *ACAM* 901-087, Moreau à Bourget, 10 août 1868.

26. Au sujet de la conjoncture économique des années 1867-1869, Hamelin et Roby, *Histoire économique...* 87, écrivent: « La phase ascendante du cycle amorcé par la guerre civile américaine se termine en 1867. La crise financière en Angleterre, les difficultés de la reconstruction aux États-Unis, caractérisées par un problème monétaire aigu, sont des éléments négatifs pour l'économie québé- coise. La circulation dans le Québec de la mauvaise monnaie d'argent améri- caine complique la situation et affecte le commerce en général (...) Jusqu'à l'automne 1869, les temps sont durs. D'une façon inégale mais sans exception, tous les secteurs de l'économie sont touchés. »

27. *Ibid.*, 88: « La baisse des prix agricoles, de l'ordre de 50% entre 1867 et 1869, diminue le pouvoir d'achat des cultivateurs ».

28. V. André Vachon, *Histoire du notariat canadien, 1621-1960*, Québec, PUL, 1962, 126-132.

Chapitre 7

1. Allocution de Mgr l'Évêque de Montréal aux zouaves à leur départ pour Rome (19 février 1868), de Bellefeuille, *op. cit.*, 124.

2. *ACAM*, RLB 17, Bourget à Moreau, 24 avr. 1868.

3. Le consul français à New York (Gauldrée-Boilleau) devait être chargé d'obtenir du capitaine du navire la liberté pour les zouaves de faire en groupe leurs exercices religieux.

4. Allocution (...), de Bellefeuille, *op. cit.*, 126s.

5. *NM*, 18 nov. 1868. Lettre de Hempel, 27 octobre.

6. *AUM*, fonds Baby, cahier de coupures de journaux, 47.

7. *ACAM*, 901-087, Moreau à Bourget, 4 sept. 1868.

8. Les officiers et sous-officiers de l'armée pontificale étaient obligés de prendre pension en ville. Souci de maintenir la dignité des grades, disait-on; Désilets pensait que la coutume avait été inspirée par la présence de nombreux membres de la noblesse française parmi les gradés. Or, si certains Québécois y voyaient l'occasion d'échapper au « rata » et d'agir en « gentleman » (lettre de F.E. Connolly, *JTR*, 25 févr. 1870), d'autres, tel Gédéon Désilets, à cause de leurs faibles ressources financières, durent, pour manger à la caserne, obtenir une permission spéciale que l'on accordait « avec une certaine répugnance ». (*ASN*, succ. Caron, G. Désilets à Caron, 10 nov. 1868).

9. *ACAM*, 796-001, 868-17, lettre du notaire Bourget, de Lauzon, à Mgr Bourget, 31 mai 1868. Ce n'est pas la seule lettre du genre puisque l'aumônier Moreau y fait allusion dans sa correspondance.

10. *JTR*, 22 sept. 1868.

11. S'il est vrai que la nourriture n'était pas suffisante, il faut noter que plusieurs zouaves — certains l'avouèrent à l'aumônier — exagéraient leur situation afin d'obtenir plus d'argent de leurs parents. *ACAM*, 901-087, 868-15, Moreau à Bourget, 26 juin 1868.

12. *ASTR*, Denis Gérin à Laflèche, 25 août 1868.

13. *JTR*, 11 août 1868, lettre datée du 18 juillet.

14. *ACAM*, RLB 17, Bourget à Moreau, 14 août 1868.

15. *ACAM*, 901-087, Moreau à Bourget, 4 sept. 1868.

16. *ACAM*, RLB 17, Bourget à Moreau, 18 juil. 1868; Bourget à Moreau, 24 avr. 1868. Au sujet du Séminaire canadien, voir 201, note 2. Le déménagement de la maison Sainte-Brigitte fut aussi occasionné par la décision des pères de Sainte-Croix d'occuper tous leurs locaux.

17. Edgard de Barral, *Les zouaves pontificaux, 1860-1870*. 192.

18. Au même moment, la chapelle Sainte-Brigitte devenait trop exiguë. Les Québécois se déplacèrent à l'église S. Stefano del Cacco où ils purent profiter d'un orgue. *NM*, 15 déc. 1869.

19. *APC*, fonds LaRocque, Alfred au président du comité, Rome, 26 janv. 1870.

20. *NM*, 15 déc. 1869; *APC*, fonds LaRocque, Alfred au président du comité, Rome, 26 janv. 1870; Edgard de Barral, *op. cit.*, 192.

21. P.-E. Théoret, *Monsieur Lussier, 1835-1911*, 89.

22. *ACAM*, 796-001, 869-7, Louis Ricard à Bourget, 16 janv. 1869.

23. L.-F. Laflèche, *Quelques considérations...* René Hardy, « L'ultramontanisme de Laflèche, genèse et postulats d'une idéologie », *RS*, vol. X, 2-3, 1969.

24. Les deux aumôniers devaient aussi faire des études de théologie. Seul l'abbé Lussier put en faire. *JTR*, 12 juin 1868; lettre de Lussier à Bourget, datée du 15 mai 1868.

25. *ASN*, succ. Caron. Norbert Duguay à Caron, sans date. Certainement de la fin de juin ou du début de juillet 1868.

26. *ASQ*, fonds Verreau, 26, no 77, Routhier à Verreau, 12 juin 1868.

27. *ASN*, succ. Caron, Gérin à Caron, 29 mai 1868.

28. *ASQ*, fonds Verreau, 26, no 77E, Routhier à Verreau, 9 juil. 1868.

29. *ACAM*, 796-001, 869-24, Bourget à N. Renaud, Rome, 12 juin 1869. V. aussi RLB 17, Bourget à Moreau, 24 avr. 1868. 796-001, 869-22B, Bourget aux membres des comités, Rome, 29 mai 1869.

30. *ACAM*, 901-087, 868-15, Moreau à Bourget, 26 juin 1868.

31. *APC*, fonds LaRocque, Alfred père, à Moreau, 31 déc. 1869 et 21 janv. 1870.

32. *APC*, fonds LaRocque, Moreau à Alfred père, 10 févr. 1870.

33. *Ibid.*, et 901-087, Moreau à Paré, 14 sept. 1868.

34. *NM*, 16 nov. 1868.

35. *ACAM*, RLB 17, Bourget à Moreau, 14 août 1868.

36. *ACAM*, 796-001, boîte #6. Ajoutons aussi qu'à l'arrivée à Marseille, les détachements font un petit pèlerinage à Notre-Dame-de-la-Garde. *NM*, 24 sept. 1870.

37. *ACAM*, 901-087, Moreau à Bourget, 18 mai 1868; 901-082, E. Lussier à Bourget, 18 mai 1868.

38. *JTR*, 29 janv. 1869; lettre de Moreau, 2 janv. 1869.

39. *ACAM*, 901-087, Moreau à Bourget, 27 mars 1868. Il attribuait cette conduite à ceux de Montréal, Trois-Rivières et Saint-Hyacinthe; d'après lui, « il n'en (était) pas ainsi de ceux de Québec ».

40. *JTR*, 6 avril, 1869.

41. *JTR*, 6 avr. 1869.

42. *NM*, 12 mai 1870.

43. *JTR*, 30 avr. 1869.

44. *JTR*, 17 avr. 1868; lettre datée du 15 mars.

45. *JTR*, 25 août 1870. *ACAM*, RLB 18, Truteau à Bourget, 21 oct. 1869.

46. *ASTR*, Gédéon Désilets à Alfred, 23 janv. 1868.

47. *ACAM*, 901-087, Moreau à Bourget, 27 mars 1868.

48. *ASTR*, Gédéon Désilets à ses parents, 1er avr. 1869.

49. *ACAM*, 901-087, 868-17, Moreau à Bourget, 26 juil. 1868.

50. *Ibid.*

51. *ACAM*, 901-087, 868-16, Moreau à Paré, 8 juil. 1868.

52. *Ibid.* Munro termina son engagement de deux ans.

53. *ACAM*, 901-087, Moreau à Paré, 19 avr. 1868.

54. *ACAM*, 796-001, 869-22B, 29 mai 1868.

55. Les zouaves québécois sont souvent scandalisés de la conduite des zouaves étrangers. Denis Gérin cite l'exemple des beuveries des Hollandais et des Nîmois. (*ASN*, succ. Caron, Gérin à Caron, 1er déc. 1868).

Chapitre 8

1. *ASQ*, fonds Verreau 30, no 185, Gervais à Verreau, 7 mars 1868.

2. Cité par de Bellefeuille, *op. cit.*

3. De Bellefeuille, *op. cit.*, 48.

4. E. Moreau, *Nos croisés*, 73. L'autel avait été élevé de plusieurs pieds afin que les décorations et l'illumination soient visibles de partout dans l'église.

5. L.-F. Laflèche, *Quelques considérations...*

6. Extrait de E. Moreau, *op. cit.*, 82.

7. *JTR*, 14 févr. 1868.

8. Trois-Rivières fête à nouveau en mai 1868. *JTR*, 29 mai 1868.

9. *JTR*, 7 avr. 1870.

10. *JTR*, 7 avr. 1870. Le *Const.*, 8 avr. 1870 et le *NM*, 11 avr. rapportent aussi les manifestations trifluviennes.

11. *ASN*, Journal de l'abbé Joseph-Elzéar Bellemarre, 25 juillet 1870 au 10 juillet 1871.

12. *Le Constitutionnel*, 11 nov. 1870.

13. Sur la foi d'on ne sait quelles sources, Hermann Plante écrit: « Il en coûtait mille dollars pour équiper un zouave. Les quêtes en fournirent assez pour équiper cinq cents soldats sur les 1 200 qui se présentèrent ». (*L'Église catholique...*, 415). Nos sources indiquent que l'entretien d'un zouave, à Rome, coûtait $100 par année; les frais de transport, aller et retour, purent s'élever, dans certains cas exceptionnels, à deux cents dollars. Quant au nombre de volontaires disponibles, le chiffre avancé est probable.

14. Il écrit ailleurs, dans son ouvrage *Nos Croisés*, 309, que le nombre de Canadiens à Rome au moment de la défaite était d'environ 200.

15. C'est ce qu'affirme Moreau dans une lettre à Bourget datée du 25 septembre 1870 (*ACAM*, 901-087). Par contre, un article paru dans le *NM* du 21 octobre 1870 précise que le comité français n'a pu payer leur transport à cause de la guerre franco-prussienne. Moreau écrit plus tard, en 1873, que ces frais furent payés par le comité québécois. Face à une documentation aussi contradictoire, il est plus prudent de s'en tenir à la première version.

16. Ces réductions sont surtout attribuables à l'assistance du comité français.

17. Il en avait 13 en 1868. Il leur envoyait en plus $1 par mois pour leurs dépenses courantes. (*AAQ*, RL 29, Gauvreau à Moreau, 22 juin 1868).

18. *ACAM*, 901-087, 868-16, Moreau à Paré, 8 juil. 1868. Moreau confirme que les frais d'entretien pour l'année 1868 seront payés.

19. *ACAM*, RLB 17, Bourget à Hicks et Desautels, 6 janv. 1868.

20. *La Lanterne*, vol. 1, no 16, 31 déc. 1868.

21. *ACAM*, RLB 17, 2 févr. 1868.

22. *ACAM*, RLB 17, 27 mars 1868.

23. *ACAM*, RLB 17, Bourget à Moreau, 11 sept. 1868. Nous ne savons pas si cette quête fut prescrite.

24. *MEM*, vol. V, 400-402.

25. *ACAM*, 796-001, 859-5, le secrétaire de la société des bouchers à Bourget, 15 janv. 1869. Même correspondance avec la Congrégation Saint-Michel et l'Union Saint-Jacques. Les réponses de ces trois associations étaient négatives; toutes prétextaient que leurs membres étaient de pauvres ouvriers qui n'avaient pas les moyens de faire plus que leurs dons aux quêtes régulières. Il y eut peut-être des réponses positives, mais nous n'en avons pas trouvé dans la liste des souscripteurs.

26. *AUM*, fonds Baby, cahier de coupures de journaux, 59.

27. *ACAM*, RLB 18, Truteau à Bourget, V. à ce sujet M. Hamelin, *Les premières années du parlementarisme...*, 75s.

28. *ACAM*, 901-087, Moreau à Bourget, 25 sept. 1870. Il prit 4 000 francs (environ $800) des 10 000 qu'il devait porter à Rome. Il peu probable que cette somme ait été remboursée.

29. L'affaire fut l'objet d'une polémique entre *Le Nouveau-Monde*, *Le Constitution-nel* et *La Minerve*. Voir *Le Const.*, 18, 23, 30 août et 6 octobre 1869.

30. Pierre-Eucher Théoret, *Monsieur Lussier, (1835-1911), un homme, un prêtre*. Ile Perrot Nord, 1959, 90. Félix-Gabriel Marchand, futur premier ministre libéral de la province de Québec, était à ce moment rédacteur de ce journal. Lussier était son ami de collège.

31. Ce nombre concerne les seuls articles retenus pour cette étude; conservateur, il est cependant très proche de la réalité car, pour cette année-là, nous avons toujours, entre différents articles identiques, conservé celui paru dans le *Journal des Trois-Rivières*.

32. *ACAM*, RLB 17, Bourget à Moreau, 31 mai 1868 et 11 sept. 1868.

33. *ACAM*, RLB 18, Bourget à Moreau, 14 août 1868.

34. *ACAM*, RLB 17, Bourget à Moreau, 31 mai 1868.

35. *UCE*, 14 juil. 1870. Copie d'une lettre de Denis Gérin adressée à *La Minerve*.

36. *NM*, 21 sept. 1869.

37. *ASQ*, fonds Verreau, 30, #194, Gervais à sa mère, 12 mai 1868.

38. *JTR*, 14 avr., 2 juil., 21 août 1868, 9 avr. 1869. La jalousie des zouaves étrangers à l'endroit des Québécois est fréquemment mentionnée. Une note du zouave Valois (*ASJ-CF*, FIC 202, G. Valois à L. Leduc, 26 mars 1870) mérite d'être rapportée tant elle témoigne de la jeunesse, et de la naïveté de certains d'entre eux: « (...) les autres nations et surtout les Français sont très jaloux de la faveur que nous avons auprès des officiers... souvent il arrive une rupture, alors on tape, mais nous avons toujours l'avantage. Ils ne connaissent pas la boxe et nous n'avons qu'à leur flanquer un bon coup de poing. Les Français, Belges, Hollandais ne vont que par tappes ou bien ils nous lancent tout ce qu'ils peuvent trouver, même ils dégainent, alors nous avons qu'à aller faire notre rapport aux majors et ils en seront quittes pour 15 jours de prison ».

39. *JTR*, 9 avr. 1869.

40. *JTR*, 30 juil. 1869.

41. *La Semaine des Familles* citée par le *JTR*, 28 avr. 1868.

42. 6 mars 1868, reproduit dans un journal montréalais non identifié dans les papiers LaRocque (APC) où nous l'avons consulté.

43. Cité par le *JTR*, 27 mars 1868 et par l'*UCE*, 1er avr. 1868, 10 mai 1869, cité par le *JTR*, 4 juin 1869.

44. Extrait de l'*Univers*, cité par le *JTR*, 31 mars et 19 juin 1868, 21 avr. 1870.

45. Cité par le *JTR*, 27 mars 1868.

46. Extrait de *L'Univers*, cité par le JTR, 31 juil. 1868. Voir aussi des extraits de deux autres journaux français dans le *JTR*, 27 mars, 14 août 1868.

47. Aucun des huit journaux dépouillés ne fait mention des écrits de la presse libérale française. Il est presque certain que si des journaux non consultés avaient reproduit de tels articles, ils auraient été mentionnés ou dénoncés par l'un ou l'autre des journaux consultés.

48. *JTR*, 15 mai 1868.

49. *NM*, 6 mai 1870.

50. *Le Const.*, 26 sept. 1870.

51. *NM*, 20 oct. 1870.

52. *Le Const.*, 18 nov. 1870.

53. *JTR*, 10 nov. 1870.

54. *JTR*, 23 mars 1871.

55. *ACAM*, 796-001, Boîte 6; narration des guerres romaines, 14; *ASQ*, fonds Verreau, no 197, Gervais à ses parents, 17 juin 1868.

56. *Le Const.*, 16 nov. 1870.

57. *ACAM*, RLB 17, Bourget à Moreau, 17 juil. 1868.

58. D'après *Le Constitutionnel*, 23 juin 1869, c'est en 1842 que vint l'habitude de commencer la fête par une cérémonie religieuse. Voir aussi Denise Lemieux, « Les Mélanges religieux, 1841-1852 », *R.S.*, vol. X, 2-3, 1969, 212-215.

59. « Lettre pastorale... contre les mauvais journaux », 31 mai 1868. *MEM*, vol. III, 400s.

60. E. Moreau, *Nos croisés*, 83.

61. *ACAM*, RLB 17, Bourget à Moreau, 27 mars 1868. Par ce moyen, l'évêque espérait aussi relancer le mouvement de tempérance dont le patron était saint Jean-Baptiste et qui avait été consacré oeuvre nationale en 1842.

62. *MEM*, V. Lettre pastorale sur la Saint-Jean-Baptiste, 31 mai 1868, 346s.

63. *Ibid.*, 347.

64. *MEM*, V, circulaire au clergé, 31 mai 1868, 359.

65. *NM*, 3 déc. 1869. Lors de l'audience accordée aux zouaves du cinquième détachement, le pape leur dit: « votre évêque s'est donné beaucoup de peine (...) pour avoir une place réservée pour les zouaves canadiens; il lui en fallait une absolument, et il l'a eue ». Voir aussi Moreau, *Nos Croisés*, 183.

66. Roger Aubert, *Le pontificat de Pie IX*, 20.

67. A. Simon, *Catholicisme et politique*, 20.

68. E. Ollivier, *L'Église et l'État au concile du Vatican*, I, 301, cité par R. Aubert, *op. cit.*, 293. Les informations qui suivent sur la personnalité de Pie IX ont été tirées de ce dernier ouvrage, 11-21, 289-295.

69. Pour les *Mélanges religieux*, voir Nadia Eid, « Les Mélanges religieux et la révolution romaine », *R.S.*, vol X, 2-3, 1969, 240-242. Philippe Sylvain traite aussi de cette question pour le *Courrier du Canada*, dans un article intitulé « Les débuts du « Courrier du Canada » et les progrès de l'ultramontanisme canadien-français », *Cahiers des Dix*, vol. XXXII, 1967, 255-278.

70. 12 juin 1871; voir aussi *ASN*, lettre de R. Walsh à ses parents, 15 oct. 1871.

71. Lettre du 28 janv. 1868, *L'Écho de Saint-Justin*, 1er déc. 1922.

72. *JTR*, 7 avr. 1868.

73. *ASN*, succ. Proulx, Hicks à Proulx, 2 sept. 1867; R. Walsh à ses parents, 15 oct. 1871; *UCE*, 7 oct. 1868.

74. *ASQ*, univ. 103, no 31, B. Paquet à Hamel, 19 oct. 1863.

75. *NM*, 6 oct. 1868; *UCE*, 5 janv. 1871; *BUA*, févr. 1879; *APC*, fonds LaRocque, Bourget à LaRocque, 21 août 1870. *L'Union des Cantons de l'Est* offre un portrait du pape à quiconque lui rapporte trois abonnements.

Conclusion

1. René Durocher, « Un journaliste catholique au XXe siècle: Henri Bourassa », dans *Le laïc dans l'Église canadienne-française de 1830 à nos jours*. Fides, Montréal, 1972, 203. Lionel Groulx dans « Nos Zouaves » (*Notre maître le passé*, T. 1, 3e édition, 239-248) expose la thèse de la spontanéité de l'expédition et de l'attachement indéfectible des Canadiens français à la papauté.

2. *ACAM*, RLB 15, Truteau à Cazeau, 14 févr. 1865.

3. *APF-SR*, 1866-1867, Baillargeon à Barnabo, 21 septembre 1866.

4. A. Désilets, *Hector-Louis Langevin. Un père de la confédération canadienne, 1826-1906*. Québec, PUL, p. 160. C'est l'interprétation de la constitution canadienne transmise par Langevin à l'archevêché de Québec en 1866. Il appuyait cet avis sur une modification qu'il avait personnellement contribué à ajouter au projet de constitution. Par ailleurs, il semble bien que son interprétation ait été erronée: l'archevêque Taschereau apprenait de G.-É. Cartier en 1871 que « tout ce qui concerne la validité ou l'invalidité des mariages est du ressort exclusif du gouvernement fédéral ». Voir à ce sujet J. Grisé, *Les conciles provinciaux de Québec et de l'Église canadienne, 1851-1886*. Thèse de doctorat, U.M., 1975, p. 122, 130.

5. *Le Const.*, 8 juin 1870; V. J. Grisé, *op. cit.*, p. 130, 141-143.

6. *Code des curés, marguilliers et paroissiens, accompagné de notes historiques et critiques*. Montréal, 1870, 303p.

7. *ACAM*, RLB 19, Bourget à Eucher Lussier, 2 déc. 1870; Bourget à Laflèche, 13 déc. 1870; Bourget à LaRocque, 11 déc. 1871; *ASTR*, Bourget à Laflèche, 30 mai 1871.

8. Nive Voisine, « L'épiscopat québécois au moment de la formation du diocèse de Sherbrooke (1874) », *RSCHEC*, 1974, 23-41.

9. *JTR*, 6 juin 1872. Lettre de Taschereau à Pagnuelo, 6 mai 1872.

10. *Le Const.*, 6 mars 1871.

11. Marcel Hamelin dans *Les premières années du parlementarisme québécois*, note que les débats entre intransigeants et modérés dont on traite si souvent dans les journaux n'ont pas d'écho à l'Assemblée législative. N'est-ce pas un sérieux indice de leur marginalisation par rapport au pouvoir?

12. Voir R. Hardy, « Libéralisme catholique et ultramontanisme au Québec: éléments de définitions », *RHAF*, sept. 1971, 247-251.

13. Siméon Pagnuelo, *Études historiques et légales sur la liberté religieuse en Canada*. Montréal, Beauchemin, 1872, 409p.

14. *JTR*, 2 mai 1872. Circulaire du 19 mars.

15. *JTR*, 20 mars 1872.

16. *AUM*, fonds Baby, coupure de journal non identifié et non daté.

17. *Ibid.*, et *APC*, fonds LaRocque, notice biographique de A. LaRocque.

18. *Le Constitutionnel*, 23 mai 1871, circulaire de Bourget; *JTR*, 29 mai 1872, circulaire de Bourget; *JTR*, 6 juin 1872, lettre de Laflèche; *JTR*, 12 mai 1873, circulaire de Laflèche; *NM*, 14 mai 1872, circulaire de Laflèche.

19. *FL*, 15 mai 1872.

20. L'émigration aux États-Unis et dans l'Ouest canadien attira pas moins de 74
zouaves. Nous avançons ce chiffre à partir d'informations glanées ici et là dans
le *BUA* et dans la presse en général. Il y en eut certainement plus.

21. Deux autres furent députés au Manitoba et aux États-Unis.

22. *Le Soleil*, 22 juin 1901, consulté in *AUM*, fonds Baby, cahier de coupures de
journaux.

23. H. Plante, *Saint-Justin, foyer de sérénité rurale*, 135. Edmond Moreau avait fait
de même dans sa paroisse de Saint-Zénon.

24 *Avant-Garde*, 15 juin 1912.

25. *AUM*, fonds Baby, cahier de coupure de journaux. Extrait de *La Croix*, 10 juillet 1904.

Bibliographie

I. SOURCES

A. Sources manuscrites

Archives de l'Archevêché de Québec

Registres des lettres (RL), 1860-1870.
Correspondance de Rome, 1860-1870.
Dossier 61, CD, paroisse Notre-Dame de Québec et Saint-Jean-Baptiste.

Archives de la Chancellerie de l'Archevêché de Montréal

Zouaves pontificaux, 796-001: 16 boîtes de documents légués par l'Union Allet.
Registres des lettres de Bourget (RLB), volumes 11 à 25 (1859-1875).
Registres et cahiers divers (RCD), 47, 97, 98, 99, 100, 101, 107, 112: renferment surtout des notes de voyage à Rome et de la correspondance en cours de voyage.
Diocèse du Canada, 225-110.
Diocèse du Québec.
Diocèse de Montréal, administration diocésaine, 322-510.
Clergé, 421-178.
Laïcs, 572-000, 582-000.
Associations et divers, 773-154, 780-003, 782-003, 783-056.
Fonds Lartigue-Bourget, 901-044, 901-057, 901-058, 901-059, 901-060, 901-061, 901-082, 901-084, 901-086, 901-087, 901-091, 901-095, 901-098, 901-110, 901-111, 901-119, 901-120, 901-124: renferment la correspondance personnelle de Bourget.
Autres fonds, 990-026, 990-031.

Archives publiques du Canada

Le fonds LaRocque déposé à la fin de 1870, et non classifié au moment de cette consultation, contient une centaine de lettres relatives aux zouaves et aux familles LaRocque et Berthelet, un cahier de coupures de journaux, des notices biographiques des membres de la famille, des écrits divers de A. LaRocque. Quelques autres lettres et documents ont été trouvés dans les fonds Jean-François Pouliot, Louis Fréchette, Honoré Mercier.

Archives de la Propagation de la foi, Rome

Dossier Scritture riferite nei congressi (SR), Amérique du Nord, vol. 7 (1859-1861), 8 (1862-1865), 9 (1866-1867), 10 (1867), 11 (1868-1871).
Dossier Lettere decreti della S. Congr. (LC), 1860, 1861, 1868.

Archives du Palais de Justice de Trois-Rivières

Fonds Edward Barnard, protonotaire du XIXe siècle. 758 lettres, dont une cinquantaine concernant les zouaves et les frères Edmond, Édouard, et James Barnard.

Archives des Jésuites, Saint-Jérôme

Dossier Union Catholique.
Dossier Union Allet.
Nous avons aussi consulté quelques lettres écrites par des zouaves, anciens étudiants au collège Sainte-Marie.

Archives du Séminaire de Nicolet

Collection Bois.
Successions Camirand, Proulx, Ph.-Oc. Gélinas, I. Gélinas, Poirier, Douville, Caron.
Archives de l'Académie et autres dossiers relatifs à la vie étudiante.

Archives du Séminaire de Québec

Fonds Verreau: abondante documentation sur les zouaves et l'Union Allet.
Journal du Séminaire, 1860-1870.
Société des Missions Étrangères (SME), 1860-1870.
Manuscrit, 1860-1870.
Polygraphie, 1860-1870.
Université, 1860-1870.
Séminaire, 1860-1870.
Lettres, N, O, W, 1860-1870.

Archives du Séminaire de Trois-Rivières

Zouaves.
Zouaves trifluviens.
Zouaves — *Journal des Trois-Rivières.*
Correspondance des curés Pelletier, Suzor, Pothier, Gérin, Mayrand, Boucher.
Correspondance de E. Moreau, Boucher de la Bruère.

Archives du Vatican

Fonds Archivio Pio IX, #1638, Cathelineau.

Archives de Maurice de Charette, Paris
Contient plusieurs lettres échangées entre Charette et des Canadiens.

Archives de l'Université de Montréal

Fonds Baby: deux registres in-folio, volumineux, renfermant des lettres, des coupures de journaux, des brochures écrites entre 1868 et 1905.

Archives de la famille LaRocque

Une trentaine de lettres qui n'ont pas été léguées aux Archives Publiques du Canada, ainsi que le journal de voyage d'Alfred LaRocque et des photographies de zouaves.

B. Sources imprimées

1. Journaux et périodiques

Le Constitutionnel, juin 1869 à décembre 1875.
Le Courrier du Canada, septembre 1867 à décembre 1867.
Le Messager de Nicolet, 1882 à 1884.
La Minerve, septembre 1867 à février 1868.
La Lanterne, 1868.
Le Nouveau-Monde, 1868-1876.
Le Pays, septembre 1868 à décembre 1870.
L'Ordre, septembre 1859 à novembre 1860.
Le Journal des Trois-Rivières, 1865-1876.
L'Union des Cantons de l'Est, 1867-1876.
L'Avant-Garde. Bulletin des zouaves pontificaux. Janvier 1895 à août 1914; juillet 1919 à juillet 1931; octobre 1931; janvier à juillet 1932.
Le Zouave. Bulletin des zouaves pontificaux canadiens. Avril 1939 à novembre 1941.

2. Écrits contemporains et albums souvenirs

Album souvenir. Centenaire de M. J. Octave Cossette, zouave pontifical, 1850-juillet 1950.

Album souvenir. 75e anniversaire du départ des zouaves pontificaux canadiens pour Rome, 1868-1943. 93p.

Allard, Julien S. *Les zouaves pontificaux ou journal de Mgr Daniel.* Nantes, 1880.

Bégin, Louis-Nazaire. *La primauté et l'infaillibilité des souverains pontifes; leçons d'histoire donnée à l'Université Laval.* Québec, Huot, 1873, 430p.

Bourassa, G. *Les soldats du Pape, le souvenir, la leçon. Note-préface de Henri Bourassa.* Montréal, Le Devoir, 1918. 20 p.

Cérémonies funèbres dans les églises catholiques du Bas-Canada en l'honneur des glorieux défenseurs du Saint-Siège tombés en résistant à l'invasion piémontaise, en septembre 1860, avec les discours prononcés à cette occasion par M. Louis Laflèche, V.-G., supérieur du séminaire de Nicolet et par M. Isaac Desaulniers, ptre, membre du Collège de Saint-Hyacinthe, professeur de philosophie au même collège et ancien supérieur. Trois-Rivières, Calixte Levasseur, 1861, 79p.

Charette, Athanase-Charles-Marie, baron de, *Discours de M. de Charette premier soldat du Pape et du roi, à ses anciens compagnons d'armes du Canada, à Montréal.* Nantes, 1882, in-fol., 1p.

Charette, Athanase-Charles-Marie, baron de,. *Noces d'argent du régiment des zouaves pontificaux, 1860-1885. Basse-Motte, 28 juillet 1885.* Rennes-Paris, 1886, 213p.

Chauveau, Pierre-Joseph-Olivier. *Noces d'or de Pie IX. Discours prononcé à cette occasion (...) à l'Université Laval (...) le 10 avril 1869*, Québec, A. Côté, 1869, 27 p.

De Bellefeuille, Édouard Lefebvre. *Le Canada et les zouaves pontificaux. Mémoires sur l'origine, l'enrôlement et l'expédition du contingent canadien à Rome pendant l'année 1868.* Montréal, 1868, 263p.

De Bellefeuille, Édouard Lefebvre. « Réflexions d'un catholique à l'occasion de l'affaire Guibord », *Revue canadienne*, vol. VII, sept. 1870, 698s.

Le diocèse de Montréal à la fin du dix-neuvième siècle, avec portraits du clergé, héliogravure et notices historiques de toutes les églises et presbytères, institutions d'éducation et de charité, sociétés de bienfaisance, oeuvres de fabriques et commissions scolaires. Montréal, Sénécal, 800p.

Discours de C.S. Cherrier, ecr., c.r., prononcé dans l'Église paroissiale de Montréal le 26 février 1860, dans la grande démonstration des catholiques en faveur de Pie IX. Montréal, Plinguet, (s.d.), 21p.

Drolet, Gustave-Adolphe. *Zouaviana. Étape de vingt-cinq ans, 1868-1893.* Montréal, Eusèbe Sénécal et fils, 1893, 460p; 2e édition augmentée de nouvelles et d'extraits de cahiers de M. René Boileau, Montréal, Eusèbe Sénécal et fils, 1898, 608p.

Dunn, Oscar. « Une audience avec Pie IX », *Revue Canadienne*, vol. VI, juillet 1869, 490s.

Francoeur, Athanase, o.m.i. *Nos zouaves et la Sainte-Vierge.* Trois-Rivières, le Bien Public, 1925, 134p.

Gérin, Denis. « Souvenirs de Rome. M. Le Chanoine P.E. Lussier et les zouaves canadiens », *Revue canadienne*, 62 (1912), 289-299.

Lachance, François. *Prise de Rome. Odyssée des zouaves canadiens de Rome à Québec.* Québec, 1870. 47p.

Laflèche, Louis-François. *Quelques considérations sur les rapports de la société civile avec la religion et la famille.* Montréal, Eusèbe Sénécal, 1866, 268p., 18cm.

LaRocque, Alfred, « La Bataille de Mentana », *Revue canadienne*, vol. V, novembre 1868, 820-826.

« Les zouaves de Québec », *Album Universel*, 17 mai 1902, p. 50 et 63.

Moreau, Louis-Edmond. *Nos croisés, ou l'histoire anecdotique de l'expédition des volontaires canadiens à Rome pour la défense de l'Église.* Montréal, Fabre et Gravel, 1871, 338p.

Programme souvenir de la Convention des zouaves à Québec et des noces de rubis du régiment pontifical, 1860-1935. Québec, (s.e.), 1935.

Raymond, Joseph-Sabin. *Dissertation sur le pape.* Montréal, Sénécal, 1870, 55p.

Ross,David, éd. *The journal of Moïse Cormier, zouaves pontificaux* (sic), *1868-1870.* The Manitoba Museum of Man and Nature, 1975, 39p.

Rouleau, Charles-Edmond. *La papauté et les zouaves pontificaux. Quelques pages d'histoire.* Québec, Le Soleil, 1905, 245p.

Rouleau, Charles-Edmond. *Rome et le Canada.* Québec, 1885, in-12, 11p.

Rouleau, Charles-Edmond. *Souvenirs de voyage d'un soldat de Pie IX.* Québec, Demers, 1881, x-287p.

Sénécal, D.-H. « L'Encyclique et la brochure de Mgr Dupanloup », *Revue canadienne*, vol. II, vars 1865, 148-154.

Sylvain, Charles. *Histoire de Pie IX le Grand et de son pontificat*.Lille, Desclée, (s.d.), 3 vol, 23 cm.

Tardivel, Jules-Paul. *Vie du pape Pie IX. Ses oeuvres et ses douleurs*. Québec, Duquet, 1878, 121p., 21 cm.

Tassé, Joseph, « Louis Veuillot et les zouaves canadiens », *Revue canadienne*, vol. VII, 1870, 289-294.

Union Allet, constitutions, règlements, officiers en charge. Montréal, Imprimerie du Franc-Parleur, 1872.

Union Allet. Ex-voto des zouaves à Notre-Dame de Bonsecours, 26 mai 1872 Montréal, Imp. du Franc-Parleur, 1872.

Voyer, L.-N. *Les qualités morales du bon militaire*. Québec, Darveau, 1865, 142p.

3. Documents divers

Canada parliamentary debates, 1866-1870. 1- Debates reported by newspapers: Ottawa Times, Toronto Globe and Mail. Canadian Library Association Newspapers Microfilm project.

Débats de la Chambre des Communes du Canada. Traduit de l'anglais de A.M. Burgess, par Médéric Lanctôt, vol. 1 — Session de 1875. Ottawa, Imprimés par MacLean Roger et Cie, 1875, 1156p.

Mandements, lettres pastorales, circulaires et autres documents publiés dans le diocèse de Montréal, depuis son érection... Montréal, Chapleau frères, vol. 1-2, 1869: « Le Nouveau-Monde », vol. 3, 1869; J.A. Plinquet, vol. 4-9, 1887.

Mandements, lettres pastorales, circulaires des évêques de Saint-Hyacinthe, publiés par A.-X. Bernard, Montréal, C.O. Beauchemin et fils, 1888-1894, 6 vol.

Mandements, lettres pastorales et circulaires des évêques des Trois-Rivières. Trois-Rivières, (s.e.), 1852-1874, vol. I et II.

Mandements, lettres pastorales et circulaires des évêques de Québec, 1659-1897, publiés par Mgr H. Têtu et l'abbé C.-O. Gagnon. Québec, A. Côté et Cie, 1887-1893, 8 vol.

Régiment des zouaves pontificaux. Liste des zouaves ayant fait partie du régiment du 1er janvier 1861 au 20 septembre 1870. Lille, 1910, 1920, 2 vol.

Stock, Léo Francis. *United States Ministers to the Papal States. Instructions and Dispatches, 1848-1868*. Washington D.C., Catholic University Press, 1933, 456p.

Tassé, Joseph, *Discours de Sir George Cartier, Baronnet, accompagnés de notices par Joseph Tassé*. Montréal, Eusèbe Sénécal et fils, 1893, 817p.

II. ÉTUDES

1. Études générales

Aubert, Roger. *Le pontificat de Pie IX (1846-1878)*. Paris, Bloud et Gay, 1963, 592p.

Castella, Gaston, *Histoire des papes*. Paris, Ed. Stauffacher, 1966, 3 vol, ill., 25cm.

Congar, Yves-Marie-Joseph. « L'ecclésiologie, de la Révolution française au Concile du Vatican, sous le signe de l'affirmation de l'autorité », Maurice Nédoncelle et al., *L'ecclésiologie au XIXe siècle*, Paris, Ed. du Cerf, 1960, 77-115.

Daux, Camille. *Le Denier de Saint-Pierre, ses origines, ses raisons et convenances, ses modifications*. Paris Bloud et Cie, 1907.

Simon, Aloïs, « Considérations sur le libéralisme », *Risorgimento*, mai 1961, 3-25.

Thibault, Pierre, *Savoir et pouvoir. Philosophie thomiste et politique cléricale au XIXe siècle*. Québec, PUL, 1972, 252p.

Vaussard, Maurice. *La fin du pouvoir temporel des papes*. Paris SPES, (C. 1964), 225p. 18cm.

2. Le contexte européen

Alix, Christine. *Le Saint-Siège et les nationalismes en Europe, 1870-1960*. Paris, Sirey, 1962, 367p., 22cm.

Aubert, Roger, « La chute de Mgr de Mérode en 1865 », *Rivista di Storia della chiesa in Italia*, Tome IX (1955), 331-392.

Aubert, Roger, « Les réactions belges devant les événements d'Italie de 1859 à 1861 », *Risorgimento*, nov. 1960, 117-126.

Aubert, Roger, « Mgr de Mérode, ministre de la guerre sous Pie IX », *Revue générale belge*, mai-juin 1956, 1112-1116; 1316-1334.

Aubert, Roger, « Pie IX et le Risorgimento », *Risorgimento*, nov. 1961, 51-74.

Bartier, J. « Le denier de l'Italie et la propagande garibaldienne en 1860 ». *Risorgimento*, nov. 1961, 98-127.

Boyer, Ferdinand. « Souscriptions pour Garibaldi en France (1860) », *Ressegna Storica del Risorgimento*, vol. XLVII, 1960, 69-74.

De Montclos, Xavier. *Lavigerie, le Saint-Siège et l'Église, 1846-1878*. Paris, Ed. de Boccard, 1965, 662p.

Fernessole, Pierre. *Pie IX, pape (1792-1878)*. Paris, P. Lethielleux, 1960, 2 vol.

Gadille, Jacques. *La pensée et l'action politiques des évêques français au début de la IIIe République, 1870-1883*. Paris, Hachette, 1967, 2 vol.

Goyau, Georges, Paul Lesourd. *Une journée du pape*. Paris, Flammarion, 1933, 94p.

Guichonnet, Paul. *L'unité italienne*. Paris, PUF, 1965, 127p. (Collection Que sais-je?).

Gut, Philippe, *L'unité italienne*. Paris, PUF, 1972, 96p. (Collection Dossier clio).

Hayward, Fernand. *Garibaldi*. Paris, Ed. du siècle, 1933, 347p.

Hayward, Fernand. *Le dernier siècle de la Rome pontificale 1814-1870*. Paris, Payot, 1928, 319p.

Hayward, Fernand. *Pie IX et son temps*. Paris, Plon, (c. 1948), 439p.

Latreille, André. « Les dernières années de Montalembert », *Revue d'histoire de l'Église de France*, 1968, 281-314

Lorette, J. « Aspects financiers de l'aide au Saint-Siège. Les emprunts pontificaux de 1860, 1864 et 1866 », *Risorgimento*, nov. 1960, 97-116.

Martin, Jacques. « Pie IX et monseigneur de Mérode », *Pio IX*, 4 (1975), 3-27.

Milza, Pierre, Serge Bernstein. *L'Italie, la papauté, 1870-1970*. Paris, Masson et cie, 1970, 174p. (Collection: un siècle d'histoire 1870-1970).

Milza, Pierre, Serge Bernstein. *L'Italie contemporaine, des nationalités aux européens*. Paris, Colin, 1973, 422p.

Palanque, Jean-Rémy. « Le cercle de Madame de Forbin et le premier concile du Vatican », *Revue d'histoire de l'Église de France*, 1962, p. 54.

Pham-Nang-Tinh. « Il y a cent ans. La réaction de la Belgique devant l'invasion des États Romains », *Risorgimento*, nov. 1960, 71-96.

Simon, Aloïs. *Catholicisme et politique. Documents inédits, 1832-1909*. Wetteren, Belgique, Édit. Scaldis, 281p.

Simon, Aloïs. « Lamennais, Belgique et Risorgimento », *Risorgimento*, mai 1963, 3-38.

Simon, Aloïs. « Machiavel et le Risorgimento », *Risorgimento*, 1965, 23-36.

Simon, Aloïs. « Aux origines du Risorgimento », *Risorgimento*, 1965, 37-45.

Simon, Aloïs. « Risorgimento et opinion catholique belge », *Risorgimento*, nov. 1962, 107-110.

Simon, Aloïs. « Aspects du Risorgimento », *Risorgimento*, mai 1960, 3-21.

Simon, Aloïs. « Quelques lettres sur les affaires italiennes, 1832-1869 », *Risorgimento*, nov. 1958, 102-119.

Thierry, Jean-Jacques. *La vie quotidienne au Vatican du temps de Léon XIII à la fin du XIXe siècle*. Paris, Hachette (c. 1963), 213p., 22cm.

3. Le contexte québécois

Bernard, Jean-Paul. *Les idéologies québécoises au XIXe siècle*, Montréal, Boréal Express, 1973, 150p.

Bernard, Jean-Paul. *Les Rouges. Libéralisme, nationalisme et anticléricalisme au milieu du XIXe siècle*. Montréal, PUQ, 1971, 359p.

Bouchard, Gérard. *Apogée et déclin de l'idéologie ultramontaine à travers le journal le Nouveau-Monde, 1867-1900*. Thèse MA (sociologie), U.L., 1969.

Brunet, Michel. « L'Église catholique du Bas-Canada et le partage du pouvoir à l'heure d'une nouvelle donne (1837-1854)», *Rapport de la Soc. Hist. du Canada*, 1969, 37-51.

Carrière, Gaston. *Histoire documentaire de la congrégation des missionnaires Oblats de Marie-Immaculée dans l'Est du Canada*. Ottawa, Éditions de l'Université d'Ottawa, 1957, 11 vol.

Charland, Thomas-M. « Un projet de journal ecclésiastique de Mgr Lartigue», *RSCHEC*, 1956-1957, 39-53.

Choquette, Charles-Philippe. *Histoire du séminaire de Saint-Hyacinthe, depuis sa fondation jusqu'à nos jours*. Montréal, Imp. de l'Institution des sourd-muets, 1911-1912, 2 vol. 23cm.

Denault, Bernard, Benoit Lévesque. *Éléments pour une sociologie des communautés religieuses au Québec*. Montréal, PUM, 1975, 220p.

Dubois, Émile. *Le petit séminaire de Sainte-Thérèse, 1825-1925*. Montréal, Le Devoir, 1925, 399p., 25cm.

Eid, Nadia F. *Les « Mélanges religieux » et la révolution romaine de 1848*. Thèse de maîtrise, McGill, 1968.

Eid, Nadia F. « Les Mélanges religieux et la Question romaine», *RS*, vol. X, 2-3, 1969, 237-260.

Eid, Nadia F. « Ultramontanisme, idéologie et classes sociales», *RHAF*, vol. 29, no 1, 1975, 49-68.

Eid, Nadia F. *Le clergé et le pouvoir politique au Québec. Une analyse de l'idéologie ultramontaine au milieu du XIXe siècle*. Montréal, Hurtubise, 1978, 318p.

Eid, Nadia F. « Éducation et classes sociales: analyse de l'idéologie conservatrice — cléricale et petite-bourgeoisie — au Québec au milieu du XIXe siècle», *RHAF*, vol. 32, no 2, 1978, 159-180.

Hardy, René. « L'activité sociale du curé de Notre-Dame de Québec: aperçu de l'influence du clergé au milieu du XIXe siècle», *Histoire sociale*, no 6, nov. 1970, 1-32.

Hardy, René. « La rebellion de 1837-1838 et l'essor du protestantisme canadien-français», *RHAF*, vol. XXIX, sept. 1975, 163-189.

Hardy, René. « L'ultramontanisme de Laflèche, genèse et postulats d'une idéologie», *RS*, vol. X, 2-3, 1969, 197-206.

Lamontagne, Léopold. *Arthur Buies, homme de lettres*. Québec, PUL, 1957, 258p., 22cm.

Lavallée, André. *Québec contre Montréal. La querelle universitaire, 1876-1891*. Montréal, PUM, 1974, 260p.

Lemieux, Lucien. *L'établissement de la première province ecclésiastique au Canada (1783-1844)*. Montréal, Fides, 1968, 559p.

Morton, Desmond. « French Canada and War, 1868-1917», in J.L. Granatstein, Robert Cuff, *North American Society and War*. Toronto Longman's, 1971, 84-103.

Morton, Desmond. « Le Canada français et la Milice canadienne», in Jean-Yves Gravel, *Le Québec et la guerre*. Montréal, Boréal Express, 1974, 23-46.

Plante, Hermann. *L'Église catholique du Canada*. Trois-Rivières, le Bien public, 1970, 515p.

Plante, Hermann. *Saint-Justin; foyer de sérénité rurale*. Trois-Rivières, Le Bien public, 1937, 162p., 22 cm. (coll. Pages trifluviennes Série A, no 19).

Pouliot, Léon. « Il y a cent ans, le démembrement de la paroisse Notre-Dame », *RHAF*, vol. XIX, no 3, 1965, 350-383.

Pouliot, Léon, « Le cas de conscience de Gonzalve Doutre », *RHAF*, vol. XXXIII, no 2, sept. 1969, 231-245.

Pouliot, Léon, *Mgr Bourget et son temps. III, L'évêque de Montréal*. Bellarmin, 1972, 197p.

Rioux, Jean-Roch. *Les débuts de l'Institut canadien et du journal « l'Avenir »*. Thèse de D.E.S., Université Laval, 1967, XIV-138p.

Robson, Maureen M. « The Alabama claims and the anglo-american reconciliation, 1865-1871 », *Canadian Historical Review*, vol. XIII, no 1, mars 1961, 1-22.

Rumilly, Robert, *Mgr Laflèche et son temps*. Montréal, Ed. du zodiaque, (1938), 424p.

Savard, Pierre. *Jules-Paul Tardivel, la France et les États-Unis, 1851-1905*. Québec, PUL, 1967, 499p.

Savard, Pierre. « Jules-Paul Tardivel et Louis Veuillot », *l'Enseignement secondaire*, vol. 45, no 2, 1966, 85-99.

Savard, Pierre. *Le consulat général de France à Québec et à Montréal de 1859 à 1914*. Québec, PUL, 1970, 133p.

Savard, Pierre. « Note sur l'ultramontanisme au Canada français », *RSCHEC*, 1966, 13-15.

Savard, Pierre. « Un type de laïc au Canada français traditionnel: le journaliste catholique », in Pierre Hurtubise et al., *Le laïc dans l'Église canadienne-française de 1830 à nos jours*. Montréal, Fides, 1972, 175-185.

Savard, Pierre. « Voyageurs canadiens-français en Italie au XIXe siècle », *Vie française*, no 16, 1-2, 1961, 15-24.

Sylvain, Philippe. « Aperçu sur le prosélytisme protestant au Canada français de 1760 à 1860 », *MSRC*, juin 1961, 65-76.

Sylvain, Philippe. « Hugh Murray », *DBC*, Québec, PUL, tome X, p. 594.

Sylvain, Philippe. « Libéralisme et ultramontanisme au Canada français: affrontement idéologique et doctrinal (1840-1865) », in W.L. Morton, éd. *Le Bouclier d'Achille*. Montréal, Mc Clelland and Stewart, 1968, 111-138; 220-255.

Sylvain, Philippe. « Les débuts du *Courrier du Canada* et les progrès de l'ultramontanisme canadien-français », *Cahiers des dix*, no 32, 1967, 255-279.

Théorêt, Pierre-Eucher. *Monsieur Lussier (1835-1911), un homme, un prêtre*. Montréal, Imprimerie Saint-Joseph, 1959, 309.

Trépanier, Léon. « Alphonse Desjardins », *Cahier des dix*, no 23, 1958, 261-283.

Trépanier, Léon. « Sévère-Dominique Rivard », *Cahier des dix*, no 21, 1956, 179-199.

Vachon, André. *Histoire du notariat canadien (1621-1960)*. Québec, PUL, 1962, 209p., 23 cm.

Voisine, Nive. « L'épiscopat québécois au moment de la formation du diocèse de Sherbrooke », *RSCHEC*, 1974, 25-42.

Zoltvany, Yves-François. *Les libéraux du Québec, leur parti et leur pensée (1867-1873)*. M.A., U. de Montréal, 1961.

4. Les zouaves

Barral, Edgar de. *Les zouaves pontificaux, 1863-1870*. Paris, 1932, 317p.

Bittard des Portes, René. *Histoire des zouaves pontificaux*. Paris, 1894, 400p.

Cerbelaud-Salagnac, Georges. *Les zouaves pontificaux*. Paris, Ed. France-Empire, 1963, 358p., ill.

Corrigan, B.M. « Canadian zouaves: expedition to Rome to join the papal zouaves, 1868-1870 », *Queen's Quarterly*, 47, 1940, 77-88.

Devigne, Paul. *Charette et les zouaves pontificaux*. Paris, Béduchaud, 1913, 195p., 18cm

Groulx, Lionel. « La neuvième croisade », in *Dix ans d'action française*. Montréal, 1926, 22-28.

Groulx, Lionel. « Nos zouaves », in *Notre maître le passé*. Montréal, 1924, 229-248.

Hébert, Bruno. *Philippe Hébert, sculpteur*. Montréal, Fides, 1873, 157p.

Lamontagne, Léopold. « Habits gris et chemise rouge », *CHR*, 1950, 20-30.

Lamontagne, Léopold. « The ninth crusade », *CHR*, 1951, 220-235.

Lodolini, Elio. « Les volontaires du Canada dans l'armée pontificale (1868-1870) », in *Les zouaves pontificaux canadiens*. Musée National de l'Homme, 1976, 156p.

Louis-Marie, frère. *Frère Bruno (Godefroi Demers), un zouave à la trappe*. Canada, La trappe, 1949, 268p.

Marraro, Howard R. « Canadian and american zouaves in the papal army, 1868-1870 », *RSCHEC*, 1944-1945, 84-102.

Perron, Marc-A. *Un grand éducateur agricole, Édouard A. Barnard (1835-1898). Essai historique sur l'agriculture, 1760-1900*. Thèse de doctorat, U.L., 1954, XLIV-483.

Rouleau, Charles-Edmond. *Les zouaves canadiens. À Rome et au Canada*. Québec, Le Soleil, 1924, 85p.

Rouleau, Charles-Edmond. *Les zouaves pontificaux. Précis historique*. Québec, (s.e.), 1924, 51p.

Index
des noms propres

N.B. À cause de la fréquence de leur parution dans l'ouvrage, les noms de Mgr Ignace Bourget, de Pie IX et de Edmond Moreau n'ont pas été recensés dans cet index.

Table des matières

Première partie
Le mouvement zouave

Deuxième partie
Les zouaves et les ultramontains

Achevé d'imprimer
en mai mil neuf cent quatre-vingt
sur les presses de l'Imprimerie Gagné Ltée
Louiseville - Montréal.